经营一个鼓舞人心的

数学课堂

龚雪生——著

南京师范大学出版社
NANJING NORMAL UNIVERSITY PRESS

图书在版编目(CIP)数据

经营一个鼓舞人心的数学课堂 / 龚雪生著. — 南京 : 南京师范大学出版社，2017.11

ISBN 978-7-5651-3552-1

Ⅰ. ①经… Ⅱ. ①龚… Ⅲ. ①小学数学课—课堂教学—教学经验 Ⅳ. ①G623.502

中国版本图书馆 CIP 数据核字(2017)第 254237 号

书　　名	经营一个鼓舞人心的数学课堂
著　　者	龚雪生
责任编辑	孙　涛
出版发行	南京师范大学出版社
地　　址	江苏省南京市玄武区后宰门西村 9 号(邮编:210016)
电　　话	(025)83598919(总编办)　83598412(营销部)　83598297(邮购部)
网　　址	http://www.njnup.com
电子信箱	nspzbb@163.com
照　　排	南京理工大学资产经营有限公司
印　　刷	江苏中山印务有限公司
开　　本	787 毫米×960 毫米　1/16
印　　张	22.75
字　　数	354 千
版　　次	2017 年 11 月第 1 版　2017 年 11 月第 1 次印刷
书　　号	ISBN 978-7-5651-3552-1
定　　价	58.00 元

出 版 人	彭志斌

南京师大版图书若有印装问题请与销售商调换

序

展阅龚雪生先生送来的书稿清样，很是欣慰，也感慨不已。

我和龚雪生相识近二十年，最初是他来参加南师大成人本科函授班的学习，当时我是授课教师，那时就感到他为人热情、对学业肯专研。随后我们亦师亦友，常在一起进行学术探讨，每年能见面数次。在此期间，他不仅忙于复杂的行政事务，还一直坚持任教并关注小学数学教育教学的热点问题，发表了许多文章。去年，我建议他以这些成果为基础，以新教育观念为引领，对小学数学教育教学进行重新架构，出一本文集。果然，他不负所望，撰成了《经营一个鼓舞人心的数学课堂》这本专著。

数学是一门古老的科学，伴随着人类生产劳动出现并发展起来。但作为一门学科，在我国直到隋唐时期的国子监开设算学馆以后，才进入学校，在课堂上为人们所学习。在此后的1300多年间，人们对数学的认识在不断发展，从最初为少数人学习和研究的《算经十书》，到开始普及为纯粹实用的“日用之计算，自谋生计必需之知识”，再到如今成为国民大众的“必备品格和关键能力”，从而使数学核心素养培育成为数学教育发展的一个总趋势。

课堂是落实数学核心素养培育的主要场所，小学数学的课堂教学究竟应该怎样进行，仁者见仁，智者见智，但毋庸讳言，绝不是也不应该是当前普遍存在的假而空的演戏式的课堂。作者深谙这一点，长期以来，一直专研小学数学的课堂教学问题，从教师的教和学生的学两个方面，提出了“经营一个鼓舞人心的课堂”这一独特的看法，因此，值得充分肯定。

此著作分为研教篇、研学篇、研训篇、学教篇四个篇章，形式上虽然各自独立而内容上却有着统一构思和联系。全书既注重小学数学课堂教学理论阐述应有的科学性,又强调具体实施的实践性,将理论和实践紧密结合,从抽象到形象,从直观到具体,也是值得称道的。

这本著作作为作者小学数学教育教学研究的成果,它的问世,一定会给小学数学教学带来更多的借鉴与思考,也热切希望作者今后能继续努力,再接再厉,取得更多的成果!

受作者之请,欣然序之如上。

李星云

2017年10月于随园

(作者系南京师范大学小学教育研究所所长、教授、博士生导师)

我这三十年

（自　序）

不知不觉，走上教学岗位已经三十二个年头了，这三十二年，也颇有喜剧性：第一个十年，作为一名普通老师，在农村村小，语数包班或两个年级复式教学，默默地工作；第二个十年，开始专业从事数学教学，同时开始兼任完小校长和教学片片长，在教学上也开始崭露头角；第三个十年，到中心小学继续专业从事数学教学，还担任校长办公室主任，教学上也走向成熟；第四个十年，换了单位，调到了渭塘实验小学，在继续数学教学的同时，还担任副校长一职；第五个十年，或许就退休了……

三个十年就这么不偏不差地过去了，或许这就是命运的安排。

农村村小工作的二十年，生活上是清苦的，工作上是忙碌的，但是收获却是丰厚的。也许正是应了那句话：逆境造就人。在村小，外出学习培训的机会是轮不到的，一切都得靠自己，所以工作以来，我每年都订阅相当多的杂志，购买很多的书籍，在工作中自觉地尝试与实践，并及时总结与归纳，后来又尝试着与杂志上的作者、编者探讨，尝试着写一点文章，因此 1995 年底在《小学教学参考资料》上连续两期发表了关于复式教学的各大约1000字的“豆腐干”文章，并在当时引起了强烈的反响。接下来的一年中，教育局教研室的领导经常提及这事，1996 年 9 月，组织了吴县市复式教学观摩活动，并到学校听了我的课。1997 年 4 月，苏州市教育局教研室也组织了当时苏州六县一市的大型活动，来听我的示范课，苏州电视台教育频道进行了现场录制。

正是有了主管部门的肯定，学习与笔耕的劲头更足，于是上公开课的机会多了，文章也逐渐多了……

2004年9月,担任校长办公室主任兼人事秘书后,杂务性工作增多,处理与应付各种文件成为了我的主要任务,但阅读的杂志、参加的理论培训也多了;2008年被吸纳为相城区小学数学中心组成员,因此在教学方面上课、听课的机会更多了,思考也多了,写文章也顺了。

2014年9月,根据教育局规定,轮岗到教科室,这一年是着实歇了一年,学校涉及教育科研的大小事情对于做了十多年办公室主任的我来说,真正是"小菜一碟",实在是太悠闲了,开始过上了"上完数学课,写写毛笔字,看看瞎新闻,等着吃中饭。饭后批作业,校园转一圈,热水喝一瓶,最后等下班"的神仙日子,每天都"在一种全然悠闲的情绪中,去消遣一个闲暇无事的下午"。然而忙惯了的我,有些不甘,因此在与朋友的闲聊中,慢慢有了把多年来乱写乱发的稿子整理成册的愿望。

2015年5月,我开始着手收集和输入(有的稿子当时是手写的),将以前发表的文章、获奖的论文、交流的稿子,以及各种文字材料进行了梳理和归类。正当起兴时,8月接到通知,被调到另外一所学校,即现在的渭塘实验小学,为此整理工作暂停。这一次在恩师李星云教授的督促、指导下,再操旧刀,进行整理修改,终于成稿。

龚雪生

2017年3月

目 录

第一编 研教篇

经营一个鼓舞人心的数学课堂 …… 002
有效备课 …… 027
把握教材，实施有效的教学预设 …… 040
把握一个“度”字，探究课堂教学的有效 …… 045
构建理想数学课堂，引导学生主动探究 …… 051
浅论元认知与有效课堂教学 …… 061
小学数学课堂情境创设的有效性探索 …… 068
新教材教学应体现开放式教学 …… 072

第二编 研学篇

浅谈小学数学课的导入艺术 …… 076
从生活实际出发培养学生的数学素养初探 …… 083
在数学教学中如何加强学法指导 …… 090
一个课题，两种教法，三点感想 …… 094

从"圆的认识"教学谈探究的有效性 …… 100
浅谈数学课堂教学中教师的"导" …… 103
浅谈如何在小学数学课堂中引导学生自主学习 …… 111
追求有效课堂教学亟须解决的几个问题 …… 117
数学课堂教学中学生思维能力的培养 …… 122
优化课堂教学行为,促成学生自主发展 …… 125
浅谈数学课堂中学生自主探究能力的培养 …… 129
有效教学关注的热点问题与思考 …… 133
建立探索性学习方式,培养学生的创新意识 …… 143
精心设计教学过程,促进学生主动发展 …… 146
浅谈小学生数学课堂教学中自主探索能力的培养 …… 149
浅谈如何结合数学新教材培养学生的创新意识 …… 154
浅谈数学课堂教学中如何培养学生的数感 …… 159
浅谈在数学课堂教学中培养学生的创新意识 …… 163
从听课中发现的数学课堂教学中应注意的几个问题 …… 167
异年级同类型教材的分合式教学 …… 182
营造良好课堂学习氛围,促进学生心理健康发展 …… 184
在小学数学教学中培养学生的创新意识 …… 187
浅谈如何指导一年级学生阅读数学课本 …… 190
浅谈如何借助学生已有的生活经验学习认数 …… 192
主动学习,有效课堂的最佳落点 …… 195
组织课堂讨论,优化课堂教学 …… 200
突出主体性,走创新学习之路 …… 204
"表面积和体积的比较"教学谈 …… 206
"比例的应用"课堂小结的反思 …… 209

第三编 研训篇

新题型浅谈 …… 212
如何让作业不成为“作孽” …… 219
例谈复式自动作业的层次设计 …… 226
小学数学课堂练习与课后作业的设计策略 …… 230
先分后数 …… 241
巧画线段,解决问题 …… 244
认识几分之几 …… 247
仔细观察、巧妙思考、精准定位 …… 250

第四编 学教篇

“正比例的意义”教学设计 …… 254
“圆的认识”教学设计 …… 261
“圆的面积”教学设计 …… 265
“观察物体”教学设计 …… 270
“分段统计”教学设计 …… 275
“对称”教学设计 …… 284
“倍数和因数”教学设计 …… 291
“商的不变规律”教学设计 …… 296
“统计——平均数”教学设计 …… 300
“圆的认识”说课设计 …… 303
“认识几分之一”说课练习 …… 307

附　录

“复式课堂教学‘低耗高效’研究”实验报告 …………………… 310
小学数学课堂教学改革的新探索 ………………………………… 314
“农村完小数学课堂创新教学实验”结题报告 ………………… 321
“新课程下的小学数学课堂教学评价研究”结题报告 ………… 329
“小学数学课堂练习与课后作业改革的研究”结题报告 ……… 334
苏州市湘城小学数学作业布置现状的调查研究 ……………… 345

后　记 ……………………………………………………………… 351

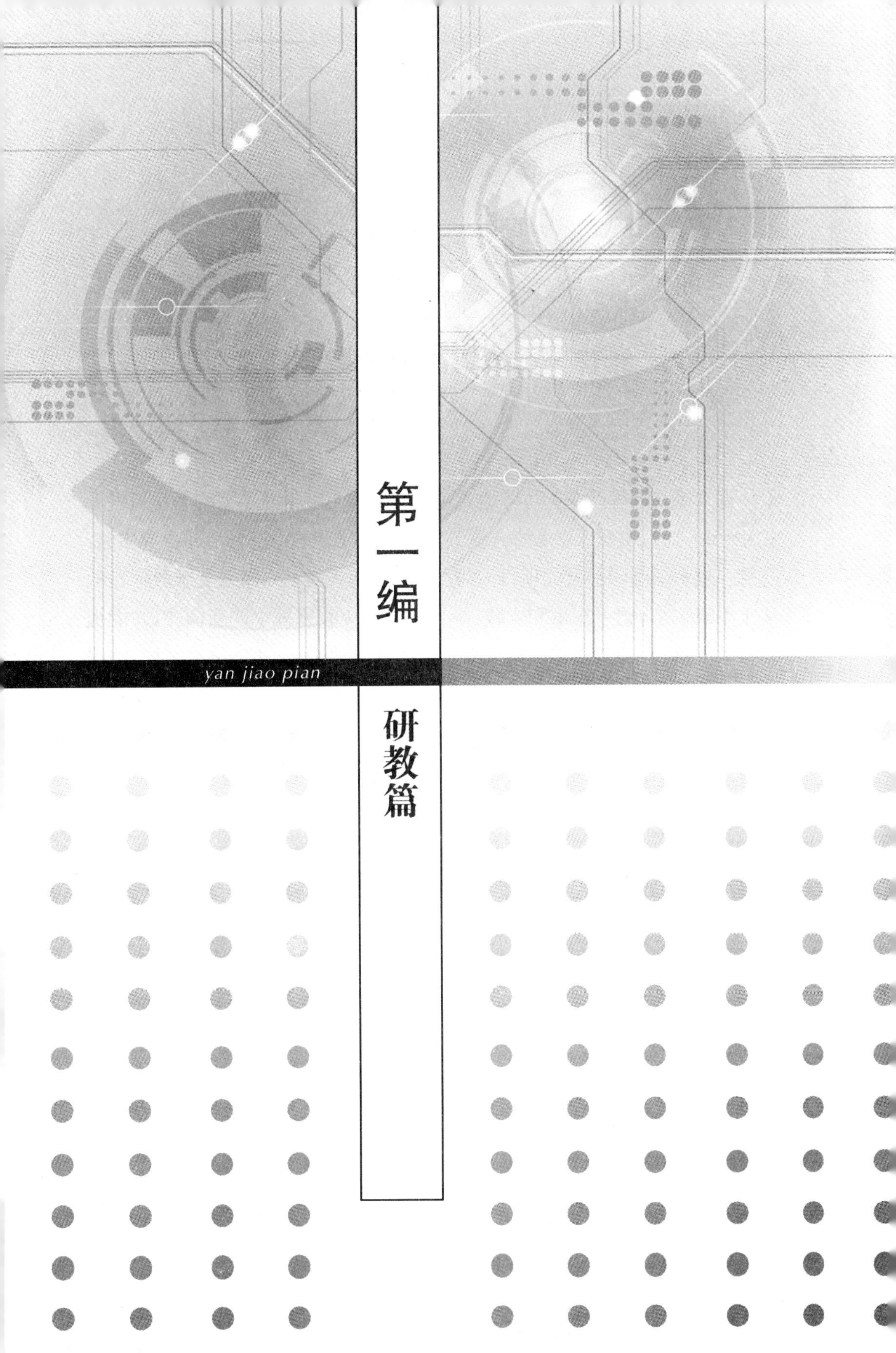

第一编 研教篇

yan jiao pian

经营一个鼓舞人心的数学课堂

课堂是新课程改革的主阵地，在教学中，课堂教学是主要的教学组织形式和活动方式，搞好课堂教学是提高课堂教学质量的中心环节和主要措施，是每一位教师组织经营的项目。“教育有法，但无定法”，就是要求教师在教法上不断创新，勇于探索和实践，寻找符合当今教育教学的新模式，才能提高教学质量，让课堂教学活动取得良好的教学效果，学生能够在轻松、愉快的气氛中获得知识和提高能力。一个好的课堂，用美国著名教育学家梅里尔·哈明博士的话说，应该是“鼓舞人心的”。他在《教学的革命》一书中，描述了“鼓舞人心”的课堂中可以观察到的五种品质：清晰的尊严感——不管有没有天赋，学生们都昂首挺胸，大胆地发表意见，显得自信、无忧无虑，他们相信自己，也把自己视为有价值的、值得尊重的人；轻松的活力——学生们显得生机勃勃、有活力、健康，所有学生都忙碌着、参与着；自主性——学生们做出恰当的选择，主导并约束自己，持之以恒地自愿学习，没有被逼迫学习的现象；集体感——共享合作、相互依赖、亲密无间，学生们彼此支持，也支持老师，没有对抗和拒绝；觉察——学生是机灵又富于创见的，他们知道自身和周边正发生的一切，能驾驭自己的思想和情感，也能适应周围人群的思想与情感。毫无疑问，这样的课堂会产生最好的教学效果。那么在《义务教育数学课程标准(2011 年版)》(以下简称《标准》)实施过程中，如何才能营造出如此令人心动的课堂呢？

一、教学内容的呈现

俗语说:“万事开头难。”良好的开始是成功的一半。《标准》强调:“内容的呈现应采用不同的表达方式,以满足多样化的学习需求。”因此,一堂课的教学内容的呈现应该是有所讲究的,是要精心设计的。一个恰当的、有效的呈现方式不仅能很快集中学生的注意力,而且会激发学生学习的兴趣。所以,我们要根据学生的心理特点巧妙呈现教学内容,使学生产生强烈的求知欲望,及早进入最佳学习状态。

1. 内容呈现情境化

传统的数学教学偏重于从概念到应用的演绎流程,导致学生对概念、法则、公式等数学知识备感抽象和枯燥。《标准》强调从“实际问题抽象成数学模型”的过程,这是一个从事实到概念的归纳流程,学生形成数学概念的原型就是这种“数学事实”。正由于学生的数学思维源于这样的“数学事实”,我们把这样的数学事实称之为“数学活动”的情境。有效的活动正是在这样的情境中才得以展开。因此,数学《标准》在第一学段中提出“让学生在生动具体的情境中学习数学”,又在第二学段提出“让学生在现实情境中体验和理解数学”。现代认知心理学的研究表明,认知与情感是紧密联系的,作为非认知因素的情感在学习活动中主要起动力作用,承担着学习的定向、维持和调节等任务。小学生入学前已有一些生活经验,包括一些模糊的数学活动经验,他们对数学知识有一些肤浅的和潜在的需要。因此在上课伊始,将教学内容的导入寓于学生喜闻乐见的生活事例或感兴趣的情境之中,可以激发学生学习的兴趣,唤起学生学习的动机。那么,教材内容如何呈现呢?通常的做法有:

(1) 创设问题情境。亚里士多德说:“思维是从惊讶和问题开始的。”数学教学的关键在于教师创设问题情境,提供诱因,使学生产生“惊讶”和“问题”,同时唤起求知欲,引导学生积极而主动地参与教学,获取知识。一个好的问题情境的创设,不仅能激发学生学习的兴趣、激起学生进行探究的欲望,而且还可以培养学生的问题意识,活跃学生思维,培养学生的创新意识。许多有识之士就抓住这一点,在课堂教学时创设“问题情境”来激发学生的思维能力,收到了良好的效果。

例如,教学"长方形面积的计算",老师先复习用面积单位直接量平面图形面积的方法,然后提出"如果要测量一个游泳池的面积或操场的面积,甚至是一幢高楼的墙面面积,也用面积单位直接去量,合适吗?有没有更合适的方法呢?"这样的问题情境很快地激起学生的认知冲突,使他们产生新的学习需要,很自然会去探究一种"简便的方法"。曾经听过特级教师刘德武执教的"乘法的初步认识",刘老师拿出事先准备好的纸条,先打开两个,让学生计算 2+2,再打开一个,算 2+2+2,然后每次增加一个 2,正在学生们兴奋地口算的时候,突然刘老师把纸条一甩,然后问学生"得几?","哗,这么长!"学生答不上来,感到眼前的问题用加法解决有困难了。刘老师告诉大家,解决这个问题要用新的办法来解决了,于是就顺理成章地引入新课。

(2) 创设生活情境。心理学研究表明,学习内容和学生熟悉的生活背景越贴近,学生自觉接纳知识的程度就越高。因此教师可以从学生熟悉的生活背景导入,让学生感受数学无处不在,从而产生浓厚兴趣。

例如,在"综合应用解决问题复习"时,可以创设如下情境:我家决定卖出一批稻谷,但爸爸不知道是卖稻谷合算,还是卖大米合算,现在请你算一笔账。如果卖稻谷,100 千克稻谷,按市价每千克 2.4 元。如果卖大米,100 千克稻谷送到碾米厂去碾,可得 67 千克大米、33 千克糠,大米每千克 3.2 元、糠每千克 1.2 元,但需付碾米费 5 元。或城市题材的:一台电视机原价都是 1 500 元,甲商店实行九五折销售,乙商店实行满 1 000 元返 100 元的返券销售。你认为去哪家商店购买合算?这样联系生活实际的导入,可以使学生发现数学就在自己的身边,数学很实用,感受到了数学与生活的密切关系,一种一定要学好数学的强烈愿望从心底滋生。

(3) 创设故事情境。故事是学生,尤其是低年级学生非常喜欢的,课堂上如果采用学生感兴趣的故事导入,可以紧紧抓住学生的注意力,把学生引入故事情境中,使学生在故事情节的发生、发展过程中不知不觉地学到新的知识,这样可以大大提高课堂教学的效率。

例如,在"复习周长与面积"时,老师讲了这样一个故事:传说古时候战争频繁,有一个小国被打败后,公主带着十多个随从,从海上逃跑,几天后在一个地方靠了岸。很快被那个国家的守卫抓住，押到了国王面前。国王了解到她是逃难来的，而且以前与公主的父亲有交情，就答应让她留下来。但又不能得罪与公主的国家有仇的另外一个国家，于是拿出一块羊皮，对公主说："你到海边找一个地方，用这块羊皮去圈你的地去吧。"公主拿了这块羊皮，来到海边，陷入了深思。大家你一言我一语，"这么一块羊皮能圈多少地？一个人都住不下来。"还有的说："是啊，这个国王也太小气了。"就在大家不知怎么办时，公主大叫一声："有办法了，我们把羊皮剪成细条，这样不是很长了吗？"大家都觉得有理，于是把羊皮剪成一条很细却很长的线。线剪好了，大家拉着线准备去圈地了。但有人问："该围成什么图形能使面积最大呢？"这样引人入胜的故事，学生听得入迷，当然也会非常关心故事中的主人公，也会非常愿意去帮助她。这样就把"周长一定，不同图形的面积不同，其中圆的面积最大"的训练，转化成为学生主动、乐意完成的做好事活动了。

再比如学习"比例"时，用警察破案的故事更能激起学生学习的兴趣：警察根据犯罪分子留下的一个脚印，很快判断出犯罪分子的身高大约是多少，体型胖或瘦，然后发出协查通知。那么这里隐藏着什么数学知识呢？通过这节课的学习，相信大家也会成为一个名侦探。无可否认，正是这样生动、有趣的故事情境，巧妙地引发了学生的认知冲突，使学生对新知识满怀无比强烈的求知欲，收到了很好的效果。

(4) 从游戏、谜语导入。德国教育家 W. A · 拉伊在他的《实验教育学》一书中指出："通过游戏进行的教学是所有教学活动的典范，因为这种教学合乎自然。"游戏教学是"寓教于乐"的具体表现，在教学内容的呈现时精心设计游戏，能使课堂气氛活跃，有新鲜感，学生在愉快的笑声中，兴味盎然地汲取新的知识，而且印象深刻。教师利用游戏这一形式，目的在于引发学生的学习兴趣需要，以使学生更好地学习，更多地掌握知识。

例如，在教学"搭配问题"时，老师上课时与几个同学握手，并说"初次见面，大家握手表示一下"，这时学生兴趣高涨，教师提出问题："要使老师跟全班同学每人都握一次手，一共要握多少次？怎样才能做到不遗漏，又不重复？"通过这样的游戏导入到"搭配"的课堂教学中，不仅使学生感到数学好玩、数学有趣，而且大大激发了学生学习数学的兴趣。

再如，教学“比多少”时，采用游戏“排排坐”导入：比一比年龄、比一比身高、比一比男生和女生的人数等；教学“年、月、日”时，采用谜语“有个宝宝真稀奇，身穿三百多件衣，天天都要脱一件，等到年底剩张皮。（打一日用品）”导入。这样可以激发学生学习的兴趣，增强学生人人想参与，人人想表现自己的学习主动性和积极性，使课堂教学活动更加生动有趣、轻松愉快。

2. 教学内容生活化

“数学是人们对客观世界定性把握和定量刻画，逐渐抽象概括，形成方法和理论，并进行广泛应用的过程。”《标准》强调“从学生已有的生活经验出发，让学生亲身经历将实际问题抽象成数学模型并进行解释与应用的过程，进而使学生获得对数学的理解”。数学源于生活，生活中又充满着数学。在数学教学中，我们要紧密联系学生的生活实际，在现实世界中寻找数学题材，让教学贴近生活，让学生在生活中看到数学、摸到数学。因此，数学教学，只有从学生的生活经验出发，让学生在生活中学数学、用数学，才能焕发生命活力。在小学数学教学中，从生活实际出发，把教材内容与“数学现实”有机结合起来，符合小学生的认知特点，可以消除学生对数学知识的陌生感，同时增强数学的应用意识，唤起学生的学习兴趣。

(1) 让学生在生活中感悟数学。数学源于生活，又广泛应用于生活。因此，教师在教学中要密切联系学生生活实际，从学生熟悉的生活情景和感兴趣的事物出发，为他们提供观察、操作、实践、探索的机会，使他们有更多的机会从周围熟悉的事物中学习数学和理解数学，体会到数学就在身边，感受到数学的趣味和作用，体验到数学的魅力。

① 从学生生活中抽象概念和法则。小学数学中的许多概念和法则都是在现实生活中抽象出来的，因此概念法则的教学也就必须在生活实际中找到相应的实例，并引导学生从直观入手进而抽象出来，逐步加深理解和运用。

例如，教学“小括号的使用”时，笔者是这样进行的：

小明暑假中练习写毛笔字，上午写 30 分钟，下午写 40 分钟，每分钟写

2个字，他一天共写了多少个字？学生分别列式计算，这时学生中出现了如下算式（这也是教师希望的）：$2\times30+40=2\times70=140$（个）。教师适时抓住这根“鸡毛”设疑：这道题按照运算规律该怎么算呢？应怎样算才能算出得数140呢？并引导学生审题：先做加法，再做乘法，好像不对吧？揭示新旧知识之间的矛盾，在学生束手无策时，适时引出小括号。这样，通过问题的设计和矛盾的解决，使学生了解引进小括号的原因和用途，懂得了先算小括号里的数的道理。

② 从学生已有水平出发，探索规律，掌握数学分析方法。事实上，许多抽象、枯燥的数学知识在现实生活中有着非常生动、有趣的“原型”。我们可以从学生已有的知识水平出发，从这些“原型”出发让学生体验、理解数学规律，从而产生深刻的理解。

例如，教学“同分子分数大小的比较”时，笔者设计了这样一个生活情景：星期天，小明过生日，爸爸妈妈为他买了一个蛋糕。小明想：平均每个人能吃这个蛋糕的$\frac{1}{3}$，随后爷爷奶奶也来祝贺他，不久4个同学也来庆贺小明的生日。请你想一想，随着人数的增加，平均每人吃到的蛋糕是怎样变化的？用数学符号表示出来。从中能发现什么规律？当学生用$\frac{1}{3}>\frac{1}{5}>\frac{1}{9}$来表示这个变化过程时，其中的规律已不言而喻。

（2）让数学知识回归学生生活。学习是为了应用。因此，教师在教学中要经常培养学生联系生活实际，运用数学知识解决问题的意识和能力。知识也只有运用才能被学生真正掌握，也只有在实践运用中才能体现其价值。

① 联系实际，增强学生的数学意识。现代心理学认为，教学时应设法为学生创设逼真的生活情境，唤起学生学习的兴趣。让学生置身于逼真的生活情境中，体验数学学习与实际生活的联系，品尝到用所学知识解释生活现象以及解决实际问题的乐趣。为了在学生学习数学知识的同时，初步接触和逐渐掌握数学思想，不断增强数学意识，就必须在数学教学过程中联系生活实际，创设模拟生活情境，使学生有更多的机会接触生活和生产实践中

的数学问题,认识现实中的问题和数学问题之间的联系与区别。

例如,股票行情统计图、出租车车费价格单据、超市合理的分类销售、铺瓷砖和刷墙面问题、“石头剪子布”都可以成为习题的内容,这些真实的情境和内容都可设计成为蕴涵丰富的数学练习。例如,在教学“用归总的策略解决问题”后,根据学生的现实生活经验,设计如“六一儿童节,四年级2班表演舞蹈《星星》。每人拿2颗星,够10人拿,如果要20人表演,每人拿多少颗星?”这样的教学,学生的兴趣高,参与面广。还可以让学生针对情景互相编题,更容易让学生学习的激情达到高潮。学生通过参与实践式的数学情境,自然而然认识到生活中处处有数学,从而增强对数学的亲切感,某种程度上树立了应用数学的意识。

② 联系生活,培养学生解决实际问题的能力。数学教育家波利亚说过:“数学教师的首要责任是尽其一切可能,来发展学生的解决问题的能力。而我们过去的数学教学往往比较重视解决现有的数学问题,即课本上已经经过数学处理的问题,学生一遇到实际问题就显得不知所措。”如何解决这个问题?我认为关键要善于发现和挖掘生活中的一些具有发散性和趣味性的问题,创设一种学生乐于探究的情境,从学生的生活经验出发,组织学生进行创造性的数学活动。

例如,六年级总复习时,让学生解决这样的一个购房问题:“老师准备购买一套新房,请同学们帮老师出出主意,首先应该考虑哪些问题?希望同学们利用数学知识为我出谋划策。”学生说,“要了解房价、地理位置、交通情况、优惠政策、可使用面积、小区物业管理等”。然后老师出示房价让学生根据房屋基价、优惠政策以及楼层差价等计算总价,以及银行按揭等,算出首付金额及每月还款。接着教师又创设了这样的情境:“老师房子买好以后,为了美观和舒适,我准备进行装修(大屏幕出示各种室内装修图片)。你有什么信息可以提供给我?”由学生介绍木地板的市场调查。老师诚恳地问学生:“我最好选择哪一种木地板或地砖?为什么?你能用数据说明吗?”然后请各小组的同学合作探讨,拿出一个可行的方案,并边展示给大家看边说明他们的想法。从这里我们可以感受到,如果仅仅让学生计算房价,其实只是培养学生的计算能力,而对培养学生应用数学技能并没有帮助,反而束缚了学生的思维发展,解决实际问题的技能得不到提高。只有将数学问题生活化,生活问题数学化,才能更好地培养学生应用数学的技能,发展学生的创新思维。

3. 学习内容弹性化

美国心理学专家加德纳指出,每个人都是具有多元智力的个体,智力之间的不同组合造成个体间的智力差异。实践证明,小学生数学学习的差异也是客观存在的,"同一年级的差异甚至可能达到 7 岁",因此《标准》强调了学习目标的"灵活性和选择性",仅规定了学生在相应学段应该达到的基本水平,教师"可根据学生的学习愿望及其发展的可能性因材施教",也"不规定内容的呈现顺序和形式,教材可以有多种编排方式"。在教学内容与教学时间,甚至教学目标上都有相当的自由度。因此教材内容的呈现应该根据学生不同的知识背景和知识发展水平,采用不同的表达方式,以满足学生多样化的学习需要。我们的教材是统一的,适合各地区的一般化学生,而对于一个班级中的每一个个体来说,教学内容就不一定适合他们。这就意味着教师要有驾驭和处理教材的能力,使教材有自由选择的弹性化空间。教材内容对学生来说,是外在的、不熟悉的,需要教师对它进行加工后,才能更好地被学生接受和掌握。所以,弹性的内容对学生来说,是给他们创造了自由发展的更大的空间,弹性的教学内容可以满足不同学生的数学学习需求,使全体学生都能得到相应的发展。弹性的教学内容是以学生的认知规律为依据的。当学生的认知水平高于教材的要求时,教师在设计教学过程中可适当简化和变通。教学时,我们应根据实际情况删去或从略处理过去已学过的旧知识或学生已经认识和了解的内容,尽量地突出最主要、最本质的教学内容进行教学。如果教材中有些素材不充分,不利于学生形成概念,教师则应及时补充新内容。也就是说,数学教学要充分考虑学生的身心发展特点,结合他们已有的知识和生活经验设计富有情趣的数学教学活动。

例如,教学"反比例的量"时,就可以把原来长篇讲解的内容改为只呈现几个成反比例关系的实例,让学生用学习"正比例的量"的方法去分析数量关系,自己找规律,进而得出结论。

同时在新课程实验的具体实践中,许多教师都有这样的体会:有时课上

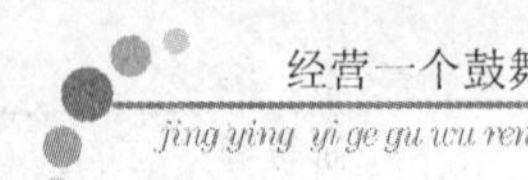

到最兴奋的时候，师生互动热烈，学生生动活泼、情绪高涨，下课铃却响了，课无法结束，但又不得不结束，很“痛苦”；而有的课，不到20分钟就完成了教学任务，很好地达到了教学目标，可又没到下课时间。这种课时内容安排的灵活性与传统课时时间固定性的矛盾经常出现。除了编写教材时须考虑课时与内容安排的科学性与合理性外，这也对现行的学校教学管理提出了挑战：学校可否实行长短课时结合？可以想象，从“一切为了孩子的发展”角度出发，一种没有统一上下课时间，没有铃声的课堂应该会很快出现。

4. 学习资料多样化

21世纪人类进入了信息时代，书本、电子书、互联网、电视……学生所接受到的信息是多方位的，学生的个性特点更明显，因此在教学中，我们要适当提供多样化、全方位的信息材料，让学生在多样化中学习分辨、比较、舍弃和保留。

(1) 有可操作性。学习材料要具有可操作性。“带着知识走向学生”，不过是“授人以鱼”，“带着学生走向知识”才是“授人以渔”。教师是学生成长的引导者、学生发展的领路人，而学生本人才是成长的主人和发展的主体。人的主体性只有在活动中才能形成，只有在活动中才能发展。因此，教学中教师要根据教学内容和学生的认知规律，积极创造条件，为学生提供可操作的学习材料。

例如，可以组织学生用小棒、圆片来理解“平均分”，“10以内数的组成”；用小棒搭建若干三角形、四边形等并探索规律；用搭积木、折纸、剪贴等方式，理解空间图形、空间图形与平面图形之间的关系等。

(2) 有时代性。学习材料要体现时代性。时代的发展，使得现行教材内容会暴露出滞后性。这就需要教师及时吸收、补充一些富有时代气息的、贴近学生生活实际的、为学生所喜闻乐见的学习材料，让学生在解决身边具体问题的过程中，体验数学的价值。

例如，“百分数的应用(二)”中“利息”一节的例题所采用的银行存款的年利率已经不符合现在的金融实际，教师在处理这部分内容时，可让学生课前向家长或去银行收集储蓄的有关知识，了解几年来国家对利率的调整，了解利息税的有关知识，收集有关年利率的数据，课中运用这些数据来解决实际问题，这样不仅能调动学生的学习积极性，丰富学生的感性认识，培养学生与社会交往的能力，而且能使学生深刻体会到数学的应用价值所在。

(3) 有开放性。数学教学中寻求“标准答案”，似乎是一种定势的思维模式和僵化了的操作程序，严重束缚学生的思维发展。因此，学习材料要体现开放性。题材开放，信息呈现形式多样，并具有可选择性，有利于提高学生分析问题和解决问题的能力。

首先，要使学生在选择材料上有一定的自由度。例如，在教学“小数加减法”时，可给学生提供一些物品标价的材料，让学生自己选择数据列出算式进行计算。

其次，可让学生自己提供学习材料。例如，在教学“两步计算的应用题”时，教师可选取生活中学生常见的购买学习用品的场景，让学生自己提出有关的数学问题。

再次，要活用课本中的学习材料。现在课本上的例题大都是一些条件充足、问题明确的标准题。可在实际生活中，问题并不像课本中的例题那样，条件和问题都十分明确，一一对应，而是需要自己去收集数据，选择条件。因此，教师可根据教学的需要将课本中的例题进行适当的改造，成为“问题解决”形式的题目。例如，可将“李老师带 50 元钱，买了 8 个文具盒，每个 6 元，还剩下多少元?”这类题目，改编为“李老师到文具店买六一节活动奖品，准备买文具盒 8 个，每个 6 元，只带 50 元钱够买这些东西吗?”由于改造后的问题具有现实意义，但又不能套用哪一类问题的解题规律，迫使学生自己去动脑筋寻找解决问题的办法，结果学生发现多种解决问题的办法。除了应用 50－6×8＝2(元)进行比较外，不少学生还想出了别出心裁的方法：用 50÷6＝8(个)……2(元)和 50÷8＝6(元)……2(元)两种假设的方法进行推断，得出 50 元钱够买每个 6 元的文具盒 8 个的结论。

(4) 有再创性。《标准》指出：“数学是人们对客观世界定性把握和定量刻画的基础上，逐步抽象概括，形成方法和理论，并进行应用的过程。”这一过程充满着探索与创造。现行教材中，许多教学内容因采用螺旋上升的编排方式，往往过多地着眼于训练的梯度和密度，把一块知识分拆得很细，变成一点一点“喂”给学生，前进的步子很小。对于这样的教学内容，教师要根据学生已有的知识基础和年龄特点，敢于调整教学顺序，重组教材内容，通过教师有针对性的指导，借助“再创造”方式将学生带到数学化及有关的各方面的活动范畴之中，让学生在亲身经历中获得所期望的一切，也从中锻炼与培养学生的创新意识与创造能力。

例如，教学“真分数和假分数”时，教材用了两个例题来说明真分数和假分数的意义，首先看图写出几个分数，然后思考这些分数和 1 的大小关系，最后得出结论。这部分内容学生很容易理解，不易激发学生的思维火花，如果将两个例题合并，学生看图写出分数后自己给这些分数分类，就可以为每个学生创设参与学习的机会，充分发挥学生的聪明才智，把学生真正推到主体地位。

二、学习新知的探究

学生学习新知识的过程，是通过师生的双边活动及生生多边活动，使学生掌握基础知识和基本技能的过程，是学科知识结构和学生认知结构有机结合的过程，这是实现学生在教学中认识主体作用的一次质的转化，也是教师的积极引导和学生积极思维的结果。这里“教”是条件，“学”是关键。从认知程序看，教师是从整体到局部，而学生是从局部到整体，教学过程正是在新知识这个认知连接点上实现认知的转化，即由教变学的转化。

1. 新知寻找连接点

学生学习新知识要利用已有的知识和经验作为基础，美国心理学家奥苏伯尔就曾指出：“如果我不得不把教育心理学的所有内容简约成一条原理的话，我会说：影响学习的最重要的因素是学生已知的内容。弄清了这一点后，进行相应的教学。”数学知识是相互关联的，新知识的学习是以原有知识为阶梯的。现在学生学习的渠道越来越宽，他们在学习新知识之前，有的已经有了丰富的生活经验和实践积累。因此，我们在教学中必须找准新知与学生原有知识、生活经验的结合点，抓住学生的“最近发展区”，精心设计好新知教学的全过程：

(1) 与旧知紧密相连的新知，教师基本不讲。只要在强化旧知的前提下，确定学习目标，让学生自己运用知识的正迁移，完成认知冲突，顺利掌握新知。教师只需在旧知与新知间架起一座能让学生自己通过的桥梁。如教学“三角形面积的计算”时，教师可以先复习平行四边形面积的计算及其推导过程，然后提问：在学习计算三角形面积时，可不可以也运用平移转化、等积变形的方法呢？你打算把三角形转化成什么图形。你认为可以吗？动手拼一拼，看一看，想一想。你发现了什么规律？学生通过操作、观察、思考、讨论便可得出结论，并明白计算三角形的面积为什么要除以 2 的道理。接下来再学梯形面积的计算时，教师就可完全放手让学生自己去学。这样的设计就充分体现了由扶到放，该放则放的原则。

(2) 全新的知识，教师也要寻找新知的“最近发展区”引导学生学习，教师只在关键处点拨和讲解。如“分数的初步认识”的教学，其“最近发展区”就是平均分的知识。我们可先组织复习：每份分得同样多便是平均分。然后拿出一个苹果，平均分给两个小朋友。提问：怎么分？每人分到多少？你能用整数表示出来吗？让学生充分讨论后，教师只在这里给学生讲解：每人分得的苹果不能用整数表示，要用“半个”表示，这就要学习“分数”。然后结合实际理解分数的含义，引导学生自学分数各部分名称。这样的新授课就不是老师在“教”了，学生的自主性得到了充分的发挥。

2. 静态知识过程化

数学学习不是单纯的知识的接受，而是一种活动，是以学生为主体的数学活动。这种活动与游泳、骑自行车一样，不经过亲身体验，仅仅依靠看书本、听讲解、观察他人的演示是学不会的。建构主义学习理论强调，“知识是不能被传递的，教师在课堂上传递的只是信息，知识必须通过学生主动建构才能获得”。也就是说，学习是学习者自己的事情，谁也不能代替。《标准》指出：“动手实践、自主探索与合作交流是学生学习数学的重要方式。……数学学习活动应当是一个生动活泼的、主动的和富有个性的过程。”为此，在数学教学中首先要确立学生的主体地位，建立探索性的学习方式，培养学生自主学习的意识。教师在课堂教学中应充当组织者、引导者与合作者，合理有效地使用各种教学方法与手段，引导学生开展多种形式的数学学习活动，使学生有效地经历数学知识的形成过程，使学生在获得必要的基础知识与

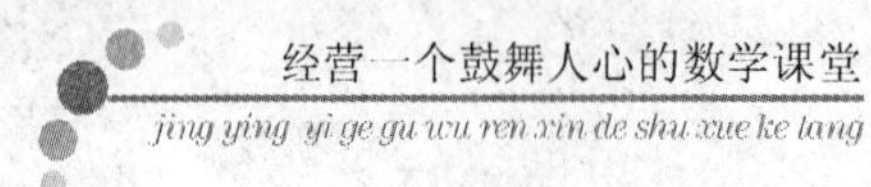

基本技能的同时，丰富和积累活动的基本经验，并促进学生情感、态度和价值观的和谐发展。

教材是落实课程标准、完成教学任务的主要载体，也是教师进行教学的依据和参考。但教师不应唯教材至上，过分依赖教材，而应把教材定位于"学生数学学习的重要线索"，懂得"用教材教"，而不是"教教材"。因此，在设计、安排和组织教学过程的每一个环节都应当有意识地体现探索的内容和方法，要根据优化课堂教学的需要对教材进行适当的加工处理，根据教学要求，钻研教材，从学生的生理、心理特点，认知规律以及生活实际出发，科学地选择、重组教材内容，挖掘生活中的素材，活化教材内容，从而把课本中的例题、讲解、结论等内容，转化为学生易于和乐于接受的信息，转化为学生能够亲自参加的数学实践活动，让学生通过实验、观察、搜集、交流讨论等方式理解知识点，使学生自然、有效地经历知识的生成过程。

例如，在"推导圆锥体积计算公式"的教学中，我们安排了分组实验，材料既有等底等高的圆柱与圆锥学具，又有等底不等高的圆柱与圆锥学具。通过操作，当其中几个组的同学都得出圆锥的体积与圆柱体积的比约是1∶3后，另一个组的同学提出了不同意见。然后通过比较、议论，使学生深刻认识到圆锥的体积是等底等高的圆柱体积的三分之一。其中重要的前提是等底等高，这正是学生掌握公式时容易忽略的问题，更是本单元学习的难点与重点之一。

再如，教学"质数和合数"时，教师给同学们准备了许多小正方形，然后请同学们拼成大的长方形，并交流共用了多少个正方形，长方形的长和宽各是多少。然后学生根据老师的要求拼搭。用20个正方形搭，交流搭成了哪些长方形？(3种)用19个正方形呢？(只有1种)然后小组合作探究2～18个正方形的情况，并填写实验报告后，发现有的只能拼成一个长方形，有的可以拼成2个或更多，并认识了质数与合数，掌握了它们的概念。本来"质数和合数"的内容是最枯燥的内容，也是学生最不容易掌握的内容，老师通过操作活动使枯燥的知识动了起来，有效地激发了学生的探究欲望，在活动中探究、认知，较好地提高了学生数学思考的能力。

动态化的另一个方面，就是在比较中剔除杂念，形成正确的概念。比如三年级下册的“分数的认识”，这部分内容是在三年级上册“初步认识分数”的基础上学习的。三年级上册知道了把一个苹果平均分成 2 份，每份是二分之一，而三年级下册是把一个整体平均分成 2 份，每份是二分之一。如何将二分之一这个概念从一个苹果拓展到一个整体呢？通过展示，比较每次的二分之一可以帮助学生理解什么是一个整体。四个的二分之一，八个的二分之一……因为都是平均分成了 2 份，所以都是二分之一，不同的是分的总数是不同的，但分的过程是一样的。由此拓展到 100 个西瓜、4 吨梨……平均分成 2 份，每份都是二分之一。接着再讨论分成 3 份、4 份……再与二分之一比较，有什么相同点与不同点。这样把分数概念在比较中一步一步地得到抽象，使内涵与外延不断地清晰，并最终形成完整的概念。

3. 新知探究全参与

教学活动中的认知活动，是在教师的指导下的探究和发现活动，是经历类似科学家那样发现真理的过程。其目的是让学生体验和理解这个过程，并能掌握前人总结的一系列的科学方法。教材的重点、难点，往往是学生掌握和理解知识的关键，学生如能亲自参与重点知识的获取过程，突破难点的教学实践活动，就能使他们逐步从学会到会学。

积极关注学生参与学习的程度是教学成功的重要因素。没有学生积极参与的教学应该是失败的。教师在关注学生的同时，要积极创设机会让学生体验参与的快感。首先要鼓励参与。小学生的好奇心都比较强，教师要抓住学生的这一心理特点，组织生动活泼的学习氛围，运用多种手段呈现学习内容。有了外在的诱惑力，就会诱发学生的内在需求，从而乐在其中。其次要多提供机会。通过老师的合理启发引导，让学生经过自己的积极探究，发现问题，解决问题，找到规律，从而理解新知。有了这样的体验，学生才能感到探究的趣味所在，当取得成功时，那份喜悦是别人难以体会的，可以说喜悦是发自内心的。由此生发的学习动力也是其他激励手段所不能替代的。那么怎样才能吸引学生积极参与呢？《标准》指明了数学学习的重要方式，也是有效组织、吸引学生积极参与的最佳方式和方法，即动手实践、自主探索和合作交流。

(1) 动手实践(动手操作)。动手操作，是促进学生知识理解的重要手段之一，动手操作既可以开发利用右脑，促进左、右脑的协调发展，又能让学生智力的内部认识活动从形象到表象再到抽象，促使认识的内化，促进认知结构的形成和学习技能的提高，从而达到智慧的生长和创造力的凸现。许多成功的案例说明，让小学生动手操作是提高数学学习的有效策略之一，因为这样做既符合儿童的生理、心理特征，可以吸引他们把注意力集中到有意识的教学活动中来；又能使他们在大量的感性材料的基础上，对材料进行整理，找出有规律的现象，逐步抽象、概括，获得数学概念和知识，使抽象问题具体化。

例如，平行四边形面积公式的学习，既是长方形面积计算的延伸，又是学生学习三角形面积、梯形面积的基础，正是认知的生长处，也是教学中的重点和难点。在教学这一内容时，要充分发挥学生的主动性，让学生自己动手操作，把平行四边形模型（纸）通过剪、移、旋转、拼等手段，转换成同学们熟悉的长方形，进而很容易找出平行四边形和长方形之间的联系，再通过同学之间的小组交流，自己就能得出平行四边形面积计算的公式。通过操作、思考和交流，在学生的大脑中形成这样一种认识，即：平行四边形可以转化成自己熟悉的图形，并且转化的方法不是唯一的。这样，不仅巩固了旧的知识，而且恰在认知的结合部加强了同化作用，为以后学习知识提供了方法，同时也锻炼了思维的灵活性。再比如“三角形两边之和大于第三边”的教学时，就给学生准备需要的小棒，让学生搭三角形，从而发现有的不能搭成，而有的能搭成，这是为什么呢？带着这样的问题，让学生探究，从而发现其中的规律。

（2）自主探索（自主学习）。培养学生自主学习能力既是素质教育的根本要求，也是终身学习和人的全面发展的需要。自主学习，顾名思义就是学生依靠自己的努力，自觉、主动、积极地获取知识。培养自主学习的能力既有利于学生今后的学习，又能优化课堂教学，提高教学效率。但学生的自主学习的能力要以学生为本位，在学生积极参与的学习过程中培养和提高。为促进学生自主学习，教师要注意在课堂上建立民主、平等的师生关系，重视师生之间的情感交流。教师的语言、动作和神态要让学生感到可亲、可信，要能不断激发学生的求知欲，能激励学生不断克服学习中的困难，让学生产生兴奋和愉快感。教师对学生的学习要多鼓励:对学生回答的问题不要简单地否定或肯定,要鼓励学生多问“为什么”,并让学生说说是从何想起、怎么想的,鼓励学生不懂就问,并通过学生自己来解答疑问。这样学生学习的兴趣就浓了,也可多让学生思考、提问,多让学生感受成功的喜悦。但是真正意义上的自主学习不只是学生单方面的行为,而应该发挥教师和学生两方面的作用。教学活动设计中教师是主体,学习活动中学生是主体。自主学习对教师的要求更高了,要求教师抛开“我讲你听”的教学模式,而代之以引导学生学习,培养学生学习数学的兴趣和自觉性。在课堂上挥洒自如,把精力放在关注学生的学习,关注学生的情感上,才能使学生学得生动活泼,如期达到教学目标。

例如,在探究乘法中乘数变化引起积的变化规律时,让学生通过独立填表,分析表中数据,从而发现变化规律。然后在教师的指导下验证规律的正确性。再如在探究长方形面积计算方法时,让学生多准备几个不同的长方形(长和宽都是整厘米数),然后通过拼小正方形或数方格等方法,找出这些长方形的面积,再通过比较长和宽的数据让学生发现长方形面积与长和宽的关系,从而发现规律。再如,在探究质数和合数时,有的教师先让学生写出 1～10 各数的因数,然后让学生进行分类。使学生发现有的数的因数只有 1 个,有的有 2 个,有的有 3 个或更多。通过学生自己的分类,为学习质数和合数铺平了道路,难点就迎刃而解。

(3) 合作学习。20 世纪 80 年代,随着建构主义理论的兴起,合作学习越来越受到各国教育的广泛关注。合作学习的过程不仅仅是个认知过程,更是一个交往过程与审美过程。在合作学习的过程中,学生不仅可以相互间实现信息与资源的整合,不断地扩展和完善自我认知,而且可以学会交往,学会参与,学会倾听,学会尊重他人。这些都是 21 世纪公民所应该具有的素质。这是主动学习的拓展性环节。学生群体在教师的组织和指导下交流、讨论自主探索的学习成果,批判性地考察所提出的各种理论、观点、假说、思路、方法等,通过小组协商的方式使群体的智慧为每一个个体所共享,内化为个体的智慧,拓展个体知识视野,是形成学生表现、交往、评价、批判能力的重要环节。要给学生留出发挥自主性、积极性和创造性的空间,要给学生提供在不同的情境下建构知识、运用知识、表现自我的多种机会,要让学生通过主动学习形成自我监控、自我反思、自我评价、自我反馈的学习能力。那么,如何才能提高合作学习的有效性呢?

① 合理组合小组成员。教师对全班学生的分组要进行认真的研究设计,学习小组由4～6人组成,按照异质分组,除考虑学生人数、性别、知识基础、学习成绩、学习能力等因素外,还要注重学生的个性特点,每组最好都安排有较为活跃,善于关心、鼓励他人的学生,这样有利于小组学习中调动学习气氛,增强合作意识。

② 组内要有明确的分工。合作学习不再是一种个人的学习行为,而是一种集体行为,这需要学生有足够的团队意识,每个成员在小组中都要承担特定的职责。"组长"要检查小组成员的学习情况,确认每位成员所完成的学习任务;"主持人"要掌握小组学习的进程,安排发言顺序,控制发言的时间;"记录员"要记录小组学习的过程和结果;"发言人"要代表本组汇报小组讨论的结果。为了培养学生多方面的能力,可让小组成员定期交换分工。

③ 小组合作必须以自主学习为前提。小组合作学习中,往往会出现当老师布置完学习任务后,学生马上聚在一起交流探讨。这样合作的结果,或对问题了解不深,浮于表面,或根本不知从何下手,大家沉默不语,这主要是因为在合作之前学生缺乏对问题的思考,缺乏自己的独立见解。在小组合作学习时,应先让学生进行自主学习,独立思考,学生对问题的理解和解决有了自己的见解,在小组合作学习中才有话可说,避免从众心理。同时,也给那些不爱动脑筋思考或学习有一定困难的学生提供了进步的机会。

④ 交给学生适当的交流规则。交流是合作学习中的重要表现形式,通过交流可以展现自我、碰撞思维,开阔视界。交流由于具有平等性、无拘无束和非强制性,能更好地促进小组成员的主动性、创造性和民主平等的精神的发展,也使得个体思考通过交流成为集体智慧。

表达自己的见解:在"主持人"的协调下,每一位学生依次发表意见(相同的意见不再重复),若经过争论后大家的意见仍不统一,则由"记录员"记录下来,待小组汇报时提交全班讨论。

尊重别人的发言:在小组合作学习时,每一位学生要认真倾听同组成员的意见，在听别人发表意见时，注意力要集中，要学会尊重他人，不要随意打断对方的发言。不仅要肯听，更要会听，能够听出别人说的重点、问题。

小声交流：小声交流的目的是给大家提供一个良好的学习环境，避免互相干扰。

⑤ 课堂辩论。现在的一些课堂教学，学生学习的积极性往往停留于表面现象，流于形式。师生之间提问、答问频率很高，其结果是问之不切，则听之不专，听之不专，则其所取之不同。这种形式上的交流与主动学习不能保证所有学生都能进行意义建构。事实上，真正的信息交流，应该是基于师生、生生之间有效互动的交流。教师在课堂教学中，只有创设一些能引起学生认知冲突的问题与讨论，才能实现师生、生生之间有效的互动。比如，在教学“一个数除以分数”时：一辆汽车$\frac{2}{5}$小时行驶 18 千米，1 小时可以行驶多少千米？学生出现了两种答案：A. $18\div\frac{2}{5}=\frac{1}{18}\times\frac{2}{5}=\frac{1}{45}$(千米)；B. $18\div\frac{2}{5}=18\times\frac{5}{2}=45$(千米)。要求学生讨论哪种算法正确，学生从讨论到辩论，各不相让，且各有自己的道理：

生 A1：上节课学习了“分数除以整数等于分数乘这个整数的倒数”。所以我想今天的整数除以分数，应该等于分数乘这个整数的倒数。

生 B1：我不认为这样。其实整数可以化成分数，上节课的例题$\frac{6}{7}\div3=\frac{6}{7}\div\frac{3}{1}=\frac{6}{7}\times\frac{1}{3}=\frac{2}{7}$，就是说上节课的“分数除以整数”可以转化成“分数除以分数”，再用被除数乘除数的倒数。所以我推想当整数除以分数时，应该把整数乘这个分数的倒数。

生 A2：你把昨天的知识转化成分数除以分数，而今天学习的是整数除以分数，它们怎么能相提并论呢？

生 B2：当然可以了。

生 A2：那是为什么呢？

生 B2：我也说不清，反正我可以肯定你们的算法是错误的。你们想，$\frac{2}{5}$

小时行驶18千米，半小时都不到，1小时行的路程肯定比18千米多。

生A3：那怎么肯定你们的算法对呢？

生B3：我有办法，把$\frac{2}{5}$转化成小数，18÷0.4=45。

生A4：老师说过，仅仅靠一个例子不能说明问题，如果是$18\div\frac{2}{3}$，你怎么证明？

生B4：我有办法，$18\div\frac{2}{3}=18\times\frac{3}{2}=27$，可以根据“商乘除数等于被除数”，商27乘除数$\frac{2}{3}$等于被除数18。所以算法B是正确的。

在上述过程中，学生围绕分歧进行讨论，并引发了一场争辩。课堂成了一个辩论的赛场，学生的智慧在较量过程中被激发了出来，真正体验了合作交流的意义和参与的快乐。这样的课堂涌动着活力和学生的灵气，学生在思想的碰撞与交锋中，智慧的火花随处迸发，他们共同分享着思想和智慧，培育着勇气和情感。

一个开放的、体现学生主体作用的课，应该有他们自由表达意见的空间。适度的“乱”，在教师控制之中的“乱”，在一定程度上可以激发学生学习的主动性，让他们真正参与到教学中，让他们去创造性地学。

三、层次练习的设计

美国数学家波利亚曾说：“数学教师的首要责任是尽其一切可能来发展学生的解决问题的能力。”可见学知识是为了用知识。但长期的应试教育使大多数学生只会解答应用题、概念题等，却不知道为什么学数学，学数学有什么用。因此在教学时，我们必须针对学生的年龄特点、心理特征，密切联系学生的生活实际，精心创设情境，让学生在生活实践中应用数学知识，切实提高学生解决实际问题的能力。

实践运用既要完成巩固知识，进行技能性的转化的任务，又要完成把知识转化为能力的任务，还要考虑适应学生的不同智力水平。所以要精心设计训练题，题型要新颖多样化，注意精练性和典型性。

1. 从难度上说要有一定的智力坡度

应该设置智力台阶，实行星级制：一星级，即基础性应用。指与教材上的例题同结构、同题型、同难度的模仿性练习题，用于巩固当堂所学的新知识。二星级，即综合性应用。这里要注意两个维度，一是本堂课内所学知识点的综合，二是本堂课内所学知识与已往学的相关知识的综合。三星级，即发展性应用。这里也要注意三个维度，一是一题多解，二是多题一解，三是多学科综合。

例如，在学习“比的意义”后出示练习：

(1) 按要求写比并求出比值。这是“一星”的基本练习，起点低、题型简单。通过练习增强对比的意义的深刻理解，为后面的练习打好基础。

(2) 判断下面的说法是否正确，并说明理由。

① 六年级第三小组 8 个同学共修补图书 27 本，这个小组修补图书的本数和人数的比是 8∶27。

② 小红有 4 朵红花，3 朵黄花，红花和黄花的朵数比是 $1\frac{1}{3}$。

③ $\frac{4}{5}$有时可以读作五分之四，有时也可读作 4 比 5。

④ 小强身高是 1 米，他爸爸的身高是 180 厘米，小强和他爸爸身高比是 1∶180。

这是“两星”练习，也是变式练习，在基础知识不变，而形式多变的练习中，使学生进一步掌握知识本质，使新知识内容更充实更丰富，有利于培养学生思维的灵活性和深刻性。

(3) 说一说、想一想。

① 说一说下面各图中空白部分和阴影部分的面积比各是多少。(单位：平方厘米)

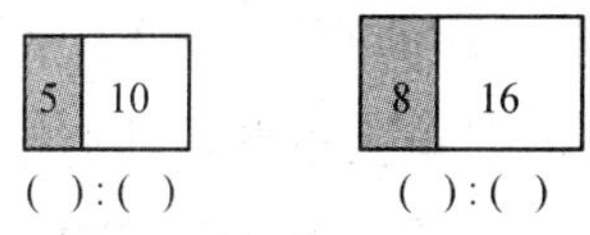

② 引导学生用比来表示下图中空白部分和阴影部分的面积关系，并说

说是怎样想的。

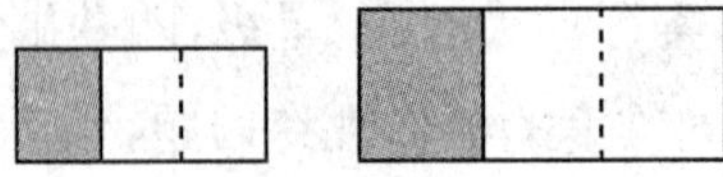

③ 如果阴影部分增加同样的一份，空白部分和阴影部分面积的比是几比几？根据这一个比，谁能说说这两部分面积有什么关系？

这是“三星”练习，也是发展性练习，具有启发作用，鼓励学生带着问题探索，发现规律。

2. 从形式上说，应用要有拓展与开放

实践应用阶段是学生基本掌握新知以后的阶段。这是学生初步应用知识到熟练应用知识解决问题的过程，因此教师应引导学生通过应用知识进一步掌握知识技能，并不断拓展知识的外延，使学生能将相关联的知识联系起来，综合、灵活地应用相关知识解决问题。

新知探究阶段学生通过探究发现的知识、规律，只是初步的感知，因此实践应用中要将这一知识深入剖析、挖掘，使学生能深入理解，并熟练应用。

比如，在学习“分数的意义”后，让学生说说下面哪些图形的涂色部分表示$\frac{1}{4}$。

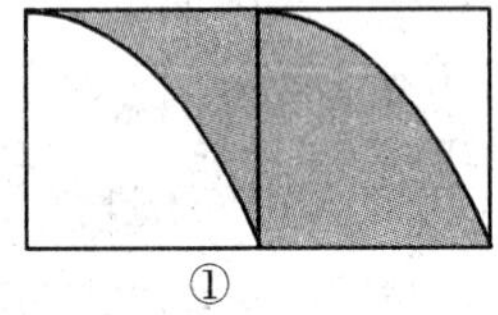
①

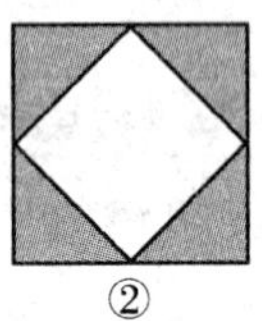
②

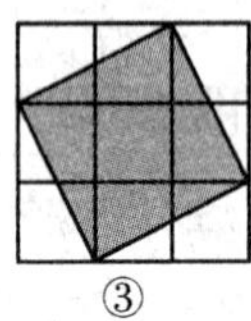
③

起初，学生一致认为图(2)的涂色部分不能表示$\frac{1}{4}$，因为它不是平均分。这时老师引导大家思考：形状不同的图形，它们的面积一定不等吗？引发了学生的争议。终于一位学生兴奋地说道：“我能证明图(2)中的三角形大小是相等的。”他给图(2)(两条对称轴的位置)添上两条线段，就把图(2)分成了8个形状相同、大小相等的直角三角形，而图(2)中原来的每个三角形都是由这样的两个直角三角形拼成的，所以图(2)中原来的三角形虽然形状不同，但大小是一样的。他的合情推理博得了全班同学的一片掌声。

同时由于新知探究过程中，学生获得的知识是针对比较单一的新知识点，比较狭窄，因此必须通过实践应用加以拓宽。教师要将数学知识与其他相关的知识、相关的生活问题联系起来，以进一步丰富知识，使学生能将新知与已有的知识体系相衔接。

例如，在学习了“平均数”以后，让学生说说在唱歌比赛、文艺会演比赛等项目中求平均数的方法，以及为什么要去掉一个最高分和一个最低分等；甚至还可联系中位数、众数，进一步理解平均数的含义。

又如，某公司招聘广告上称，平均工资为 2 200 元，但小王应聘后，工资仅 1 800 元。这是为什么？

再如，在进行关于周长、面积复习时，让学生解决这样的问题：王伯伯要建一个面积为 150 平方米的养鸡棚，鸡棚的一边靠着原有的一堵墙，墙长为 25 米，另三边是铁栅栏。现有铁栅栏共长为 35 米，请你设计一下鸡棚的长和宽。

四、课堂小结的反思

建构主义强调，学习不是简单地让学习者占有别人的知识，而是学习者主动地建构自己的知识经验，形成自己的见解。反思理论是元认知策略中关于计划、评价和调节的策略。在学习过程中学习者不仅要不断监视自己对知识的理解程度，判断自己的进展与目标的差距，采取各种增进和帮助思考的策略，而且还要不断地反思自己的学习过程。为此，数学教师在教学过程中，应重视培养学生反思的习惯，即元认知的意识。元认知理论对人的认知活动进行了深入的探讨和研究，强调个体对自身认知活动的过程和结果进行调节与反馈，认为反思是监控的必要条件，没有反思就没有监控。在教学中，数学教师要常常引导学生思考：是怎么想的？为什么这样想？为什么会有这样的现象？为什么做出这样的选择？所选择的思考途径是否最佳？这些内容之间有什么联系？经常这样做，可以培养学生的监控意识和反思习惯，能从根本上提高学生的数学思维与数学素养。

例如，在讲完“小数的简便计算”之后，在总结时让学生交流：请谈谈这节课中你的收获。在做小数简便计算时要注意哪些方面，有什么诀窍？这些方面你注意了没有？学会了没有？等等。通过学生的交流与反思，不仅可以使学生获得积极的情感体验，而且使学生体会到每天都是充实的，今天的数学课又学到了新的知识。

教师不但要在课内激发和维持学生自主参与的热情，更要引导学生将课内迸发出的参与热情有效地延续到课后，以促使其在课外积极主动地探索数学知识，进一步发展学习数学的浓厚兴趣。让学生在已成功构建新的知识体系的基础上，将所学知识的运用范围扩大到课堂外、学科外、学校外。

例如，在四年级讲完“统计”后，学生在统计苏州市这一年五月份天气情况时，发现五月份的晴天只有 2 天，而多云天气却有 20 天，这是为什么呢？让学生通过课外去收集相关信息，了解保护大气的重要性。同样在进行分段统计学习总结时，请学生给自己在这节课上的表现打分，并通过软件现场统计优秀、良好、合格的人数，这样不仅让学生反思这节课取得的学习成果，也学会了正确地进行自我评价。

五、课堂作业的自由

课堂作业是课堂教学的一个重要组成部分。传统的课堂作业总是布置书本的练习题或教师补充题，以巩固课堂所学的知识。成绩好的学生能够很好地独立完成，但是一些成绩差的学生不明白课堂上所讲内容，作业于是就成为比复习和练习更困难的功课，他们非但不能从作业中得到好处，反而因此拉大了与成绩好的学生的距离。因此对于不同学生要有不同的作业，以使作业能最大程度地发挥作用。《标准》也强调“由于学生所处的文化环境、家庭背景和自身思维方式的不同，学生的数学学习活动应当是一个富有个性的过程”。“不同的人在数学上得到不同的发展。”因此我们布置课堂作业时适当放手让学生自己设计更适合自己的作业，有利于发挥学生的主体作用，提高学生学习数学的兴趣，形成学生自我评价、自我调节和自我提高的能力。课堂作业设计通常为如下三个方面：

(1) 个人作业，是指学生独立完成的作业。一般让学生参照书本上的练习题，先自我感觉哪些题已经会做，哪些题还不会，或有哪些疑问。对于不会做的或有疑问的题目要认真做一遍，已经会做的就不必再做了。

(2) 小组作业,是指在合作小组中完成的作业。通常由小组内成员互相出题,并互相审阅核对,由小组长负责,有争议的提请班级讨论。

(3) 家庭作业,是指学生回家后独立完成或在家长指导下完成的作业。通常是带有扩展性和创造性的作业。这类作业主要是考查学生能否将知识整合、灵活运用于新的情境。

例如,“两积求和(差)应用题”的作业设计过程:教师将所谓的“例题”讲完后,让学生继续小组合作,用今天的知识口头编几道应用题,时间是3分钟,先在小组内完成。同时让学生选好一道他们认为有质量的题,贴到老师的黑板上,让大家一起做。学生随即两人一组、四人一伙,凑在一起讨论、争论,课堂显然活跃起来。先出好的学生把作业纸贴到黑板上去了,还没有写完的学生开始焦急起来……最后老师请同学们到黑板上来认领作业。并要求:一是不能拿自己的作业,二是必须批改一份别人做的习题或者做一做别人出的作业题。孩子们开心地上台去拿作业。在美妙的音乐铃声中,数学课就这样上完了。教师布置的家庭作业也别出心裁:每人想一个有关今天所学知识的家庭小故事。

再如,在学习过“三位数除以两位数初商偏大要调商”后,让学生回家搜集或编写4～8道同种类型的习题——这个作业可以从书、练习册上摘录,也可以借助计算器自己编写。要求:编出来的作业将交给每个人的同桌完成,必须是与今天所学内容相符合,第二天将从中选出编得比较好的题目给全班同学做。在布置这样的作业时,虽然没有要求学生一定去完成多少重复的计算,但为了显示自己学习的成就,学生们还是自发地、认真地进行了计算,这样的效果远比教师布置一定量的计算任务要好。

留美学者高钢先生所写的《我所看到的美国小学教育》一文中谈到美国小学生的家庭作业竟然是论述“中国的昨天与今天”“我怎么看人类文化”这样一个连博士生都不敢做的题目。这样自由化的作业,可以激发学生学习的热情、学习的兴趣和学习的需要,增强学生学习的内在驱动力,不断提高学生的综合能力。

新课改呼唤新题型的产生,新题型有它的特点:现实性、趣味性、交互性、开放性,因此在设计作业时我们应注意几个方面:生活化、挑战性、思想性、多样性。

经营一个课堂就像经营一个店铺，店铺里顾客是上帝，课堂上学生是上帝；店铺里你要让顾客心甘情愿地掏钱买你的商品，课堂上你要让学生心悦诚服地听你的课；店铺里从选货、进货到销售，你一切为了顾客，你才有更多的回头客；课堂上从内容、过程到作业设计，你一切为了学生，你才会有更多更好的学生。

有效备课

备课是教师的日常教学工作之一，是教师上课的前提和基础，是保证教学质量的关键，只有备好课才能上好课。

我们平时所说的备课就是写教案，其实按照《标准》来看，完整的备课应该是教学前的预案，加上教学中的记录、调适，再加上教学后的反思。包括研究课标、熟悉教材、收集材料、查阅资料、了解学情、准备教具学具、课前实验、选择教法学法、设计问题、撰写反思，有时还包括二次备课等等。所以说备课不仅仅是写教案，而是一个整体工程。有的教师可能要说，备课要有那么多，我们做老师的哪有时间呀！确实，教师在学校里很忙，时间是远远不够的，不过苏霍姆林斯基说过这样一句话，“……而就一堂课而言，我只花了 15 分钟”。只用 15 分钟，怎么可能呢？但前半句是“我用我的一生来准备我的教学”。也就是说，教师的备课重在平时的积累，或许厚积薄发也是这个道理吧。

关于有效备课，我们经常说：心中有课标，脑中有教材，眼中有学生，手中有方法，肚中有素材。

著名特级教师钱守旺在《新课程怎样才能教得精彩》里说，备课要“把握方向，读懂学生，用活教材”。首先要把握方向，只要方向找对了，离目标就会越来越近；其次要读懂学生，读懂学生的特点、基础、需要、思路、错误、情感，了解学生，以学生为本，才能让学生成为真正的主人，学生才能在数学课上真正表现出自己的精彩；再次是用活教材，研究和分析、理解和掌握新教材的编写意图，走近生活，解读并超越，进而有效地开发和整合这些资源，创造性地使用教材，最终形成有效的教案。当然说说容易，做到却很难。那么该如何做呢，笔者的体会是：

一、备课前

主要做好三项工作：

1. 更新理念——理念决定思路，思路决定出路

更新理念，主要是通过学习，包括《基础教育课程改革纲要》《国家中长期教育改革和发展规划纲要(2010—2020)》，当然最重要的是新的课程《标准》。

新课程改革纲要的重点是六个改变：

第一，改变课程过于注重知识传授的倾向，强调形成积极主动的学习态度，使获得基础知识与基本技能的过程同时成为学会学习和形成正确价值观的过程。

第二，改变课程结构过于强调学科本位、科目过多和缺乏整合的现状，整体设置九年一贯的课程门类和课时比例，并设置综合课程，以适应不同地区和学生发展的需求，体现课程结构的均衡性、综合性和选择性。

第三，改变课程内容"难、繁、偏、旧"和过于注重书本知识的现状，加强课程内容与学生生活以及现代社会和科技发展的联系，关注学生的学习兴趣和经验，精选终身学习必备的基础知识和技能。

第四，改变课程实施过于强调接受学习、死记硬背、机械训练的现状，倡导学生主动参与、乐于探究、勤于动手，培养学生搜集和处理信息的能力、获取新知识的能力、分析和解决问题的能力以及交流与合作的能力。

第五，改变课程评价过分强调甄别与选拔的功能，发挥评价促进学生发展、教师提高和改进教学实践的功能。

第六，改变课程管理过于集中的状况，实行国家、地方、学校三级课程管理，增强课程对地方、学校及学生的适应性。

《标准》讲的数学教学的基本理念是"要面向全体学生，适应学生个性发展的需要，使得人人都能获得良好的数学教育，不同的人在数学上得到不同的发展"。归纳起来为三个方面：关注学生发展、教学是双边活动、教学相长。

关注学生发展，就是说作为教师要明白，每天一节数学课都要能促进学生在涉及数学的知识、能力、情感等方面有所发展。

教学是双边活动，就是说教学过程是师生交往的互动过程，而不能教师在上面讲得嘴酸(累得要死)，学生在下面一动不动。

教学相长，其实就是共同成长，上课不仅是学生学习的过程，也是教师提升的过程。以前听课时经常听到教师在课堂总结中问学生，这节课你有什么收获。下课后，笔者真想去问一问老师，这节课你有什么收获。

其实这三个方面再归纳一下，就是一句话：让更多的学生参与到活跃的学习活动中。教师的任务就是怎样让更多的学生参与，怎样组织活跃的活动。

这个理念的问题不是一天两天就能更新的，需要在平时的不断积累中丰富，去粗存精，不断优化。

2. 吃透教材——教材是教学之本

我们平时一直说要钻研教材，那么怎样钻研教材呢？笔者认为，要达到五个“弄清”：

一是，弄清这部分内容的课标要求，主要是教学用书上的说明；

二是，弄清这部分知识的前后联系(教材体系)；

三是，弄清学习这部分知识的重点和难点；

四是，弄清这部分知识的内容特点；

五是，弄清这部分知识的拓展提升或文化背景。

例如，除法教学“商末尾有 0”。

62÷3=______(　　)　　　______(　　)

课标要求:学生掌握数学知识,不能依赖死记硬背,而应以理解为基础,并在知识的应用中不断巩固和深化。

教师要揭示知识的数学实质及其体现的数学思想,帮助学生理清相关知识之间的区别和联系等。要注重数学知识与学生生活经验的联系、与学生学科知识的联系,组织学生开展实验、操作、尝试等活动,引导学生进行观察、分析,抽象概括,运用知识进行判断。

教学参考:……教材采用了整捆或整筒带单根或单个的表示方式,一方面便于学生将表内除法及有余数的除法的计算经过迁移到两位数除以一位数的计算中来,另一方面又能为学生自主探索计算方法留下必要的空间。

这部分内容教学商末尾有0且有余数的两位数除以一位数的除法。由于学生在计算此类题目的过程中比较容易出错,加之"除到被除数的某一位时,不够商1要商0"也是一个重要的知识点……计算这道题的难点在于:书写竖式时,由于被除数十位上的数恰好能被一位数整除,而被除数个位上的数除以一位数不够商1,所以要在商的个位上写0……

教学建议:由此引导学生动手操作,在操作中认识到,由于把6筒羽毛球平均分成3份后,剩下的2个不能再分,所以每班分到的是20个羽毛球。……如果不写0,会出现什么问题?

前后联系:在学习了两位数除以一位数,十位能整除和十位有余,再与个位合起来一起除的基础上学习的。

重点:让学生掌握被除数十位能整除,个位上除以除数,不够商1时应在个位上写0。

难点:让学生初步感知和理解为什么商的个位上要写0。

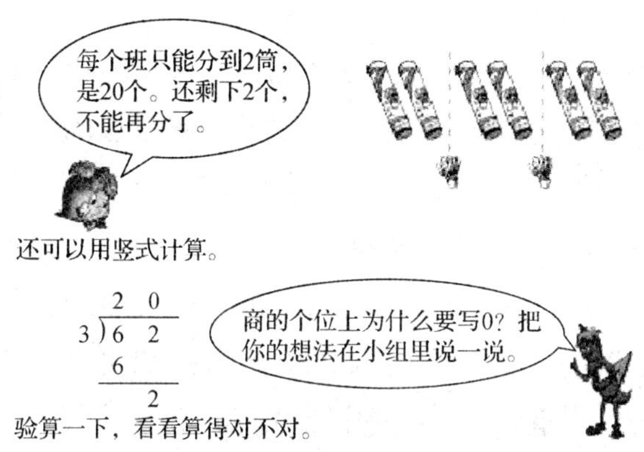

内容特点：属于计算能力方面，重在训练，熟能生巧，在练习中掌握算理。

教材安排了例题、操作、竖式，还有几个提示语。

拓展：计算能力方面的，属于技巧性的，着重在解决实际问题中进行拓展，解决情境中的问题。

再看主题图，领会编写者的意图。6 筒和 2 个，为什么？蕴含着数学思想。数形结合思想方法（通过图来理解算理）、转化思想方法（把 62 转化成 6 个十和 2 个一）等等。

小学数学教材体系有两条线索，第一条是数学知识，这是写在教材上的明线；第二条是数学思想方法，这是教材编写的指导思想，是很不明确地写在教材中，是一条暗线。明线容易理解，暗线不易看明，明线是教材写什么，暗线是明确为什么要这样写。如小学一年级下册“9 加几的进位加法”的计算，从教材的表层看有几种不同的算法，在鼓励学生算法多样化的基础上，通过引导、分析、优化，提倡用“凑十法”进行计算。为什么要用“凑十法”？因为要通过转化引导学生树立以“十”为单位进行计算的思想（十进制），这也是后续学习的需要。

另外，钻研教材还要钻研练习题，要首先把课本中习题都做一遍，以此分清哪些题是与新课相联系的基本题，哪些是加深理解的变式题，哪些又是综合题。另外，还根据班级学生实际情况，适当补充一些题目，以提高练习效果。

3. 了解学生——学生是学习的主人

即便把学生当作容器，也要了解容器的大小、耐酸碱度等。我们上课的对象是学生，当然要了解学生。

“了解学生”究竟要了解学生什么？《标准》里讲得比较清楚：数学课程“要符合学生的认知规律和心理特征，有利于激发学生的学习兴趣；要在呈现作为知识与技能的数学结果时，重视学生已有的经验，使学生体验从实际背景中抽象出数学问题、构建数学模型、寻求结果、解决问题的过程”。

了解学生是为选择教法和学法做准备的，笔者想把它拓展为四个方面：

(1) 兴趣：大部分学生对哪些方面最感兴趣，男生喜欢什么，女生喜欢什么，下课玩什么，最近学生中经常议论的话题是什么等，这些为教师备课时选择材料、例子等提供了参考和来源。

(2) 已有的经验：学生已有的经验可以帮助教师指导起到示范作用。比如父母做生意的，估计计算钱时用计算器不是问题，如果教学认识人民币，用计算器计算时可以请他们做小老师；如果父母是教师，可能知识面会广一些。还有班级里学生的动手能力怎么样、合作的经验怎么样都要了解清楚。

(3) 已有的水平：特别是对于新授知识的掌握程度。比如认识钟表的学习，如果教师还是把学生当作是一点也不懂来设计教学，学生肯定没有兴趣。但如果是六年级的学生认识“比”，学生基本没有接触过，很可能会与比赛得分相混淆，备课时就要注重意义的理解。

要了解学生的已有经验和水平，可以从以下几个问题想一想：学生是否已经具备了进行新的学习所必须掌握的知识和技能？学生是否已经掌握或部分掌握了教学目标中要求学会的知识和技能？没有掌握的是哪些部分？有多少人掌握了？掌握的程度怎样？哪些知识学生自己能够学会？哪些需要教师的点拨和引导？

(4) 学习的习惯：学生讨论的习惯、操作的习惯，特别是班级风气很重要。有的班级风气不活跃的，教师如果采取的是讨论法，那就需要花点力气进行激发，而且问题设计要坡度低；有的班级太活跃，组织讨论时，需要格外注意，问题要有难度，有思考价值。还有哪几个学生思维比较敏捷，哪几个学生有号召力都要清楚。

所以兵法上说“知己知彼，百战不殆”，我们只有更多地了解学生，才能让更多的学生听从你的安排，自觉地参与到教学活动中来。

二、备课中

在备课过程中，考虑的也很多，笔者想至少要弄清十个方面的问题，也就是教案书写的十个基本项目，即教学内容、课型分析、教学目标、重点难点、教法学法、教具学具、导入设计、问题设计、作业设计、板书设计。

课题，即本节课的课题，还包括上课的内容。一般格式为“苏教版小学数学五年级上册认识负数例1、例2，练习一1～6”。

上课时间，包括上课日期和总课时，本节是第几课时。如“2012年9月3日，总3课时，第一课时”。

课型，可以不写，但心中一定要知道是新授课、练习课、复习课，还是实践活动课。

在备课过程中重要的有下面几个方面：

1. 教学目标

制定教学目标要根据课程标准和教学用书上的说明，再结合学生实际，围绕四个“立足于”展开三个层次的目标制定：

(1) 立足于“学会”(知识目标)：学什么；

(2) 立足于“会学”(能力目标)：怎么学；

(3) 立足于“乐学”(情感目标)：主动学；

(4) 立足于“能学”(为理解思想、积累经验而设计)：自己学。

课程标准的教学目标包括结果目标和过程目标。结果目标使用“了解、理解、掌握、运用”等术语表述，过程目标使用“经历、体验、探索”等术语表述。

结果目标主要有四个关键词：了解、理解、掌握、运用。

● 了解：从具体实例中知道或举例说明对象的有关特征；根据对象的特征，从具体情境中辨认或者举例说明对象。

同类词：知道，初步认识。

实例：知道三角形的底和高；能结合具体情境初步认识小数。

● 理解：描述对象的特征和由来，阐述此对象与相关对象之间的区别和联系。

同类词：认识，会。

实例:认识三角形;会用长方形、正方形、三角形、平行四边形或圆拼图。

● 掌握:在理解的基础上,把对象用于新的情境。

同类词:能。

实例:能认、读、写万以内的数,能用数表示物体的个数或事物的顺序和位置。

● 运用:综合使用已掌握的对象,选择或创造适当的方法解决问题。

同类词:证明(中学用)。

实例:能运用圆面积的计算公式解决与圆的面积相关的简单实际问题。

过程目标主要有三个关键词:经历、体验、探索。

● 经历:在特定的数学活动中,获得一些感性认识。

同类词:感受,尝试。

实例:在生活情境中感受大数的意义。

● 体验:参与特定的数学活动,主动认识或验证对象的特征,获得一些经验。

同类词:体会。

实例:结合具体情境,体会整数四则运算的意义。

● 探索:独立或与他人合作参与特定的数学活动,理解或提出问题,寻求解决问题的思路,发现对象的特征及其与相关对象的区别和联系,获得一定的理性认识。

在设置目标时要准确使用这些术语,做到"到位不越位"。

2. 重点难点

(1) 重点:通过教学应使学生理解和掌握哪些知识,那些主要的、关键性的知识就是重点。

(2) 难点:学生在学习时会遇到哪些困难,那些难以理解、容易出错的知识就是教学的难点。

解决重难点的关键在于怎样把教学的重点进行分解和包装,怎样与学生熟悉的生活相联系,怎样与学生已有的旧知相联系,帮助学生化难为易,帮助学生理解和掌握所学知识。

3. 学情分析

根据学生认识水平分析学生的知识与技能掌握情况，根据学生年龄特点分析学生情感、态度和价值观等方面的需要情况。

4. 教法学法

(1) 教法。俗话说“教学有法，但无定法，贵在得法”。什么是得法，笔者认为关键是灵活、适合、熟练。方法活，切合教学的内容和对象，使用熟练，就是所谓的手中有方法。

一般的做法是：

一个知识开端的教学通常采用讲授法、谈话法，如数学概念的教学；

比较抽象的、学生难以理解的知识，在教到关键之处采用演示法、实验法，如：三角形的面积计算、圆柱的体积计算的教学；

与旧知识联系紧密的知识、学生自己动手操作能够自己学会的知识，可采用自学辅导法、发现法进行教学，如：梯形的面积计算的教学；

对于一些学生易于理解和掌握的知识，可采用尝试教学法、引探教学法、自学辅导法和练习法进行教学。

(2) 学法。研究学法，就是要让学生不仅要“学会”，还要“会学”，更要让学生“爱学”“能学”。

学法指导的原则：

① 体现自主性(不强制灌输，而重在引导点悟)。例如，在方法的多样化和优化上体现。如长方形周长的计算，上课时学生归纳的方法较多，有四条边分别加的、有两条长加两条宽的，教材也没有出现公式“长加宽的和乘以 2”，那么就要通过比较、发现、交流的学法，让学生自己感受到用这个方法更简单。

② 体现针对性(不主观臆想，掌握学情，有的放矢)。例如，情境(图)的引入，教师要把握好方向，有针对性地引导学生切入主题。如教学平移与旋转，很多教师都举过例子“儿童乐园”，如果教师引导语设计不好，可能五分钟学生都不能发现学习的内容。

③ 体现操作性(不繁琐笼统抽象，操作方法具体明确)。步骤要安排清

晰,教师交代要具体,学生分工要明确,教具与学具要充分。

④ 体现差异性(不搞一刀切,区分对象分类指导)。特别是在练习巡视、做作业时,老师要根据不同学生适当进行不同指导。

⑤ 体现巩固性(不一蹴而就,立足反复强化,长期训练)。复习导入、口算本练习等都是复习巩固的好办法,现在大家都在力推错题本,做一个有心人,在上课前把错题纠正一下,能起到事半功倍的效果。

5. 教具学具准备(包括课件)

本节课需要用到的教具和学具,特别是学具,有的需要提前布置准备,比如学习长方形和正方形的面积,必须课前让学生准备好至少 12 个边长是 1 厘米的小正方形,这样才能满足上课需要。

6. 教学过程(环节)

这是备课的最重要部分,也是备课是不是有效的最主要的体现。

备课时就要想办法在课堂上如何用显见、易懂的事例或简明的语言,使学生比较容易理解和接受。

重点关注以下三个细节的设计和注意两个问题:

(1) 导入设计。导入环节主要是通过教师巧妙的“导”,让学生全身心的“入”,要求通过适当内容或简短语言,把学生尽快有效地引入问题情境,激发学生的学习兴趣和求知欲望。

因此,导入设计要能让学生尽快“入境”,要服务于教学内容和重点,教案中应明显体现创设的情境、导入语言以及提出的问题。

这是一节课的开场白,要精心、认真写好,必要时要一字不漏地写好。

比如,教学“24 时记时法”可以这样导入:

开学第一天,李小鹏的班主任老师就布置了任务,星期天要和爸爸妈妈一起观看中央电视台的《开学第一课》,开播时间是八点半。

星期天早上,八点才过没多久,李小鹏就着急地开好了电视机,还不停地催爸爸妈妈快点。好不容易等到快八点半了,爸爸妈妈也坐在沙发上,眼睛盯着电视机屏幕,可是正在播放的电视剧好像没有停下来的意思。怎么回事呀?是电视频道不对还是时间不对呀?一直等到八点四十了,妈妈终于忍不住了，打电话给班主任，原来《开学第一课》的播放时间是晚上八点半。这下李小鹏糊涂了，怎么一天还有两个八点半呢？你知道这里面的道理吗？让我们带着这样的问题开始今天的学习。

(2) 问题设计。课堂提问是教学中的一种主要形式，是教师经常运用的教学手段，是教学目标达成的主要途径，更是重点难点的突破口，是有效教学的核心。

好的课堂提问，不仅能吸引学生的注意力，诱发思维，而且可以激发学生的好奇心，引人入胜，为整节课的顺利进行打下扎实的基础。

怎样设计好的课堂提问呢？

● 精——求质不求量。

要能启发学生积极地思考，有一定的思考价值和思维广度——多问为什么。

要能调动学生学习的积极性和主动性——你是怎么想的？

要能激发学生合作交流的兴趣——你们小组是怎么发现的？

要能层层深入击中知识的本质——可以有不同的理解吗？或者用反诘句，真的是这样的吗？你是怎么知道的？

要能解决课堂教学中的实际问题——避免诸如你们懂不懂啊？会不会啊？有没有问题啊？等这些没有思考价值的问题。

● 巧——把握住时机。

要把问题设置在知识的重点之处；

要把问题设置在知识的转折和发展之处；

要把问题设置在学生学习遇到困难之时。

这样才能充分调动学生学习的积极性，启发学生积极的思维，节省教学的时间，提高教学效率。

(3) 作业设计。作业的设计要循序渐进，由浅入深，逐步提高，通常有三个层次，分别是基本题、综合题(变式题)、拓展题。

基本题就是基础训练题，要占到 60%，这部分是课堂的重点，所以要练足练好，要确保学生理解和掌握所学知识；一般可以选择书上的练习题。

综合题或者说是变式题，是综合练习，约占 30%。要抓住新知、渗透旧知。采用须综合运用原先学习的知识和新学知识来解决的问题。

拓展题也称提高题，占 10%左右。要在发展学生的智力，引起学生深层次的思考，培养能力方面着手。

例如，讲完“长方形的面积”后，可以设计以下一组题：

基本题（第一层次）：有一块长方形的地，长 18 米，宽 10 米，求这块地的面积？

综合题（第二层次）：有一块面积为 180 平方米的长方形地，长 20 米，求这块地的宽？

拓展题（第三层次）：有一块长方形地长是 18 米，比宽多 2 米，求这块地的面积？

再比如，教完“长方体和正方体”之后，可以设计以下一组题：

基本题：一个长方体纸盒的长是 6 厘米、宽是 4 厘米、高是 3 厘米，做这个纸盒需要多少平方厘米的纸？它的体积是多少？

综合题：一个长方体纸盒的棱长总和是 52 厘米，长是 6 厘米、宽是 4 厘米，它的体积是多少？

拓展题：一个长方体纸盒的底面积是 24 平方厘米，底面周长是 20 厘米，它的表面积是 108 平方厘米，它的体积是多少？

三、备课后

我国著名教育家叶澜曾说过，一个教师写一辈子教案不一定能成为名师，但如果一个教师写三年反思就可能成为名师。只有经历了教学反思的过程，教师才可能成长得更快，也才可能让学生在与教师相伴的学习中学得更快乐、发展得更迅速。

正因为如此，备课不仅仅是课堂教学的准备，它同时也是教师教学思想和教学轨迹的记录，更是教师认识自己、总结经验、成长提高的重要资料。

课后反思主要反思什么？笔者认为，课后需进行认真思考的包括巧妙的新课引入、留有悬念的结束语、精彩的片段、意料内外的生成，以及教师在课堂上随着教学内容的展示、情境的创设而产生的灵感，与学生产生强烈的共鸣等，将这些一一记录下来，可以为今后教学提供参考与帮助。

另外教学中疏漏、失误的地方，对教材理解时出现的偏差，对教学重点、难点的不当处理，对不能达到的预期教学效果等也应记录下来，并对其原因进行深刻的分析和探究，成为今后教学时应吸取的教训。

到这里备课算是完成了。当然有的老师可能还要进行二次备课，针对课堂上出现的问题进行再备课，以备后用，这是最好不过的了。

真正有价值的备课，不在于写了什么，写了多少，而在于想了什么，备了什么，心中装有什么，而后面这些又是学校领导检查不到的，但教师的工作毕竟是良心活，要做一名成功的教师，必须要想得更多。只有克服无效，走出低效，走进有效，赢得实效，追求高效，以自己的心血汗水写出来的教案，才能取得实实在在的课堂教学效果。因此说，“没有一生的心血，哪有 40 分钟的精彩！”

把握教材，实施有效的教学预设

任何一种有目的的活动，为了达到预期目标和获得理想效果，都必须在活动之前认真进行预设设计。课堂教学要在有限的时空中取得令人满意的效果，优质高效地达到预定目的，完成预期任务，更需要进行细致的安排和周密的设计，可以说，精心预设是提高课堂教学质量的关键，而精心预设的关键在于如何把握教材。那么如何把握教材，实施有效的教学预设呢？

一、用新理念全面系统深入地解读教材

1. 理念上把握课标

新课程观不再把课程局限于知识、学科等狭窄的范畴来理解，而把课程理解为以人类生活经验为内容，通过学生在生活世界中对这些内容的批判和反思性的实践，沟通学生的现实生活和可能生活的教育中介。因此，我们必须用“把学生看作人”“把教学过程看作活动”“把教材看作资源”等课标理念来解读教材和分析教材，这样才能把教材理解得更深入、更全面，预设就更富有生机。

2. 宏观上理清思路

教师在教学中要树立整体观念，从教材的整体入手通读教材，了解教材的编排意图，弄清每部分教材在整个教材体系中的地位和作用，用联系、发展的观点分析和处理教材。

要理清教材中每一内容领域的编排线索，将某一知识点放置于这一单

元、这一学段甚至整个知识体系中来审视，把握它的地位和作用，既要“瞻前”，即研究新知识是在怎样的基础上发展起来的，又要“顾后”，即研究新知识的学习是为今后哪些知识的学习做准备的。从整体上理清教材的编排顺序，有利于教师准确把握各段教材的教学内容以及要达到的目标，教学时就容易站得高、看得远。

例如，苏教版三年级上册和下册分两次教学分数的直观认识。第一次通过对一个物体的平均分，来认识几分之一和几分之几，并运用获得的认识比较简单的分数大小，学习同分母分数的加减法；第二次通过对多个物体的平均分，进一步认识几分之一和几分之几，运用获得的初步认识学习求一个数量的几分之一和几分之几。从每一段内容来看，教材对分数的知识和运用分数方法解决的问题进行了整合。第一段着重解决有关分数的简单大小比较，第二段着重解决求一个数量的几分之一和几分之几的实际问题。上述解决问题，从本质上讲都是对分数概念的运用，分数的意义和方法是贯穿于其中的一条基本线索。只有正确把握教材的编排体系和编写者的意图，才能在预设时不至于产生混乱，甚至超越目标要求。

3. 细节上学会推敲

新课标教材，无论是内容和形式都蕴含着丰富的创新智慧，值得我们细心体会、深刻理解，并在教学中创造性地予以实施。

教师既要思考这一节课要教学的知识点有哪些，教学的重点是什么，教学的难点是什么，还要思考教材创设的情境对帮助学生学习有什么好处，教材提供的学习线索是什么。只有准确把握教材的知识点和重难点，教学才能对症下药、有的放矢；只有深入理解教材提供素材的用意和隐含的学习线索，教学才能在体现教材意图的基础上实现对教材的超越。对教材钻研得越深，课上起来就越得心应手。名师常把复杂的内容教得简单，而平庸的教师却会把简单的课上得复杂。

比如，“认识千克”的教学：

上课时，有的教师认为“千克”是生活中常见的单位，学生都熟悉，于是通过称学生的体重开始，从学生常见的体重入手，直奔主题——称重量用“千克”，然后通过反复称 1 千克大米、称 1 千克黄豆、称书包、称数学书等来体验1千克的重量，巩固对“千克”的认识，建立数感。

其实，细心揣摩教材的编写意图，教材用一个版面3组六幅图对“千克”的导入进行渲染，引导学生认识“千克”。

第一组2幅图，分别是一袋红枣和一袋花生，旁注语是“这两袋食品，哪袋重些?”

第二组2幅图，有两位学生，左边一幅的学生说“我用手掂一掂”，右边一幅的学生说“我用秤称一称”。

第三组2幅图，是两个台秤，左边一个秤盘上没有重物，读数为0；右边一个秤盘上面有红枣，读数为1千克。

三幅图步步深入，揭示了“千克”这一单位从生活现象到数学抽象的演化过程。第一组图揭示了物体有轻重，这是生活中的常见现象；第二组图掂和称都是感知重量的方法，而掂是生活中的方法，称是科学的方法，称之为数学的方法，因为要称，必须要有重量的单位，于是产生了千克；第三组图是怎样称，先是帮助学生认识秤，学会使用、读数等。看似不重要的三组图，其实蕴含着深厚的数学文化，把为什么要学“千克”，什么是“千克”，以及怎样用“千克”的知识要点表露无遗。

因此，教学中如果能够抓住这些细节，学会推敲，层层深入，让学生体验到“千克”的文化内涵，那么学生对于“千克”这个概念的理解会更深入、更透彻，也会大大提高学生对数学学习的兴趣。

二、挖掘教材内涵，沟通数学经验

学生的数学学习的基础是学生生活经验。新课程“强调从学生已有的生活经验出发，让学生亲身经历将实际问题抽象成数学模型并进行解释与应用的过程”。因此，在钻研教材时，要深入把握教材的生活原型，将数学知识寓于学生丰富的生活实际之中，以加强数学学习和现实的联系。要充分贯彻联系生活和数学应用的思想，让学生具有实践活动的机会，有运用数学知识解决现实生活问题并处理由其他学科提出的问题的机会，有对数学内部的规律和原理进行探索研究的机会。让学生用数学的眼光看待现实生活，结合生活实际学习数学。

例如，在“余数”教学中，可以让学生去寻找“生活中的余数”。有的学生提出了“月历上的余数”，有的学生提出了“春游分组”，这时教师可进一步提出：如果上电脑课，要给全班重新安排座位，按学号排队，然后每 4 人一组按顺序围坐在电脑的周围，请你们自己判断一下，自己应该在几排几座的位置上？学生结合已有的知识发现，运用除法能比较简便、快速地解决这个问题。比如有的学生是 22 号，那么有：22÷4＝5(排)……2(座)，因此，该学生坐在第 6 排的第二个位置上。

三、充实教学内容，开发开放教学资源

南京师范大学课程与教学专家杨启亮教授仅就教材功能提出了新的解释：“教材不是供传授的经典，不是供掌握的目的，不是供记忆的知识仓库，而是供教学使用的材料。面对新课程标准，教师和学生不是‘材料员’而是‘建筑师’，他们是材料的主人，更是新材料和新教学智慧创生的主体。”“关注学生的经验和兴趣，通过现实生活中的生动素材引入新知，使抽象的数学知识具有丰富的现实背景，努力为学生的数学学习提供生动活泼、主动参与的材料与环境。”这是新教材的意图之一。教师要深入挖掘教材知识的内涵，通过对教材资源的开放和有目的的引导，让学生认识到数学学习资源的丰富性，书本之外数学内容的有趣性，把数学学习引向书本之外，开阔学生阅读视野，增强数学意识，形成自主探究学习的良好习惯。

例如，教学“圆的认识”一课时，可以介绍我国数学史上关于圆的研究记载，如“圆，一中同长也”“圆出于方，方出于矩”“没有规矩，不成方圆”等历史典故，并将一些联想题和开放题自然穿插其中，既渗透了数学历史、文化，又培养了学生的思维能力、想象能力。在课的结尾部分，老师再次将圆在生活中的美学价值和人文价值呈现给学生：“圆与桥梁设计”“圆与中国剪纸”“圆与中国结”“圆与中外建筑”等，使学生在“圆的世界里”感受圆的神奇魅力。

再如，在学习“利息”前，先让学生做好以下几项实践活动：查看银行利率表；把自己的部分零花钱存入银行或提取自己的(家庭的)存款；请教家长或银行工作人员讲解存款单和利息清单上的有关内容，了解利率的相关知

识。教师还可通过“实际测量”“调查统计”“小课题研究”等形式，引导学生主动探索生活中的数学问题，加强学生的学习体验，在感受数学的应用价值中，增强数学学习的兴趣，丰富数学学习的方式。

在预设时能结合相关的学习内容，进行“数学文化”的渗透，或者教学实践活动的设计，不仅能提高数学学习的兴趣，还能增加学生的数学文化底蕴，培养学生综合运用数学知识解决复杂实际问题的能力，而且更能让学生在探索、质疑、争辩、倾听中，分享到成功的愉悦，体会到数学的应用价值。

把握一个“度”字，探究课堂教学的有效

凡事应有“度”，教学也不例外。教学控制论认为，只有对教学系统施行有效的调控，使教师、学生和知识这三个子系统“有度”“匹配”，且协调一致，才能提高教学效益。然而课程改革十多年来，由于各教师的知识水平和生活环境等的不同，对于课程理念的理解也有所不同，正如“有一千个读者就有一千个哈姆雷特”一样，自主、合作、探究的教学形式在教师各自的课堂教学中呈现出各不相同的课堂场景。回顾各种公开课、比赛课的现场，却同时存在着“过之”或“不及”的一些问题，一个“度”字，难以把握。那么如何正确把握，使课堂教学更有效呢？

一、在追求活跃课堂氛围的同时，更要关注课堂的规则

新课程改革以来，人们一直关心着课堂气氛的活跃与否，因此在进行课堂教学中，教师会想方设法地进行精心的设计，诸如课堂情境、活动、竞赛等，这些确实能活跃课堂气氛，提高学生参与学习的热情，但如果不能把握好这个“度”，就会显得课堂秩序杂乱，教学内容空洞。以“认识人民币”为例：

师：小朋友们喜欢动画片吗？

生：喜欢！

师：谁来说说你喜欢看哪些动画片？

生：《黑猫警长》。

生：《喜羊羊与灰太狼》。

……

师:老师也给大家带来了动画片,你们想看吗?

(课件演示喜羊羊到超市买食品,并不断付钱的画面)

师:看完动画片,你想到了什么?

生:喜羊羊到超市买东西。

生:喜羊羊到超市买了好多好吃的食品。

……

师:谁还看到了什么?

生:喜羊羊买东西付钱了。

师:你们还知道生活中哪些地方要用到钱?

生:买铅笔。

……

师:是呀,钱的用处可真大呀,我们的生活中处处要用到钱,谁知道钱又叫什么?

生:人民币。

师:对,今天我们就一起来认识人民币。

这样的课堂气氛确实很活跃,学生看到自己喜欢的动画片,还能不断地完成老师的提问,多次体验到了成功的乐趣,但花费的时间多,学生的思维未能得到训练、课堂的规则被扰乱。由于老师所提问题过于简单,学生举手甚多,都抢着发言,不但不听其他同学的发言,还嘴里乱喊着“我我我”,课堂显得杂乱无章。

有效的课堂应该在热闹的氛围中,加强对学生课堂规则的训练,其中包括认真倾听、遵守秩序、学会评价。在倾听时不但要听取老师的话,还要认真听取同学之间的交流,其实新课程强调学生自主探究,学习中的发现、知识的要点都是通过学生之间的交流形成的,因此如果不能倾听同学的交流,就会在不经意间流失许多“宝贵的东西”(重要的知识点)。遵守课堂秩序,是指在尊重别人的前提下,积极举手发言、不插嘴、不打断别人的说话、不嘲笑别人的错误等。学会评价就是要在认真倾听的前提下,发表自己的看法,或者进一步补充,而不是一味地想出怪点子、提出新主意、抛出新问题。

二、在发挥学生自主性的同时，更要关注教师的指导

新课程倡导的自主探索学习方式，大大提高了学生自主学习的能力，为促进学生成长发展，掌握终身学习能力作出了重大的贡献。但是实际课堂中，少数老师对于自主学习的理解有所偏差，过于突出学生的自主性，而忽视老师的指导作用，使自主探究成为放羊式的探究，其有效性值得沉思。

例如，在学习分数时，有这样一道题：

阴影部分的面积占整个正方形面积的几分之几？

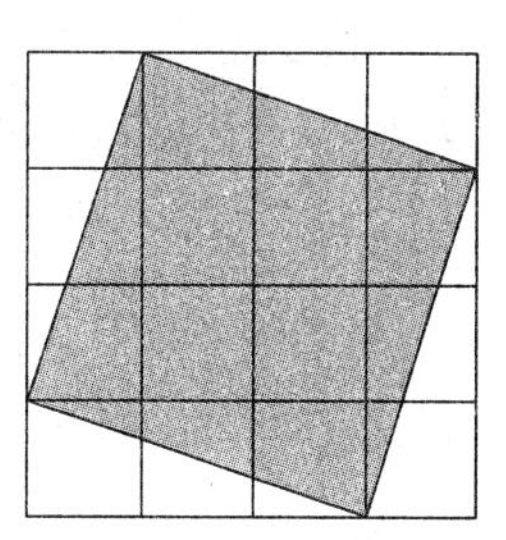

很多学生在略加思索后，都一致认为是$\frac{9}{16}$，但有个别几个同学在摇头，那么究竟谁对谁错呢？老师让学生自主探究，结果花了五六分钟的时间，学生争论激烈，谁也不服谁，而且大多学生认为是$\frac{9}{16}$(3＊3＝9)，由于老师没有及时指导，学生把错误的信息反复强化，反而使几个通过转化发现不是$\frac{9}{16}$的学生被“俘虏”过去。

当然，也有指导过度的。例如，教学“长方形和正方形的认识”一课时：

教师通过主题图，使学生找到了长方形和正方形后，进入探究与发现长方形的特征环节。

师：请同学们拿出一张长方形纸，对折一下，你发现了什么？

生：……

生：两条边一样长。

师：是的，我们对折后，发现长方形的上边和下边是一样长的？是不是？像这样的上边和下边的两条边，我们把它们叫做一组对边，说一说“一组对边平行”。

(学生试着说一说)

师：下面请同学们换个方向，再对折一次，你又发现了什么？

生：两条边也一样长。

师：是啊，我们换个方向后，也发现了长方形的左边和右边的两条边是

一样长的,你们发现了吗?

生:发现了!

师:所以,我们也可以说,长方形的这一组对边也相等。

师:如果我们把刚才的发现和现在的发现,合并成一句话,该怎么说呢?

生:……

师:对,我们可以说,长方形的两组对边分别平行。请同学们读一读。

(生齐读)

……

接着教师带领学生一起研究角,让学生拿出量角器,分别比较四个角,发现四个角都是直角,最后得出结论,长方形的四个角是直角。

学生的"折""量"等一系列操作活动,都是在机械地执行教师的一个个指令,学生并不清楚为什么要进行这些操作活动。这样的操作活动根本就没有自主探究的味道,思维含量不高,充其量是为了得出某个数学结论,因此难以培养学生的自主探究能力。

三、在讲究方法多样化的同时,更要关注方法的优化

讲究方法的多样,是新课程理念强化学生开拓思维,开放思想,寻找多途径解决问题的策略之一,但由于学生,尤其是小学生年龄小,缺乏辨别优劣的能力,有时方法的多样化反而会扰乱他们掌握正常的方法。比如经常看到杂志上介绍的"20 以内的退位减法",老师都能让学生用不同的方法求得答数,而且末了有的还加上一句"你喜欢用什么方法就用什么方法",这样老师不通过比较,没有让学生学会选择最优化的方法,学生各用自己的方法,那么势必会造成一些学生的思维定式。

四、在进行活动与操作的同时,更要关注思维能力的训练

活动与操作是学生经历知识形成过程的最好手段,因此也深受广大教师的欢迎,但有效的活动与操作必须伴随着思维的深入,使学生在思维发展的更高层面去理解和建构知识,才能避免流于形式,也才能克服为操作而操作,为活动而活动的弊端。

例如,“长方形面积的计算公式”教学:

案例 1:老师发给每个小组一个长 4 厘米,宽 2 厘米的长方形和若干个面积是 1 平方厘米的小正方形。

(1) 教师出示探究问题。

① 长方形长 4 厘米,沿着长边一排可以摆(　　)个面积是 1 平方厘米的小正方形。

② 长方形宽 2 厘米,沿着宽边可以摆(　　)个面积是 1 平方厘米的小正方形。

③ 通过动手摆可以看出,这个长方形可以摆(　　)个面积是 1 平方厘米的小正方形,也就是面积为(　　)平方厘米。

(2) 小组操作完成探究题。

(3) 汇报交流。当学生回答②③题时,由于答案不一致,学生感到茫然,教师再次引导画图。

(4) 推导长方形面积计算公式。教师先让学生讨论长方形的长、宽与面积之间的关系,再讨论得出长方形的面积公式。

案例 2:老师发给每个小组三个长方形,分别是长 3 厘米,宽 2 厘米;长 5 厘米,宽 3 厘米;长 6 厘米,宽 5 厘米;以及 15 个面积是 1 平方厘米的小正方形。

(1) 测一测第一个长方形,它的面积是多少平方厘米?

第一个长方形只有 6 平方厘米,所以学生基本上是在这个长方形内摆满了 6 个小正方形。

(2) 测一测第二个长方形,它的面积是多少平方厘米?

第二个长方形面积刚好是 15 平方厘米,所以有的学生摆满了 15 个小正方形,其中也有几个学生没有摆满,而是摆了一行 5 个,又竖着摆了 3 个。

(3) 测一测第三个长方形,它的面积是多少平方厘米?

这个长方形的面积有 30 平方厘米,现在老师只提供了 15 个,明显是不够的,在这样的情况下,学生不能全部摆满,所以只能想到一行摆 6 个,竖着摆 5 个,进而研究一行 6 个,一列 5 个,就是摆了 5 行,即 5 个 6,用 $5\times6=30$,从而得到 30 平方厘米。……

两个案例都是推导长方形的面积计算公式，同样的内容，同样的操作活动，达到的思维效果却是明显不同的。

美国教育家艾德勒提出了要“使教育过程成为一种艺术的事业”；苏霍姆林斯基也认为，“教学和教育过程的三个源泉：科学、技巧和艺术”。教学是一门艺术，只有把握好这个“度”，做到既能到位，又不越位的最高艺术境界，才能实现课堂教学的有效性。

构建理想数学课堂，引导学生主动探究

现代教学论认为，学生的数学学习过程是一个以已有的知识和经验为基础的主动建构的过程，只有学生主动参与到学习活动中，才是有效的教学。教育观念现代化的主要标志之一，是强调给学生自主参与的机会。新课程倡导理想的课堂，要“教给学生一生有用的东西”，调动学生的主观能动性，发挥学生的主体作用，让学生参与教学过程，自主探究，获得主动发展和全面发展。那么在数学课堂中如何引导学生主动探究呢？

一、激发兴趣，引导学生主动探究

美国拉扎勒斯等人的实验研究表明，兴趣比智力更能促进学生努力学习。教育实践也证明，学生对学习本身，对学习科目有兴趣，就可以激起他的学习积极性，推动他在学习中取得好成绩。因此，只有把学生学习的兴趣调动起来，才能使学生主动探究。

1. 创设情境，激发自主探究的欲望

探究就是探讨研究，探究欲实际上就是求知欲，它是一种内在的东西，解决的是“想不想”探究的问题。新课程理念下的课堂教学中，教师有一个十分重要的任务就是培养和激发学生的探究欲望，使其经常处于一种探究的冲动之中。

例如，在教学“比较角的大小”时，笔者创设了“红蓝角的争吵”这一情境：

师:红角和蓝角来到了我们的课堂,可它们两个人吵得不可开交。红角对蓝角说:“我的角比你大。”蓝角却反驳说:“你看,我的两条边比你的长多了,那当然是我的角大。”就这样,它们想请同学们帮帮它们,你们愿意吗?

(这时,学生热情高涨,教师顺势宣布利用手边的工具,同桌合作,帮它们比比大小。学生开始动手操作,然后汇报交流)

生 1:我们是把活动角张开和红角一样大,再拿活动角和蓝角去比,发现蓝角和活动角一样大,那就说明红角和蓝角一样大。

生 2:我们是用三角尺的一个角先和红角比,刚好一样大,然后再拿三角尺上的这个角和蓝角比,发现也一样大,所以我们认为红角和蓝角一样大。

生 3:我们是把这两个角剪了下来,把它们叠起来,发现刚好重合,这也说明这两个角一样大。

生 4:我已经会用量角器了,所以我是用量角器分别量出红角和蓝角的大小,发现都是 45 度,所以我可以肯定它们是一样大的。

师:同学们的办法可真多呀!现在你们想对红角和蓝角说些什么呢?

生 1:我想说,你们不用吵了,我和同学都帮你们证实了,你们是一样大的。

生 2:我想对蓝角说,你的两条边虽然很长,但你还是和红角一样大。

生 3:我认为,比较角的大小,要看两条边张开的大小,而不是边的长短。

师(顺势问):那角的大小与什么有关,与什么无关呢?

水到渠成,就比较容易地得出角的大小与两条边张开的大小有关,与边的长短无关。

通过这一故事情境,让学生以“法官”的身份出现,符合学生的年龄特点和学习数学的心理规律,极大地激发了学生自主探究的欲望,能使学生在生动活泼、宽松自由、民主和谐的气氛中轻松学习,畅所欲言,始终以积极的态度进行自主探究直接比较角的大小的方法,并帮“红角”和“蓝角”解决了问题，同时使学生获得了深层次的情感体验，掌握了解决问题的方法，获得了成功的喜悦。

2. 体验成功，体验自主探究的快乐

让学生体验成功，无论是对他现在的发展，还是今后的持续发展，恐怕都是不可缺少的。苏霍姆林斯基说过："在人的心灵深处，有一种根深蒂固的需要，这就是希望自己是一个发现者、研究者、探索者，而在儿童的精神世界这种需要特别强烈。"因此，新课程理想的课堂，就是要通过老师的合理启发引导，让学生经过自己的积极探究，从而发现规律，发现问题，理解新知，突发奇想解决难题。有了这样的成功体验，学生才能感到探究的趣味所在，当取得成功时，那份快乐是别人难以体会的，可以说快乐是发自内心的。由此生发的学习原动力也是其他激励手段所不能替代的。

例如，教学"能被3整除的数的特征"：

教师根据谈话，收集到人数、邮政编码、工资等数字，依次板书：48、22、18、25、9786、215138、135、111。教师让学生判断，先通过小组活动，进行探究后汇报。

通过小组学习，学生们都有了发现：

生1：我们发现凡是3的倍数都能被3整除。

生2(姓邓)：我们小组通过仔细研究48、135、9786、111几个比较大的数，发现每个数中的各个数位上的数字之和正好是3的倍数。所以，我们猜想，凡是一个数的各个数位数字之和能被3整除的，那这个数一定能被3整除。

部分学生将信将疑："是真的吗？"

师：我们暂且把它命名为"邓氏猜想"，我们来验证一下，第一组说数，第二组判断，老师和其他组用除法验证。

同学们说出了1234、18495、4532、982646732……他们都一一判断验证，结果和猜想的完全一样，此时同学们脸上都出现了满意的笑容。

师(对生2)：恭喜你！你的猜想完全正确！其他同学还有更好的想法吗？(这时小组内又开始了激烈讨论)

生 3:老师,并不是所有的数都需要这样判断,我发现如果各个数位上的数都是 3 的倍数,那么一定能被 3 整除。

生 4:我赞成他的意见,因为各个数位的数是 3 的倍数,它们的和必定也是 3 的倍数,所以肯定能被 3 整除。

(教师肯定地说:“你们很会观察、总结!”)

生 5:老师我发现由 3 个相同数字组成的三位数一定能被 3 整除。

师:能举例证明吗?

生 5:如 111 、222、666 等。

小组成员生 6 补充道:“同样道理,6 个、9 个、12 个、15 个……也就是说只要个数是 3 的倍数,相同数字组成的数就能被 3 整除。”

这是什么道理呢? 同学们都很疑惑,生 6 也讲不出所以然。此时教师引导道:“6 个、9 个、12 个相同数字,那它们各个数位的和……”

生 6(迫不及待):我知道了,它们各数位的和等于 6 乘以相同数字、9 乘以相同数字……而 6、9 是 3 的倍数,所以最后的积也是 3 的倍数。

(同学们恍然大悟)

突然,生 7(名叫杨清)站起来说:“如果数字很大,可以逐步去掉一些数字再判断,如把 982646732 中能被 3 整除的数字划去不看,再把剩下的数进行组合,结果为 3 的倍数也划去不看,依此往下进行,到最后只看剩下数字 8,而 8 不能被 3 整除,所以 982646732 不能被 3 整除。如果用各个数位上数字之和来算,发现和为 41,而 41 是不能被 3 整除的。”

同学们听了不约而同地试了起来,一试之后都说:“老师! 老师! 他的方法很好,比书上的简便。”

于是,教师提议:“同学们,你们看杨清同学爱动脑,想出了那么巧妙的方法,老师建议把这种方法,命名为‘杨清秘诀’,大家说好不好?”同学们不由自主地为他鼓掌……

教师要能不失时机,把学生情绪推到最高点,并及时激励和表扬学生,让他们通过自身的情感体验,树立坚定的自信心,从而对数学产生浓厚的兴趣,在愉悦中体验、享受探究的乐趣。

二、掌握方法，引导学生学会探究

要引导学生自主探究，必须要让学生学会探究的方法。加强对学生学法的指导，培养学生主体参与的能力，帮助学生“学会学”是当代一种全新的教学理念。古人也指出“授人以鱼，只供一餐，授人以渔，可享一生”。为此，教师只有让学生掌握一定的学习方法，并能选择和运用恰当的方法进行有效的自主探究学习，才能确保学生的主体地位，真正体现学生的主体参与。

1. 多样化

《标准》在“教学建议”中提出，由于学生生活背景和思考角度不同，所使用的方法必然是多种多样的。教师应尊重学生的想法，鼓励学生独立思考，允许不同的学生从不同的角度认识问题，采用不同的方式表达自己的想法，用不同的知识与方法解决问题。应该说，方法多样化体现了全新的教学理念，它是因材施教，促进每一个学生充分发展的有效途径，是培养创新精神的最佳平台，因而成为《标准》中的一个亮点。

例如，教学“分数大小比较”时，当学习内容出现比较$\frac{1}{4}$与$\frac{3}{8}$谁大时，学生积极参与，踊跃发言，纷纷说出了不同的比较方法：① 画圆比较；② 画线段图比较；③ 折纸比较；④ 化小数比较；⑤ 变分子比较；⑥ 变分母比较；等等。

再如，在“圆锥的体积”教学时，老师先用多媒体演示圆柱渐变成一个等底等高圆锥的过程，让学生说说什么变了，什么没变。让学生初步直观感受一下圆锥体积与等底等高圆柱体积的关系，然后请学生猜一猜它们之间有没有关系，有什么关系？你能用什么方法来证明？学生趣味盎然地进入自主探究的情境，开始了探索和讨论，有的学生想出了用橡皮泥做一个圆柱，再把圆柱改做成等底等高的圆锥，看能做几个的办法；有的学生则说，我们可以把等底等高的圆柱和圆锥分两次放到有水的玻璃缸中，看上升的水的体积，圆柱是圆锥的几倍；有的学生说在圆锥桶里装沙再倒入圆柱桶；还有的学生甚至想出了称重量的方法……

2. 最优化

学生通过自主探究，合作交流，获得了多样化的解决问题的方法，但新课标提倡的方法多样化并不是要求每个学生都可以各行其是；同样地，思维的“开放性”也不应成为学生满足于现状，包括拒绝学习新的更基本、更有效方法的理由，而应该在成功解决问题（可能是用比较低级的方法）的基础上，在教师的合理启发辅导下，进一步通过独立的自主探究与合作交流等学习方式，对原有的方法作出“扬弃”，从而使思维更上一个台阶。如果仅仅是为了尊重学生的独立思考和自主发现，而对学生良莠并存的思维方式视而不见，对影响后继学习的关键核心的基本知识和基本方法的学习放任不管，那么就会失去教师“教”的真正意义，学生也就失去了自我反思、比较、交流、提升的机会。教师应该让学生从小就学会“多中选优，择优而用”的学习方法。

优化方法的最佳时机应该是：学生在独立思考中已获得了一个方法，在数学交流活动中已体验到了方法的多样，在用自己的方法和用别人的方法解决问题时，已认识到差距，形成了修正自我的内需，这时进行优化，将会收到水到渠成的效果。教师在评价时，最好不要讲“优点”，而要讲“特点”，把“优点”让给学生自己去感悟，为学生进一步优化留下探究的空间。

3. 个性化

每一个学生都是独特的个体，都有潜在的个性，我们应当努力关注学生的个体差异，挖掘学生的潜力，张扬学生的个性。

例如，“我为学校设计车棚”的实践活动。

课前同学们经过调查、统计获得了必要的信息：学校的自行车主要来自五、六年级同学；自行车车长大约是 1.5 米，每辆自行车占地 0.5 平方米；车棚的面积大约为 150 平方米。有了这些数据，同学们开始分小组设计，他们设计出了许多不同的方案：50 × 3，30 × 5，25 × 6，75 × 2，15 × 10，150×1，

100×1.5……我让他们在小组内说说自己的方案好在哪里。经过热烈的讨论，出现了以下几种情况：

生 1：我们小组认为 50×3 最好，因为自行车大约长 1.5 米，车棚宽 3 米的话，刚好对着放两排，没有一点浪费。

生 2：我们小组认为 30×5 和 25×6 最合适，学校操场的南边就有这么一块土地，用来造车棚刚刚好。

生 3：同样是利用学校现成的土地，我们组认为 75×2 和 100×1.5 最合适，可以把车棚沿着学校的围墙一周设计，这样既方便停放，又整齐美观。

生 4：我们的设计也是沿围墙而建，车棚的宽如果是 1.5 米的话，同学们进出做操显得拥挤，所以我们设计的是 150×1。

（同学们不解）

生 4：可以把自行车朝左斜放啊，这样的话开锁、上锁比较方便，而且停取自行车时扶车子又近，而且现在汽车停车场也都是这么斜着停放的。

生 5：我们小组和你们设计的车棚不太一样，我们把 150 平方米分解成两个，23×3 和 27×3，五年级 3 个班用小的，六年级 4 个班用大的，这样停的车子和生 1 的小组一样多，还方便学校自行车检查呢！

生 6：我们小组认为车棚可以设计成上、下两层，像我们平时住的楼房。这样占地面积是 150 平方米的一半。

生 7：我们的设计是把自行车挂在墙上，车把宽 50 厘米，150 平方米内足够容纳学生的自行车，还能停放教师的车子。

……

这一实践活动，为学生创设了开放的空间，从而带来了学生思维的开放，学生不满足于设计出同别人一样的方案，于是竞相依据自己丰富的生活经验去设计出同别人不一样的、有个性的方案。在这样的实践中，学生不囿于现有的知识、成果，大胆创新，积极探索。虽然，他们的设计有时略显笨拙，甚至在生活中还不能实现。但又有什么关系呢？通过活动，学生的发散思维和创造性思维能力都得到很大提高,学生在解决问题的过程中获得了发展,他们的个性犹如在开放的沃土中生长的花朵,显得生机勃勃。这一切,难道不是我们所需要的吗?

4. 数学思想

《标准》提出:“学生通过学习,能够获得适应未来社会生活和进一步发展所必需的重要数学知识以及基本的数学思想方法。”因此,在小学数学教学阶段有意识地向学生渗透一些基本数学思想方法可以加深学生对数学概念、公式、定理、定律的理解,是提高学生数学能力和思维品质的重要手段,是数学教学中实现从传授知识到培养学生分析问题、解决问题能力的重要途径,也是小学数学教学进行素质教育的真正内涵之所在。在小学阶段,数学思想主要有符号思想、类比思想、分类思想、方程与函数思想、建模思想等。比如,在学习字母表示数、找规律、示意图、线段图等内容时,渗透符号思想;在学习方程、正反比例内容时,渗透函数思想;在学习图形面积、体积内容时,渗透化归思想;在学习整理、统计内容时,渗透分类思想等。

三、合作交流,促使学生共同探究

《标准》强调,数学教学是数学活动的教学,是师生之间、学生之间交往互动与共同发展的过程。动手实践、自主探索、合作交流是学生学习数学的重要方式。因此,理想的数学课堂,应该注重培养学生合作交流的意识,经常提供一些让学生相互合作、相互交流的机会,促使他们主动探究。

例如,“统计”教学片段(演示动物学校背景):

师:小朋友,动物学校为小猴们准备了一份精美的午餐,看!是什么呀?

生:饼干。

师:小朋友有没有发现,这些饼干的形状很有趣。

(生笑)

生:有三角形、有圆形,还有正方形的。

师:多诱人的饼干呀！午餐时间到了,乐乐猴迫不及待地吃起来。现在老师想请小朋友当个小会计,统计一下各种形状的饼干,乐乐猴分别吃了多少块？行吗？

生(信心十足):行！

(媒体演示“乐乐猴吃饼干”)

师:谁已经统计出了,告诉大家听。

生:电脑放得太快了,我来不及记。

生:我数的,三角形饼干好像是 6 块,圆形的好像是……哎呀！我忘了。

生:老师,能不能再放一次？

师(笑着说):可以啊！

(情景回放)

生(愁眉苦脸):老师,我们还是来不及记。

生:我也是。

(心急的人都站起来了)

师:是呀！那怎么办呢？得想个办法呀！

生:老师,如果几个人一块儿统计,肯定能行。

师:行呀！俗话说:“三个臭皮匠,顶个诸葛亮。”现在就请小朋友围成四人学习小组,一块儿讨论一下,有什么好的方法可以既快又准确地统计出各种形状的饼干的块数,好吗？

(学生小组活动后汇报讨论结果)

生代表 1:我们小组想出办法来了。他们(组员)报饼干的形状,我画下来。

生代表 2:我们小组想出的办法是用铅笔做“△”饼干,用橡皮做“□”饼干 ,还有“○”的饼干我们就掰手指。

生代表 3:我们小组的方法和第一组差不多,不过,我们是先画好一个“△”“□”“○”,然后乐乐猴吃什么样的饼干我们就在那样的饼干里画一竖。

生代表 4:我们小组是分开数的。吴华数“○”饼干,张平数“□”饼干,我数“△”饼干。

…………

师:想不到小朋友想出了这么多有创意的想法,真了不起!那么现在就请各小组用刚才想出的方法试着来统计一下,看看这方法究竟方便不方便?

……

构建理想的数学课堂,要着眼于学生的发展,突出学生的主体作用,从关注学生发展的角度出发,灵活选用教法,在教学过程中建构有创造性、实践性、趣味性的自主探究活动,让学生主动探究,亲历自主探究的全过程,掌握科学探究、思考的方法,在探究的过程中获得丰富的数学体验,最终胜利到达成功的彼岸,从而为学生的终身学习和可持续发展打下坚实的基础。

浅论元认知与有效课堂教学

元认知、有效教学这两个概念于20世纪被相继提出后，国内外学者无论是从理论的角度还是从实践的角度都对它们进行过探讨与研究，以期能够明确其概念、把握其实质，卓有成效地提高学习的效果。尽管如此，有关元认知与有效教学的问题探讨仍较少，本文笔者就此问题并结合自己的教学实践发表一孔之见，希望能起到抛砖引玉的作用。

一、元认知的内涵与构成

元认知是美国心理学家弗拉维尔于20世纪70年代在其《认知发展》一书中首先提出来的。他指出，元认知就是个人在对自身认知过程意识的基础上，对其认知过程进行自我反省、自我控制和自我调节。简言之，元认知就是对认知的认知。我们通常所说的感觉、思维或想象就属于认知活动，而元认知则是对感觉、思维……这些认知活动的认知。因此，元认知实质上是个体以自身认知活动为对象的认知，是对自己认知活动的自我意识、自我体验、自我调节和监控。

从元认知的构成成分来看，它包括三个方面：

1. 元认知知识

元认知知识是指有关认知的知识，即个体关于自己或他人的认识活动、认识过程、结果的认识以及与之有关的认识。它主要包括三方面的内容：关于个人的知识，即关于自己与他人作为认知思维着的主体的一切特征的知识；关于任务的知识，即对学习材料、学习任务和学习目的的认知；关于策略的知识,即个体意识到的自己对学习策略的选取、调节和控制的认识。

2. 元认知体验

元认知体验是指个体随着认知活动而产生的认知体验或情感体验,这种体验通常发生在学习者思维活动水平较高的情况下。它包括两方面的体验,一方面是在认知活动进行中对知识获取的觉知,另一方面是对认知过程中经历的情绪、情感的觉察。

3. 元认知监控

元认知监控是指个体在认知活动进行的过程中,将自己正在进行的认知活动作为意识对象,并根据学习任务和目标自觉地对自己的认知过程进行监控、调节和修正,使认知过程得以顺利进行,最终达到预定的目标。它包括认知活动前制定计划;认知活动中实施监控、评价和不断反馈;认知活动中对结果的不断检查、调节和修正。

元认知知识、元认知体验和元认知监控三者是相互联系、相互影响和相互制约的。在任何的学习中,学习者都不可能孤立地意识到其中任何一方面。元认知对个体学习的作用也就表现在通过元认知知识、元认知体验、元认知监控的作用以及它们之间的相互作用来有效地计划、监控和调节学习者自己的学习活动,以便尽快而有效地达到目标。

从上可见,元认知在学习活动中具有重要的作用,是因为它具有两个重要的功能:意识性,能使学习者明确知道自己正在干什么、干得怎样、进展如何;调控性,使学习者能随时根据自己对认知活动的认知,不断作出调节、改进和完善,使认知活动能有效地向目标逼近。

二、有效教学的内涵及特征

有效教学的理念源于 20 世纪上半叶西方的教学科学化运动,它的核心问题就是教学的效益,即什么样的教学是有效的?为了更好地把握这种理念,先来了解它的本来含义。

所谓“有效教学”,主要是指通过教师一段时间的教学之后,学生所获得的具体的进步或发展。也就是说,学生有无进步或发展是教学有没有效益的唯一指标。教学有没有效益，并不是指教师有没有教完内容或教得认真不认真，而是指学生有没有学到什么或学生学得好不好。如果学生不想学或者学了没有收获，即使教师教得很辛苦也是无效教学。同样，如果学生学得很辛苦，但没有得到应有的发展，也是无效或低效教学。

因此，有效教学是为了提高教师的工作效益、强化过程评价和目标管理的一种现代教学理念。具体地说，有效教学主要包括下面这些内容：

1. 有效教学关注学生的进步或发展

首先，要求教师有"对象"意识。教学不是唱独角戏，离开"学"，就无所谓"教"，也就是说，教师必须确立学生的主体地位，树立"一切为了学生的发展"的思想。其次，要求教师有"全人"的概念。学生的发展是全人的发展，而不是某一方面(如智育)或某一学科(如英语、数学等)的发展。教师千万不能过高地估计自己学科的价值，而且也不能仅把学科价值定位在本学科上，而应定位在对一个完整的人的发展上。

2. 有效教学关注教学效益，要求教师有时间与效益的观念

教师在教学时既不能跟着感觉走，又不能简单地把"效益"理解为"花最少的时间教最多的内容"。教学效益不同于生产效益，它不是取决于教师教多少内容，而是取决于对单位时间内学生的学习结果与学习过程综合考虑的结果。

三、元认知与有效教学的关系

从两者概念与内涵的角度分析可知，两者既一脉相承又相互作用。

1. 两者的基理相同

首先，随着心理学的发展，人们越来越认识到，有效的课堂教学应该能使学习者成为一个积极的信息加工者、解释者和综合者。通过不同的策略，使学习的环境能适应学习者的需求和目标，并在学习过程中，不断激发学生通过元认知知识、元认知体验、元认知监控的作用以及它们之间的相互作用来有效地对自己的学习活动与结果进行计划、监控和调节，以便尽快而有效地达到目标。建构主义认为，学会学习其操作要义在于：引导学生在学习中

逐步学会选择、学会调控和学会反思。因此,从“关注学生的进步与发展”的理念出发,从这两个概念的起源来说,它们是完全相通的。

2. 元认知是有效教学的前提和必要条件

人们比较普遍的观点是学生的学习主要与学生的认知系统密切相关,即受学生的感知、思维、记忆、想象等能力制约。然而当代发展心理学研究表明,学生在学习中遇到的困难,与其说是受能力、智力、思维的限制,不如说是受元认知发展水平的限制。学生的学习过程,不仅是对语言材料的感知、记忆、思维和想象的认知过程,同时也是通过自我意识,对该认知过程进行积极监视、控制和调节的过程。有研究表明,在数学学习过程中,优秀学生懂得学习数学的意义,具有较多的有关数学学习的任务和学习策略方面的知识,且能够根据自身的特点选择或摸索适合自己的学习策略;而一些学习不良者对自己在干什么、为什么这样干,缺乏正确的认识和深入的思考,不会根据学习任务的不同和自身的特点作出恰当的调整。所以即使发生了认知错误也浑然不知,无法很好地运用认知结果对自己的学习过程进行有效地监控与调整。在学习过程中,学生的学习能力,不仅表现为在掌握一定的科学学习方法的基础上的感知能力、记忆能力、思维能力和想象能力,而且也表现为自觉对认知过程的监视能力、控制能力和调节能力。因此,提高学生的元认知能力可以有效地发挥学生的主体作用,提高学生整体的学习能力,体现出新课程背景下有效教学的本质内涵。学生的元认知能力得到了发展,学生学习效益就会不断提高。

3. 有效教学是促进学生元认知发展的有效途径

元认知是关于研究认知的认知,即认知的方法论问题,学生的学习不但要得到知识和能力,还要逐步学会学习的方法,也就是要解决“鱼”和“渔”的问题,这是引导学生学会学习的真谛。

4. 两者相互影响、彼此促进、协调发展

元认知是一种高级的心理技能,对提高学习目标的意识水平,促进学习策略的使用和迁移具有重要作用。大量的研究表明,元认知与学习成绩具有显著的正相关,并且元认知能力的增强可以通过有效教学得到提高。

四、培养元认知,提高课堂教学的有效性

1. 传授元认知知识,明确“学什么”,引导学生参与教学活动

既然元认知知识是对自身及他人认知能力与特点、对在完成认知任务或目标中所涉及的各种信息以及对在完成认知过程中各种策略知识的认识,因此它能有效促进学生在明确的动机支配下,自觉学习,并根据自己的个性特点和任务特点选择学习的策略。因此在教学中,教师要根据学生个人的特点和教学内容特点,让学生明确学习的任务和目的,从而在学习的过程中,不断对自己学习的策略进行选取、调节和控制。

例如,“年、月、日”的教学。在学生交流了对年、月、日的知识已经有了哪些了解后,提出还想知道关于年、月、日的哪些知识时,教师将学生的需求归纳为三个问题:① 一年真的有 12 个月吗?每年都是 12 个月吗?② 一个月有 30 天吗?每个月都是 30 天吗?有没有不同的?小组合作找找看,能发现什么规律?③ 一年有 365 天,是真的吗?有没有不同的?算一算,你又有什么发现?学生带着这样的三个问题愉快地进入探究学习的过程。由于有了明确的学习任务,目标指向非常鲜明,因此在整个探究的过程中,学生不断地对学习材料(历年的年历)、学习的目的(找到问题的答案和寻找新的发现)进行认识和探索,也不断地调整自己的学习策略,以达到完成任务为“诱饵”的新知学习目标。

当学生元认知有了一定的基础后,我们可以引导学生进行自我提问,制订学习研究的计划。

例如,教学“长方体和正方体的认识”。在学生观察实物和课本插图的基础上提出:你想知道长方体和正方体的哪些知识?试根据例题给自己提出问题。如果要做一个长方体木箱,你知道怎样做吗?教师为学生创造学习情境,明确学习任务后,引导学生考虑学习计划(或步骤),明确先学什么再学什么以及选择怎样的方法,而这些学习计划在教师的指导下,让学生独立确定或相互讨论后确定(其中包括对计划的修改和补充)。经过训练,逐渐养成了“自学例题—自我提问—小组讨论—汇报交流—归纳整理”的探究学习策略,为学生的终身学习打下了扎实的基础。

2. 丰富元认知体验，变“要我学”为“我要学”，激发学生主动参与教学过程

元认知体验是伴随认知活动的一种情绪体验，它可能发生在认知活动的任一时刻。其体验时间有长有短，体验内容有繁有简。既可以是对知，也可以是对不知的体验，且在认知活动之前、之中、之后都有可能产生。教师要善于调动学生的情绪，增强其学习的动力，变“要我学”为“我要学”，进而取得更好的成绩，形成良性循环。

元认知体验不仅让学生知道自己在“做什么”，还让学生知道“做得怎么样”“怎样做最漂亮”。同样在上例解决“计算一年是不是365天”的问题时，由于采取的是小组合作的形式，在此过程中，学生的计算方法可能是各不相同，因此在交流时，应该让学生介绍一下，你是怎样计算的，并重点将简便的方法介绍给大家，这样一方面让用这个方法计算的同学感到自豪，又让其他学生感受到解决问题的方法是多种多样的，我们不仅要解决问题，还要讲究策略和方法的最优化。

同时，重视对学生创造性思维的充分肯定，让他们获得积极的情绪体验，进而成为他们进一步学习的有效动力。比如学习“梯形面积的计算”时，由于有了平行四边形和三角形面积的计算作铺垫，学生很快能想到“将梯形转化为已经学过的图形”，那么怎样转化呢？这里，学生的每一步认知过程都伴随着百思不解的困惑、期盼、焦虑以及成功后的喜悦和兴奋等体验，直到整个认知过程的结束。同时，元认知体验又刺激了认知策略的产生，当学生意识到（元认知体验）自己尚未成功转化时，便再一次在生活体验中搜寻剪、拼、折的经验，从而通过它来直接达到增加有关知识的目的。

3. 加强元认知监控，反思该“怎样学”，教会学生学习的方法和策略

教师要重视指导学生及时评价、反馈认知活动中的有关信息，及时修正、调整认知策略。著名教育心理学家布鲁纳指出，教学的目的是让学习者最终将外在的矫正性指示转变成自己的矫正性机能。只有这样，元认知才能真正在儿童的头脑里扎根。

在学习时，要让学生经常反问自己，我是怎样解决问题的？在解题中有没有什么遗漏和错误？怎样才能避免？在今后的学习中怎样做才能学得更

好？以此提高学生认知的正确率，并为以后学习同类知识提供借鉴。

例如，在学完“笔算两位数乘两位数乘法”以后，因为本节内容涉及的难点较多，错误情况复杂，于是出示几名学生的错误竖式，先让该学生说说是怎样想的，然后让其他学生说一说他错在哪里？应该怎样改正？怎样才能避免这样的错误？这样，通过展示错误的思维过程让学生评价，让学生在学习过程的反省中强化成功、矫正错误，促进其元认知水平的提高，从而为提高课堂教学的有效性奠定基础。

《学会生存》一书中指出：“未来的文盲不再是那些不识字的人，而是指那些不会学习的人。”随着新课程改革的进一步深入，教学生学会学习，应当是当今学校教育改革的主题，而元认知能力的培养，更是教学生学会学习的基础，重视学生元认知能力的提高，将会促进学生学习能力的提高，从而提高课堂教学的实效，真正实现人的全面发展。

小学数学课堂情境创设的有效性探索

《标准》倡导"让学生在生动具体的情境中学习数学"，密切数学学习与学生生活实际的联系，于是，情境创设迅速成为数学课堂的一道亮丽的风景，被广大数学教师所关注并普遍运用。创设数学情境能够将教学内容化抽象为形象，激发学生学习的主动性和积极性，促进学生多种感官的协同作用。但我们也经常发现，有些数学课从表面上看热热闹闹，但课堂教学效果却没有因此而明显提高。有些教师在情境创设上花了很多的精力和时间，却因针对性不强而事倍功半。笔者在新课程实践中体会到要提高情境创设的有效性，教师在创设情境时要注意以下几个方面。

一、情境的现实性，激发学生体验数学学习的价值

数学来源于生活，生活中处处有数学。创设贴近学生生活现实的情境，会使学生在参与学习中体验到数学的价值，进一步感受到数学与现实生活的联系，更好地理解数学。建构主义也认为，学习总是与一定的社会文化背景即"情境"相联系的，在实际情境或通过多媒体创设的接近实际的情境中进行学习，可以通过生动、直观的具体形象有效地激发联想，唤醒记忆中相关的知识、经验或表象，从而使学习者能利用自己原知识结构中有关的知识与经验去同化当前学习的新知识，赋予新知识以某种意义。因此，情境创设时首先要考虑的是是否源于真实的生活。

例如，教学"小数加、减法的意义和计算法则"一课时，可大胆地处理教材，整节课将学生置身于"逛超市购物"的生活情境中，让学生在购物的情境

中理解加、减法的意义，通过小组合作、探究，运用已学的“小数意义”“元、角、分的知识”和“估算”等有关知识，来理解小数加、减法的计算法则，最后选择自己喜爱的商品，运用所学的知识解决购物付钱、找零钱的生活问题。这样就使学生感到亲切有趣，进而感受到学习小数的计算是生活的需要，激发学生学习的内在动机。

又如，教学“公倍数、最小公倍数”时教师请大家报数，并记住自己所报的数是多少？报数是 2 的倍数和 3 的倍数的分别站起来。（学生按要求起立后再坐下）让学生说说发现了什么？学生会发现有些同学站起来两次，有些同学是一次。而站起来两次的那些同学分别是报 6、12、18、24……的同学。当学生通过交流弄清这些同学为什么站起来两次时，既是 2 的倍数，又是 3 的倍数的公倍数的概念也就自然建立了。教师创设一个学生熟悉的报数游戏的情境，一步一步地引导学生展开讨论，在宽松和自由的气氛中学习知识、理解知识，让学生感受到了数学就在身边，生活中处处有数学。这样的情境不花哨，但很扎实、有效，充分激发了学生学习的兴趣和动机，让学生感受到了数学与日常生活的密切联系，体验到了数学的价值。

二、情境的问题性，诱导学生学习数学的内驱力

一个良好的数学问题情境，能激发学生学习数学的内驱力，有效集中学生的注意力，诱发学生思维的积极性，引起学生更多的联想，也比较容易调动起学生已有的知识、经验、感受和兴趣，从而更加主动地参与知识的获取过程、问题的解决过程。在问题情境的创设中，许多老师注意到了趣味性、直观性，但往往忽视了蕴含一个有“思考价值”的数学问题，即所设计的问题必须通过深入的分析、比较、推理等活动才能发现。

例如，教学“能被 3 整除的数的特征”。这是在学习了“能被 2、5 整除的数的特征”后的内容。因此，上课伊始，让学生举例能被 3 整除的数，由于思维定式的作用，很多学生想到 13、16、19，但在检验时发现，这些数并不能被 3 整除，这是为什么呢？这时旧知的影响与新知的认识产生矛盾，教师因势利导帮助学生发现能被 3 整除的数的特征与个位无关。那与什么有关呢？通过问题情境的创设，造成不平衡，把学生带到愤悱之中，进而来分析问题、

解决问题，唤起学生对知识探究的欲望，通过观察、猜想、归纳等方法，寻找新旧知识的连接点，从而使新知得以同化，顺应旧知，达到新的平衡。

再如，在教学“圆的认识”时，有的教师设计了以下几个问题：我们生活中有哪些事物是圆形的？大钟有时可以做成方形的，车轮能不能做成方形的？为什么？学生通过这几个由浅入深的问题的启发，学习圆的积极性一下子就被调动起来，这样学习的过程就成为学生主动探究并建构新知识的过程。

问题是数学的心脏，有了问题，学生思维才有方向、才有动力；有了问题，学生才能不断思考、不断创新。

三、情境的可操作性，提高学生解决数学问题的能力

国际科学研究领域有四句名言：听来的忘得快；看到的记得住；说过的做得来；做过的才能会。学生对自己通过数学实践活动获得的知识是印象最深刻的，记得最牢的。因此教学中，注重操作，把情境活动化，就是让学生投身到情境中去活动，使学生在手操作、眼观察、口表达、耳倾听、脑思考的过程中去获取知识，提高数学能力。

例如，在学习长方形周长相等，面积不一定相等的知识时，采取以下的操作活动，就可将抽象的知识寓于操作活动的过程中，从而加深学生对这一知识的理解。

师：请同学们拿出准备好的铁丝，以小组为单位，每人用它扭成一个长方形，分别计算出它们的面积和周长。

（学生以小组为单位，共同活动）

师：通过你们的活动，你们发现了什么？

生：我们发现扭的长方形的周长都相等，但面积有的不相同。

师：由此我们可以得出一个怎样的结论？

生：周长相等的长方形，面积不一定相等。

再如，在学习“圆锥的体积”时，采取猜想验证的操作活动，不仅能够使学生很好地掌握“三分之一”这个重要知识点，而且能更好地教会学生解决数学问题的方法和策略。可先出示等底等高的圆柱、圆锥，让学生猜一猜，

如果分别放满水，哪一个装得多？学生从直观可以发现，圆柱一定比圆锥的多，那么多多少呢？它们之间会有什么关系？通过小组活动，装水、装沙等实验进行验证，从而发现“圆锥的体积是等底等高圆柱的三分之一”。通过创设这样的操作情境，使学生经历知识的形成过程，从猜想到验证的探索过程，强化了通过实践活动求知的意识。

事实证明，创设情境有利于培养学生的学习兴趣，激发学生的学习热情，更有利于学生发现知识、探索奥秘，从而创造性地运用数学知识，解决数学问题。而要提高情境创设的有效性则要求教师在创设数学情境的时候既要讲究艺术又要讲究科学，要让两者完美地结合起来。

新教材教学应体现开放式教学

数学新教材旨在建立一种促进学生发展、反映未来社会需要、体现素质教育精神的数学课程体系。要使该教材真正实施到位，必须建立一种符合学生自主发展、融入社会生活、面向学生生活实践、培养学生主动探索精神的教学方法，而这样的教学方法的实施则体现为开放式教学。

一、把社会作为学生学习数学的大课堂

新教材的构建密切了数学与现实世界的联系，教学要求也体现了以社会为数学教学的开放式大课堂，让学生在社会生活中学习数学，让学生在解决问题中巩固学到的数学知识。例如，教学“元、角、分的认识”时，完全可以让学生用各种面值的人民币去购置学习用品或小生活用品后汇报总结，达到教学目标。又如教学“分类”后，就可让学生用学到的知识去实践:整理自己的书包及衣柜。以社会、生活为数学学习的大课堂，既能让学生在亲身体验中把抽象的数学形象化，又能让学生感受到数学来源于生活，又应用于生活，加深学习数学的兴趣。

二、给学生创设自由开放的课堂空间

新教材给学生提供了大量观察、实验、活动的机会，使新教材的教学更容易体现“提出问题—相互交流—汇报总结—巩固、实践”的开放式课堂教学模式。例如，教学“8 的乘法口诀”时，教师可先让学生明确本节课的学习目标:用学习“7 的乘法口诀”的方法来学习“8 的乘法口诀”。让学生分组讨

论如何通过归纳计算1只螃蟹的脚、2只螃蟹的脚……8只螃蟹的脚的方法编出8的乘法口诀；然后各小组汇报学习情况，相互补充得出“8的乘法口诀”；最后通过练习、游戏巩固本节的内容。

自由开放的课堂教学具有以下优点：

1. 学生能自主学习

心理学研究表明，不经过学生个人亲身探索和发现的过程，要想把已知的真理变成学生的真知是不可能的。学生在民主开放的课堂中改被动学习为自主学习，改要我学习为我要学习，主动去发现数学问题，积极学习数学知识，探求解决数学问题的方法，并在亲身实践中体验数学。自由开放的课堂空间使学生保持愉快而兴奋的心境，自主明确学习目标，大胆设想，积极地通过书本或同学相互之间来认证自己的见解，寻求达到学习目标的方法，有利于培养学生的创新精神与实践能力，促进学生的自主发展。

2. 学生学会合作学习

自由开放的课堂教学提倡在探索知识的过程中，学生合作学习。在合作学习中学生自由地发表自己的见解，听取别人的见解，合理地补充、调整自己的观点，能达到较完美的认知状态。例如，教学“认识长方形”时，小组合作学习，不同的学生从不同的角度观察，得出长方形角的特征、长方形边的特征，通过相互交流、补充，就能较完整地归纳出长方形的特点。合作学习体现了学生认知的需要，又为学生适应未来社会打下了良好的基础。

3. 学生在学习中获取成功的体验

开放式的教学允许学生保留自己的不同观点，对同一个问题，学生可以有不同的解决方法，每一个学生的观点都是受尊重的。

例如，教学“认识图形”时，在巩固新知识的过程中，教师让学生用不同形状的学具摆出一个自己喜欢的图形，学生可以根据自己的不同情趣拼出不同的图案，而每个学生所拼的图案都是被认可的。开放式的课堂不再以教师为唯一的评价主体，学生也成了评价的主体，学生在评价别人的成功和被别人评价为成功的过程中满足了好奇心，获得了探求新知识的激励。

三、充分利用开放题来教学

所谓数学开放题，是相对于传统的封闭题而言的，一般指条件不完备，答案不唯一或解题策略不唯一的数学题，新教材中出现了较多的开放题。

例如，教学“6、7 的加减法”时，小老鼠背土豆一题，就是答案不唯一的开放题，根据学生的不同想象，7－□＝□就有 8 种不同的填法。

又如，教学“长方形面积计算公式”时，“用 12 个边长为 1 厘米的正方形纸板摆长方形”就是策略不唯一的开放题。开放题的教学是开放式教学的切入点，新教材中所编排的开放题为开放式教学打下了良好的基础。开放题的多向性、发散性有利于满足学生的好奇心，培养学生的创新意识，突显学生的个性。合理利用教材的开放题或根据教材知识点创设开放题进行开放式教学，能更好地扩大学生的知识面，引导学生多角度、多层次地探究问题，把握知识点。

如何在新教材的实施过程中更好地应用开放式教学，如何处理好开放式教学中“放”与“收”的关系，这些都是开放式教学在新教材实施过程中所面临的问题。然而教师在钻研新教材，把握教学内容的前提下，适当地应用开放式教学，对于学生的自主发展、创新思维的培养、实践能力的提高都将有较大的帮助，是实施素质教育的一个有效途径。

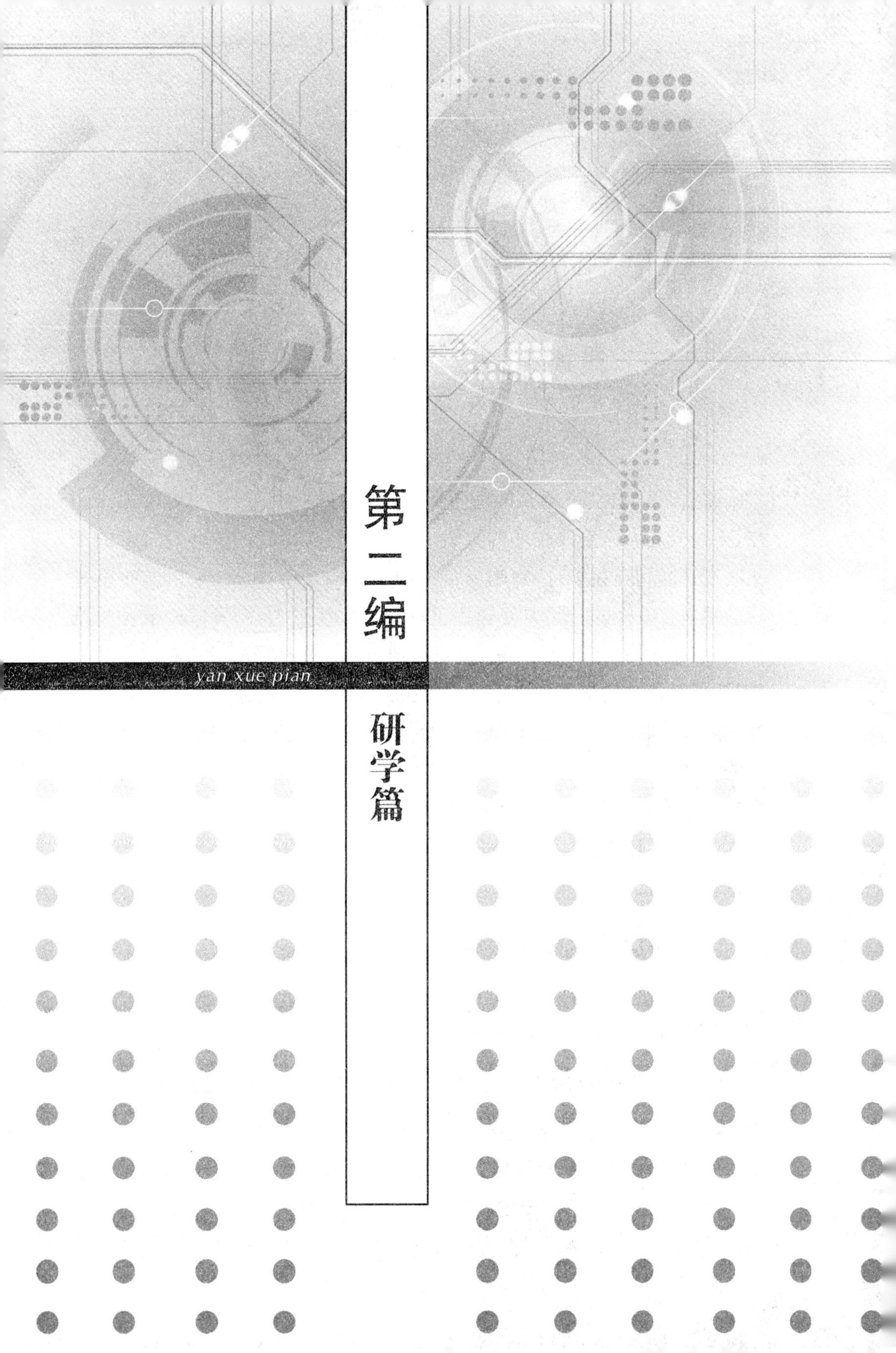

第二编 研学篇

yan xue pian

浅谈小学数学课的导入艺术

课堂导入，作为一堂课的首要环节，如果能让学生产生良好的第一印象，无疑会成为这堂课成功的关键一步。明代文学家谢榛谈及文章的开头时说："起句当如爆竹，骤响易彻。"一堂课的开始，也应该如此，也就是说教师应在较短的时间内使学生迅速地集中注意力，激发求知欲和思维活动，引起学习新知识的兴趣，全身心地投入学习，做到心动、脑思、口说、手写；同时也能使学生明确学习目标和教学要求，并有意识地建立起新旧知识之间的联系，从心理上和知识上进入听课的良好准备状态，进而为教学的顺利进行创造有利条件。诚然，小学数学课堂导入的方法多种多样，没有固定的模式，在具体的教学实践中，如能充分考虑学生、教材、环境等因素，精心设计，定能达到充分调动学生学习积极性，大大提高课堂教学有效性的目的。

一、课堂教学导入的作用

课堂教学导入的作用在于能集中学生的注意力，引起学生的兴趣，明确学习目的要求，为学好新知识创设良好的前提条件。

1. 有效的课堂教学导入，是学生产生学习兴趣最直接的源泉

良好的开端是成功的一半。课堂教学导入环节事关整节课的成效高低，导入部分是师生双方信息交流的开始，一则简短的故事、一段娓娓的讲述、一个小小的游戏都可以激发起学生强烈的求知欲望，引起他们的浓厚兴趣，可以牵动学生的神经，吸引学生的眼球，触动学生的思维，更重要的是有

助于引导学生在极短的时间内把无意注意投入到本课学习中，为深入学习新知铺路。

2. 有效的课堂教学导入，是学生深入学习新知识的根本内驱力

上课伊始，教师精心策划造就的课堂导入，可以有效地诱发学生的内驱力，从而产生一系列的“为什么”和“怎么办”，这些“为什么”“怎么办”的产生正是驱动学生探究数学原理或规律的良好切入点和力量源泉，为整节课的顺利进行打下良好的基础，并能在此基础上，使教学内容进一步展开、发展、开拓，把课的进程不断向高潮推进，产生良好、积极的“连锁反应”，从而点燃学生思维的火花，增强学生思维的广阔性和灵活性。

3. 有效的课堂教学导入，是学生理解数学与生活整合的基础

学习数学离不开生活的基础。借助现实、有趣的生活内容进行数学课堂的导入，能增强生活数学和书本数学的联系，实现二者在更高层次上的整合，即真正达到数学知识生活化，生活世界数学化的境界。

4. 有效的课堂教学导入，是架设新知与旧知之间的桥梁

新知源于旧知，又高于旧知。旧知是学习新知的基础，同时旧知的学习方法可以迁移到新知的学习上。因此，有效的课堂导入能够抓住旧知与新知的契合点，引导学生回忆旧知的形成、发展过程，架设由旧知通往新知的“桥梁”，使旧知与新知之间建立起有机的联系。

二、课堂教学导入要注意的方面

1. 课堂教学导入要有目的性

导入的目的就是教师更好地完成教学任务，达到预期的教学目的，因此课堂教学导入要围绕教学的目的，紧紧抓住这一课的教学目的要求进行，要有助于学生初步明确将要学什么、为什么要学、怎么学等，使其具有学习新知识的心理准备和知识准备。

2. 课堂教学导入要有针对性

所谓针对性就是要针对教学内容、学生实际以及教师自身特点去选择

导入方式。其一,针对教学的内容就是要在设计导入时充分考虑与所授教材内容的有机内在联系,而不能游离于教学内容之外,使之成为课堂教学的赘疣。其二,针对学生实际就是要根据学生的年龄特点、知识层次、兴趣爱好等。比如小学低年级,一般多从故事、游戏、猜谜等形式入手,到了中年级,可以通过日常生活现象、介绍数学文化等形式,高年级可从数学故事、数学文化、生活问题等形式入手。其三,还要结合教师自身的特点来设计,了解自己的长处和短处,切忌照搬别人的教法,那样做会适得其反。总之,课堂导入方式的选择,最根本的还是要依据教学内容,因为教学内容的差别制约着课堂导入方式的选择。具有针对性的课堂导入才能满足学生的听课需要,实现课堂教学的有效性。

3. 课堂教学导入要有启发性

所谓启发性就是要充分调动学生学习的积极性,不断引导学生通过积极的思维去理解教材,掌握知识和技能,培养学生独立思考,分析问题和解决问题的能力。课堂导入对学生接受新内容具有启发性,能引导学生发现问题,激发学生解决问题的强烈愿望,调动学生学习的积极性,促使他们更好地理解新知识。而启发的关键在于启发学生的思维活动,学生积极的思维活动是课堂教学成功的关键,所以教师在上课伊始就运用启发性教学来激发学生的思维活动,必能有效地引起学生对新知识新内容的热烈探求,从而形成活跃的学习氛围,获得良好的教学效果。

4. 课堂教学导入要有新颖性

心理学研究表明,令学生耳目一新的“新异刺激”,可以有效地强化学生的感知态度,吸引学生的注意指向。新时代的学生不仅富有强烈的好奇心,而且具有强烈的求知欲,因此,新颖的、富有时代性的信息更能引起学生们的兴趣。如在设计课堂导入时利用时下的流行元素或借助于多媒体向学生展示相关的背景材料,必定更能吸引学生的注意力,激活课堂气氛,从而一步一步地引导学生进入正题。

5. 课堂教学导入要简洁明快

导入语的设计要短小精悍,一般一两分钟就要转入正题,时间过长就会喧宾夺主。语言大师莎士比亚说:“简洁是智慧的灵魂,冗长是肤浅的藻饰。”因此,课堂教学的导入要精心设计,力争用最少的话语、最短的时间,迅速而巧妙地缩短学生与教材间的距离以及师生间的距离,将学生的注意力集中到听课上来。教师语言不仅要简洁明快,还要切中要害,要起到立竿见影的效果,否则学生就不清楚教师究竟想表达什么,不明白教师精心导入背后的那番“良苦用心”了。

6. 课堂教学导入的形式要多样化

课堂的导入是一堂课的精髓,能够决定学生的听课状态,也能决定这堂课成败。如果导入方式单调或老生常谈,就会导致学生学习积极性不高,降低学习效果。因此在设计导入时必须做到形式多样,才能吸引学生的注意力,才能激发学生的参与热情,才能产生良性的师生互动。

三、数学课堂导入的方法

课堂导入的方法是多种多样的,对于不同知识水平的学生、不同的教学内容,应采用不同的方法。一段精彩的课堂导入,能让学生温故知新,产生兴趣,燃起求知欲,其本身具有强烈的情感效果和一定的艺术魅力。

1. 以旧引新,激发探究

数学知识之间有着密切的联系,表现出极强的系统性。旧知识是新知识的基础,新知识又是旧知识的发展和延伸。学生学习数学知识的过程实质上是新知识与已有认知结构中的旧知识建立联系的过程。因此课堂导入要求教师找准新旧知识的连接点,使学生感到新知识不新,从而激发学生的学习兴趣。

例如,在学习“三角形面积”时,一般采用平行四边形面积转化的方法(即将未知图形转化为已知图形)。我们能否将三角形也转化为我们已经学过的图形呢?带着这样的问题,再让学生合作探究,学生就有了明确的目的,把转化作为探究的方向,并通过将三角形转化为平行四边形的方法,解决求三角形面积的方法。这样既温习了旧知识,又掌握了新知识,有助于学生形成良好的认知结构,对知识的掌握也较为深刻。

2. 以情引知,激发兴趣

心理学研究表明,学生的学习不仅仅是认知的参与,更需要情感的投入;只有激发起学生良好情感体验的学习,才是真正意义上的自主学习。创设有效情境,是激发学生兴趣和求知欲望,使学生迅速进入学习的最佳状态,并积极启动认知的有力措施。

例如,在学习“比例的意义”时,教师出示下面的图案,让学生选出认为最美的长方形:

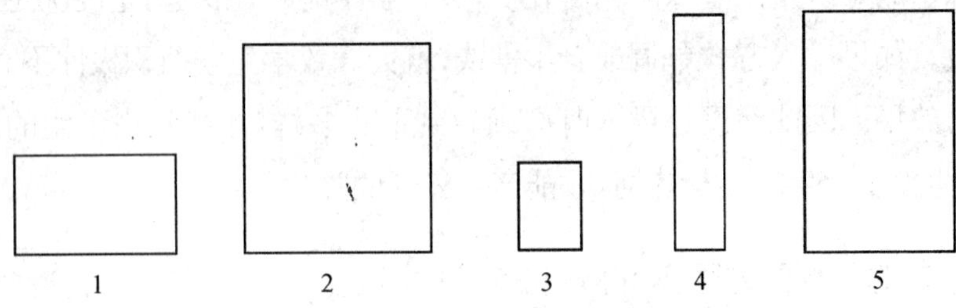

(几乎所有学生都选择了 1 号、3 号和 5 号长方形)

借此教师导入新课:其实,早在一千多年前,德国心理学家费希纳也做过这样一个类似实验,而评选的结果与我们刚刚的评选竟惊人地相似,那这些长方形为什么会被大家公认为是最美的呢?其中的奥秘到底又在哪儿呢?就让我们带着这些问题,开始今天的学习。这样把学生的心紧紧地揪住,使整个课堂顿时活跃,极大地激发了学生学习兴趣,唤起了学生有意注意,使学生很快进入探究新知的过程,大大提高了课堂教学的有效性。

3. 以疑引探,激发思维

古人云:“学起于思,思源于疑。”学生如果有了疑问,心里就会感到困惑,就会产生认知冲突,就会产生探究的欲望。因此教师要善于设计矛盾,巧妙设疑,通过创设良好的思维情境,使学生“心欲求而不得,口欲言而不能”。

例如,“观察物体——认识正面、侧面和上面”的教学,教师出示一个图书箱,让学生猜一猜,这个图书箱是哪一个班借来的,是什么工厂生产的。

由于这两个答案分别写在图书箱的左侧面和右侧面，在猜测时，左边的同学都知道是从哪个班借的，而右侧的同学都知道是哪个厂生产的。这时教师抛出问题：为什么你们都只能猜出一个呢？这里隐藏着什么数学知识呢？通过这一节课的学习，大家一定都会明白的。通过这样的导入，学生产生了疑问，从而使学生的学习情绪一开始就进入最佳状态。

4. 联系实际，激发求知

《标准》指出："数学是人们生活、劳动和学习必不可少的工具"，通过数学学习要使学生"认识到现实生活中蕴含着大量的数学信息、数学在现实世界中有着广泛的应用；面对实际问题时，能主动尝试着从数学的角度运用所学知识和方法寻求解决问题的策略；面对新的数学知识时，能主动地寻找其实际背景，并探索其应用价值"。数学起源于日常生活和生产实际，而生活实例既生动又具体，因此教师可通过实际生产生活中的需要引入新课，这样可使学生对比较抽象的数学知识"看得见，摸得着"，从而产生亲近感。

例如，在学习"加减混合运算"时，可借助多媒体，播放公交车上下乘客时的情景（前门上，后门下），这时教师提问：上了多少人？下了多少人？车上现在还有多少人呢？你们想知道吗？这就是我们这节课要学的新知识——加减混合运算。这样联系学生生活实际的导入，不仅激发了学生学习的兴趣，更点燃起学生对数学学科喜爱的火花。

5. 利用故事，激发联想

针对小学生爱听有趣的童话故事等心理特点，在导入新课时适当引入一些与知识相关的故事、寓言、典故、谜语、趣闻等，可以帮助学生开拓思维，丰富想象，并激发兴趣，尽快投入到新知识的学习中去。

例如，"循环小数"的学习，通过"山上有座庙，庙里有个老和尚，老和尚在给小和尚讲故事，说山上有座庙……"来导入，很快学生就都会自己往下讲了。教师抓住这个情节：你们是怎么知道下面的故事内容的呀？从而提出"循环"的概念，再来学习循环小数，学生的求知欲望被激发，并从生活中的循环现象联想开来，来理解循环小数的写法，就显得轻而易举。这样的导入，既生动有趣，又蕴含着新知识，能帮助学生展开想象，理解教材，为课堂教学的成功铺下基石。

课堂教学的导入是多种多样的，关键是在于教师针对所授知识的特点，灵活运用，精心设计。教学过程中的导入环节就如一台戏的序幕，也仿佛是优美乐章的序曲，如果设计和安排得有艺术性，就能引发学生的兴趣，燃起智慧的火花，开启思维的闸门，收到先声夺人，事半功倍的奇效。

从生活实际出发培养学生的数学素养初探

数学源于生活，又广泛用于生活。华罗庚说过："宇宙之大，粒子之微，火箭之速，化工之巧，地球之变，日用之繁，无处不用数学。"这是对数学与生活关系的精彩描述。《标准》十分强调数学与现实生活的联系："数学是人们生活、劳动和学习必不可少的工具，能够帮助人们处理数据、进行计算、推理和证明。"通过教学使学生"认识到现实生活中蕴涵着大量的数学信息，数学在现实世界中有着广泛的应用；面对实际问题时，能主动尝试着从数学的角度运用所学知识和方法寻求解决问题的策略；面对新的数学知识时，能主动地寻求其实际背景，并探索其应用价值"。因此，我们教师在教学中要密切联系学生生活实际，从学生熟悉的生活情景和感兴趣的事物出发，为他们提供观察、操作、实践、探索的机会，使他们有更多的机会从周围熟悉的事物中学习数学和理解数学，体会到数学就在身边，感受到数学的趣味和作用，体验到数学的魅力。

《标准》还强调，数学教学要"从学生已有的生活经验出发"，"使学生获得对数学知识的理解"，"初步学会运用数学的思维方式去观察、分析现实社会，去解决日常生活中和其他学科学习中的问题，增强应用数学的意识"。数学发展论认为，现代社会的发展特点和发展趋势，就是事物的定量化和人的定量思维，它的基本语言是数学。数学将成为 21 世纪每一位合格公民的基本素养，数学知识和解决实际问题的技能是每个公民必备的，简单的消费能力以及调查研究等能力将成为人们的基本素质。

因此，在数学教学中，如何结合学生的生活实际，使学生"领悟"数学知识源于生活，又服务于生活，培养学生用数学眼光去观察生活，运用数学知识解决实际问题的素养，是每位数学教师重视的问题。新课标数学教材从概念的形成、方法的归纳、知识的运用等方面为这些素养的培养创造了很好的条件。但如何运用新教材，创造性地发挥教师的主观能动性，使数学教学更贴近学生生活，从而培养学生运用数学知识解决实际问题的能力和素养，是我们不断实践和探索的主题。笔者在多年的新教材教学实践中，注重联系实际进行教学，得到了一定的启发。

一、让学生在生活中感悟数学

“数学是人们对客观世界定性把握和定量刻画，逐渐抽象概括，形成方法和理论，并进行广泛应用的过程。”因此，只有从学生的生活经验出发，让学生在生活中学数学、用数学，数学教学才能焕发生命活力。在小学数学教学中，从生活实际出发，把教材内容与“数学现实”有机结合起来，符合小学生的认知特点，可以消除学生对数学知识的陌生感，同时增强对数学的应用意识，唤起学生的学习兴趣。

1. 从学生生活中抽象概念和法则

小学数学中的许多概念和法则都是在现实生活中抽象出来的，因此概念法则的教学也就必须在生活实际中找到相应的实例，并引导学生从直观入手，从而抽象出来，逐步加深理解和运用。

例如，在“乘法的初步认识”一课，通过主题图让学生解决图中的数学问题时出现了 8 个 4 相加的算式：4＋4＋4＋4＋4＋4＋4＋4。许多学生对于黑板上这么长的算式提出了意见：“太长了。”这时适时引进乘法算式，学生很乐意接受，尤其是感到乘法解决了加法的很复杂的难题。

再如，学习“乘法分配律”时，学生会常常出现这样的错误：(35＋19)×4＝35×4＋19。

为此，笔者经常让学生去了解小菜场菜农、瓜农在出售青菜或西瓜时的计算方法，虽然他们不认识多少字，但对乘法分配律的掌握已经是熟能生巧。比如，西瓜 0.45 元 1 斤，一个西瓜 9.5 斤是怎么计算价钱的？瓜农的算法是，先算 10 斤，10×0.45＝4.5 元，再算 0.5 斤，0.5×0.45≈0.23 元，最后用 4.5－0.23＝4.27 元。强调分成两次计算后，第二步的 0.5 斤也要乘 0.45，用数学的方法就是(10－0.5)×0.45＝10×0.45－0.5×0.45。

2. 从学生已有水平出发，探索规律，掌握数学分析方法

事实上，许多抽象、枯燥的数学知识在现实生活中有着非常生动、有趣的“原型”。我们可以从学生已有的知识水平出发，从这些“原型”出发让学生体验、理解数学规律，从而产生深刻的理解。例如，教学“同分子分数大小的比较”时，我们设计了这样一个生活情景：星期天，小明过生日，爸爸妈妈为他买了一块蛋糕。小明想：平均每个人能吃这块蛋糕的$\frac{1}{3}$，随后爷爷奶奶也来祝贺他，不久 4 个同学也来庆贺小明的生日。请你想一想，随着人数的增加，平均每人吃到的蛋糕量是怎样变化的？用数学符号表示出来。从中能发现什么规律？当学生用$\frac{1}{3}>\frac{1}{5}>\frac{1}{9}$来表示这个变化过程时，其中的规律已不言而喻。

再如，“小数点位置移动引起小数大小变化的规律”一课。通过孙悟空金箍棒大小变化，从而引出一组等式：

1 毫米＝0.001 米
10 毫米＝ 0.01 米
100 毫米＝0.1 米
1 000 毫米＝1 米
10 000 毫米＝10 米

用彩色粉笔标示小数点的位置，然后组织学生小组讨论，从比较、探索中发现其中的规律：金箍棒长度每扩大 10 倍，小数点的位置就向右移动一位；反之，缩小 10 倍，小数点向左移动一位。

再如，教学“生活中的数”时，出示信封上的邮政编码，让学生说说了解的信息，然后说明邮政编码中所包含的信息内容，从而激起学生对生活中关于数的兴趣，接着通过身份证号码、车牌号、食品卫生许可证号等的比较，真正了解到数字不仅仅是计算，数字所起的作用真不少。

二、让数学知识回归学生生活

学习是为了应用。因此,教师在教学中要经常培养学生联系生活实际、运用数学知识,解决问题的意识和能力。知识也只有运用才能被学生真正掌握,才能体现其价值。

1. 联系实际,增强学生的数学意识

现代心理学认为,教学时应设法为学生创设逼真的生活情境,唤起学生学习的兴趣。让学生置身于逼真的生活情境中,体验数学学习与实际生活的联系,品尝到用所学知识解释生活现象以及解决实际问题的乐趣,感受到借助数学的思想方法,我们会对生活中常见的各种数学现象理解得更深刻。为了使学生学习数学知识的同时,初步接触和逐渐掌握数学思想,不断增强数学意识,就必须在数学教学过程中联系生活实际,创设模拟生活情境,使学生有更多的机会接触生活和生产实践中的数学问题,认识现实中的问题和数学问题之间的联系与区别。

例如,学习"十几减 9 退位减"的内容时,让学生做售货员和顾客,通过对原有货物、卖出货物以及剩下的货物进行计算,加强对"十几减 9 退位减"的理解。这样的教学,学生的兴趣高,参与面广。接着让学生针对情景互相编题,学生学习的激情达到了高潮。学生通过参与实践式数学情境,自然而然认识到,生活中处处有数学,从而增强对数学的亲切感,这样的教学某种程度上培养了学生对应用数学的意识。

创设"开放性"的生活实践题,培养学生的运用数学知识的能力。

例如,"五一"节快到了,创设这样一个情境:王亮的父母准备给他1 500元钱要他到上海旅游 3 天,但不得超过 3 天,回南京不能超过晚上 10 点。让学生帮王亮查找南京到上海的火车、汽车、飞机的时刻表及票价和旅游点的门票价,制订旅游计划。通过这样的教学,不仅调动了学生学习数学的积极性,同时也培养了学生的创新能力。

又如,在教学"利息和利率"这一课时,可以利用活动课的时间带学生到银行去参观,并让学生用自己的压岁钱模拟储蓄、取钱,观察银行周围环境,特别要记录的是银行的利率,学生记的时候就开始产生问题了,"利

率是什么啊?”“为什么银行的利率会不同啊?”……学生观察得很仔细,然后就引导他们带着问题去预习新课,到上课的时候让学生介绍自己发现的问题,自己如何来解决问题的,从而使其他同学知道如何找到符合实际需要的储蓄方式。这样,培养学生养成留心周围事物,有意识地用数学的观点去认识周围事物的习惯,并自觉地把所学习的知识与现实中的事物建立联系。这样让学生自己发现问题,对于提高学生应用数学知识的能力和增强学习的积极性都十分重要。通过让学生走出去的方法,了解数学知识在实际中的广泛运用,培养学生用数学眼光看问题,用数学头脑想问题,用数学知识解决实际问题的意识。

2. 创设情境,培养学生解决实际问题的能力

数学教育家波利亚说过:“数学教师的首要责任是尽其一切可能,来发展学生的解决问题的能力。而过去的数学教学往往比较重视解决现有的数学问题,即课本上已经经过数学处理的问题,学生一遇到实际问题就显得不知所措。”如何解决这个问题?笔者认为关键要善于发现和挖掘生活中的一些具有发散性和趣味性的问题,创设一种学生乐于探究的情境,从学生的生活经验出发,组织学生进行创造性的数学活动。

例如,学习“折扣”后,创设情境:

国庆期间商场都在搞促销活动,其中A商场的促销手段是全部商品打八五折,B商场的促销手段是满500送100。

(1) 妈妈看中了一件羊绒大衣,两个商场的售价都是980元。该去哪个商场买合算呢?

(2) 爸爸也看上了一双皮鞋,两个商场的售价也都是520元。又该去哪个商场去买?

(3) 你有什么更好的建议吗?

只有将数学问题生活化,生活问题数学化,才能更好地培养学生应用数学的技能,发展学生的创新思维。这样可以让学生从生活中学,激发学生学习的兴趣,提高解题的技巧,培养学生根据实际情况来解决问题的能力,进而培养学生的创造性思维能力。

3. 加强实践操作,培养解决生活问题的能力

把课堂上所学数学知识应用于生活实际,学生往往被错综复杂的生活现实所难住。这就要求我们加强实践操作,培养学生运用所学知识于实际生活的能力。北京师范大学严士健教授指出,将实际问题归结为数学问题(即建模)与求解过程,可以说是与数学问题同时产生的应用题是将条件纯化或简单化的实际问题的模拟。小学数学应用题与实际问题之间有着密切的联系,又有明显的差别。如何将两者协调起来是一个很值得研究的课题。将生活情境数学化,将数学问题生活化是两者最佳的融合,它对培养学生应用数学解决实际问题起到了催化作用。教师要巧妙地把两者勾连起来,从而培养学生用数学的眼光看生活,用数学的方法解决生活中的问题。

例如,学习"有趣的拼搭"时,班级可以举行搭建模型比赛,同时填写操作表格,看用了哪些模型。这里面要考虑形状、大小、个数、美观、独创等因素。用这样为学生所喜闻乐见的实践活动培养学生的动手能力、创造能力。通过活动,学生不仅再次认识了几种立体图形,还体会到了在实际生活中运用数学要考虑很多因素,不光是简单的拼搭。可见加强课堂实践活动,牢固掌握并运用数学知识解决问题必须与生活实际结合起来,而这种能力和意识必须从小就进行培养。

再如,教了"比和比例"后,笔者把学生带到操场上,让学生测量、计算学校操场旗杆的高度。如何测量?面对如此高难度的问题,多数同学摇头,少数几个窃窃私语,有的提出爬上去量,有的提出放倒来量,还有人提议量升旗的绳子,再除以 2。这可是个好办法,可顶上有一部分,怎么办?教师适时取来一根长 1 米的米尺,笔直地插在旗杆边。这时正阳光灿烂,在旗杆影子的边上马上出现了米尺的影子,量得这影子长 0.45 米。于是启发学生思考:从尺长与影子的比,你能想出测量旗杆高度的办法吗?学生开始议论纷纷,也不断地猜想,不断地假设,终于得出:旗杆的高度与它的影长的比等于米尺的长度与它影长的比。(教师补充"在同一时间内")这个想法得到肯定后,学生们很快从测量旗杆影的长,算出了旗杆的高。学生们兴趣盎然,于是举一反三,利用课余时间还继续测量了学校附近电视

塔等的高度。这样不仅培养了学生运用所学知识解决实际问题的能力，同时使学生在活动中经历运用所学数学知识解决简单实际问题的过程，培养了学生的数学意识。

教师在教学中充分把握教材、从学生生活实际出发，选择学生身边的、感兴趣的事物，提出有关的数学问题，以激发学生学习的兴趣和动力，使学生初步感受数学与日常生活的密切联系，让学生用数学的眼光去审视生活、审视世界。长此以往，不断深化，就能逐步让学生学会用数学的眼光去看待周围的世界，从数学的角度出发提出一些生活中的问题，用数学的思想和方法去分析和解决问题，用数学的语言去解释得出的答案或结论，从而促进学生数学素养的提高。

在数学教学中如何加强学法指导

学会生活，学会学习，学会做人，学会实践，是素质教育培养目标“四会”的基本要求。学会学习，也是新课程标准培养学生自主学习、终身学习的宗旨所在，而如何学会学习更是新课程课堂教学改革的主要内容。只有加强学法指导的研究，培养学生的自主学习能力，才能真正使学生学会学习，成为具有终身学习能力(会学习)的社会人才。那么在数学课堂教学中如何加强学法指导呢?

一、学会阅读数学课本

课本既是教师教学的主要依据，又是学生获得知识的主要来源。教会学生阅读数学课本是培养学生独立学习的第一步。因此，在教学中应重视引导学生使用课本，养成阅读课本的良好习惯。

小学数学教学中对学生阅读课本的指导可从以下三方面进行：

1. 指导学生课前预习

课前让学生先预习课本，对于将要学到的新知识进行自学，看哪些能看懂，哪些看不懂，课堂上带着问题听课。这里要注意的是，学生看书时往往只重视回答问题，寻找答案，而忽视思考探索的过程。教师要通过提出一些关键的有探究性的问题，指导学生重点关注过程。

2. 指导学生在课堂上看书

一般是新授课堂之上，让学生阅读课本，给学生留有质疑的余地。有时教师也可以有意识地创设情境，让学生质疑，以培养学生的学习兴趣。有的内容学生看书就能看懂理解的，教师不必讲解，如比例中什么是前项、后项、比号，圆的各部分的名称等。

3. 指导学生课后自读课本

指导学生课后自读课本的目的是对所学的知识消化品味，如一些长或难记忆的概念，则需要学生加深理解和记忆。另外，还可以向学生推荐介绍或指导学生阅读一些数学课外读物，以丰富学生的知识，这比较适合学有余力的学生。如果教师引导得力，就会对这些学生产生不可估量的积极影响。总之，在数学课堂教学中，教师要引导学生学会阅读数学课本，掌握阅读数学课本的方法，培养自主学习的能力，逐渐向“会学”转变，这将使他们终身受益。

二、学会实验与探究

新课程强调学生自主探究，通过操作、实验等活动，再现知识的形成过程，通过对感性材料的观察、比较、分析、归纳来发现知识和掌握知识，并学会探究的方法，获得数学活动的经验。

例如，探究发现“长方形面积公式”时，让学生动手实验操作：用 12 个 1 平方厘米的正方形拼成一个长方形有哪几种拼法？拼好以后思考以下问题：这些图形的面积各是多少平方厘米？这些图形的长、宽分别是多少厘米？你发现每个图形的长、宽与面积之间有什么联系？随着实验的深入，学生的思维也随之展开。他们通过动手、动脑很快发现长方形的长有几厘米，沿着它的边就可以摆几个 1 平方厘米的正方形；长方形的宽有几厘米，在这个长方形里就可以摆几排这样的正方形。再通过直观演示和小组交流讨论，发现每个长方形的面积都刚好等于长和宽厘米数的乘积，于是推导出长方形面积的计算公式。这样，学生从直观思维向抽象思维过渡，不仅理解了公式的含义，更明白了公式的由来，学到了动手实验发现知识、探究规律的方法和策略，为自主学习提供了经验保证。

三、学会质疑问难

会学，就是要让学生会发现问题、能提出问题。如果学生善于发现问题和提出问题，并使这些问题经过教师的引导或者学生的讨论得到解决，则不仅会促进学生更加深刻地理解所学知识，更能从中培养学生自主学习的能力。但小学生受知识、年龄等限制，有的胆小不敢质疑问难；有的满足于一知半解，不愿质疑问难；更多的是难以把握知识要点，不知所云，不会质疑问难。因此，我们要创设条件，努力营造氛围激发学生质疑问难。

例如，教学“三角形的认识”时，在引导学生按角的不同把三角形分成三类后，为了使其更进一步理解三角形概念的外延，可以启发学生对这三个概念进行质疑：直角三角形、钝角三角形只根据三角形中有一个角是直角或钝角就可以判断，为什么锐角三角形要根据三个角都是锐角才能得出呢？对此质疑进行分析：逐个用纸板遮住三角形的两个角或一个角，判断它是什么三角形。通过讨论、分析、比较后，学生自己提出的疑问得到了解释：因为三角形的三个角中，钝角、直角最多只能有一个，而锐角可以有三个，所以判断锐角三角形必须三个角都是锐角才能确定。这样才能使学生对这个知识点达到真正融会贯通。对小学生来说，虽然质疑问难的学习方法开始时较难掌握，需要教师的启发引导，但学会了质疑问难，也就是掌握了自主学习的“金钥匙”，学生便可以在发现问题、解决问题，再发现、再解决的过程中不断完善自己，发展自己。

四、学会数学思想的方法

在小学数学教学阶段有意识地向学生渗透一些基本数学思想方法是提高学生思维素质，培养学生分析问题、解决问题能力的重要途径，也是小学数学教学进行素质教育的一个突破口。让学生学会数学思想的方法，无疑是给学生的思维插上了双翅，为学生的终身学习打开了窗口。在小学阶段，数学思想主要有符号思想、化归思想、类比思想、分类思想、函数思想、建模思想等。

例如，通过割补、平移，将平行四边形转化成长方形来求面积，三角形和梯形也都可以转化成平行四边形来求出面积，圆也可以通过分割转化成长方形。这些图形面积公式的推导，都是运用变换思想，将原图形通过割补、平移、翻折等途径加以“变形”，把未知图形的面积计算问题转化成已知图形的面积计算问题，可使题目变难为易，求解也水到渠成。学会这种把新知转化为旧知，再利用旧知解决新知的化归思想方法，学生在今后的学习中，以及解决实际问题中都获益匪浅。

五、学会总结学习过程和方法

科学的学习方法来源于成功的学习实践。在进行学法指导时，要注意在学生主动参与认知的过程中不断引导学生回顾学习过程，帮助他们从一点一滴零散知识的学习中揭示出学习规律，以便今后自觉运用这些规律去探求新知。中高年级学生通过回顾学习过程，不仅可以领会掌握知识的方法，而且可以进一步完善知识结构。

例如，学生在学习“三角形、平行四边形和梯形的认识”时，通过理解形成图形的概念和探索掌握图形特征两个阶段的学习后，三种图形的空间观念已经形成。于是教师让学生闭上眼睛，回忆“我们今天是怎样认识这些图形的，是怎样发现这些图形的特征的”，进而意识到学习的新知识是通过观察、操作、读书、比较、想象、练习等一系列学习活动去尝试、去认识、去发现而得到的。

再如，学习“小数乘除法”时，学生总结出“小数乘除法实际上就是在整数乘除法的基础上，增加了积、商的小数点定位知识”，进而意识到数学新知识都是在原有知识的基础上发展而来。这样在今后的学习中，就能主动地“见新思旧，化新为旧，以旧学新”。

教师要把学法指导渗透于小学数学课堂教学的各个环节之中，让学生在学习知识的过程中掌握学习方法，引导学生由“学会”向“会学”发展，掌握终身学习的本领。

一个课题，两种教法，三点感想

——从“三角形内角和”一课的教学说起

“三角形内角和”是苏教版新课标教材第八册的内容，教材从三角尺的三个内角相加出发，通过撕拼的方法验证得出三角形的内角和是180°。这是原来大纲版教材没有的内容。这次听了两位教师上的“三角形内角和”一课，感受颇深。我想就“三角形内角和”这个课题的两种教法谈几点感想。

【案例1】

（一）直入主题

师：同学们，我们已经学习了三角形的许多知识，今天我们来研究三角形的三个内角的关系。

（二）进行新课

第一层次：

请同学们拿出一副三角板，说说每个角的度数，再分别算一算每个三角板中三个内角的和是多少度。

师：通过计算你们发现了什么？

生：每个三角形的三个内角的度数加起来都等于180°。

师：我们能不能得出这样的结论——所有的三角形三个内角加起来都等于180°。

第二层次：

师：刚才我们量的是三角板上三个角的度数。现在请同学们自己画一个任意三角形，再量一量、算一算，三个角的和是不是180°。

生：是的。（其实有几个学生是接近180°的，坐在笔者前面的学生算出来的是176°）

师：我们还可以来验证一下。请同学们拿出自己剪的三角形，请你撕下三角形的三个角，把它们拼在一起，看能不能拼成一个平角。

（学生动手操作拼摆）

师：通过这个实验，你们发现了什么？

生：三个角拼成了一个平角。

生：三角形三个内角加起来等于180°。

师：我们还可以折一折来验证。再拿出自己剪的一个三角形，把左右两个角各向中间折过去，顶点相对，另一个角的顶点也向两角顶点对齐，这样可以对折成一个长方形（教师示范）。观察这三个角，你又发现了什么？

生：三个角顶点重合后，正好也是一个平角。

生：说明三角形的三个内角加起来是180°。

第三层次：

师：通过刚才的量、撕、折，我们能不能对三角形的三个内角的和下个结论？

生：三角形三个内角的和等于180°。

师：对！不论是什么三角形，三个内角度数的和总是等于180°。简单地说，“三角形内角和是180°”。这就是我们这节课要学习的新知识。

（三）巩固练习

求三角形中未知角的度数。（略）

【案例2】

（一）情境导入

教师拿出两个已经破损的仅剩半块的三角尺（如图，这是老师特意安排的教具），展示给学生。

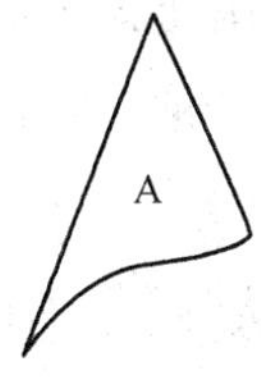

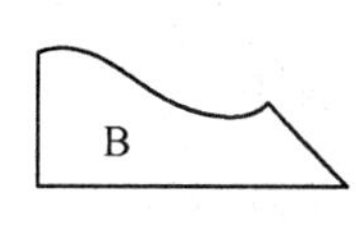

师:同学们,我们学习了三角形,就要用三角尺,今天老师拿来了两块三角尺,都只有半块,你知道它们原来的形状吗?

(二)新知探究

第一层次(发现问题):

同学们认真地观察着这两个半块三角尺,进行着思考和想象。过了一会儿,大家开始展开讨论:有些学生认为选 A,因为比较大,能知道原来的形状;有些学生提出不同意见,认为大不能解决问题,因为一个角的两条边哪一条长,哪一条短无法确定,而且还可以无限延长,越延长,三角形就越大,因此原来的形状、大小不能确定;也有些学生认为选择 B,因为这块有两个角,延长两条边一定会相交于一点,就能得到与原来形状、大小完全相同的三角形;有的学生干脆拿出了纸和笔画起来。在同学们充分讨论后,老师结合学生的回答,电脑进行演示,使学生直观地感知到,只有一个角的 A 块,形状、大小是不确定的。有两个角的 B 块,当延长两条边时,会相交于一点,形成一个三角形。这个三角形不能再变化,所以它的大小和形状也是确定的了。

师:通过分析、比较,你们想知道些什么问题?

生:为什么三角形中两个角确定了,第三个角也就被确定了呢?

第二层次(合作探究):

师:既然大家想知道"为什么三角形中两个角确定了,第三个角也就被确定了"这个问题,那么我们大家来合作探究一下。

先猜想一下,三角形的三个内角之间可能会存在怎样的关系?

你想怎样探究这个问题?

你用什么方法证明自己的猜想是否正确?请试着证明一下。

你的结论是什么?

你觉得自己的这种证明能让别人信服吗?还有其他的证明方法吗?

学生们以小组为单位,紧张地思考着要探究的问题,大胆地提出自己的猜想,并尝试着进行各种实践证明……在近 10 分钟的自主活动之后,学生充分展示了自己的思考方法和探究过程。

生 1:我们小组从"两个角确定,第三个角也就确定"这句话中联想到,第三个角的度数可能等于一个固定的数减去另两个角的度数，也就是三个角的度数的和是一定的。我们小组先把三角尺三个角的和算出是 180°，而且两把尺的三个角的和都是 180°。所以我们猜想，三角形的三个内角的度数加起来是 180°。

生 2：我们小组也是这么想的，但三角形的三个内角的和是不一定的。我们每人画了一个三角形，然后量出它们的内角后再求出和，结果 6 个三角形的内角和都不一样。分别是 178°、181°、179°、178°、182°、180°，所以我们认为三角形三个内角的和是不一定的。

生 3：我们也一样，也认为三角形的三个内角和的度数是不一定的。不过，我们发现三角形的内角和的度数是在 180°左右发生变化。我们 6 人算出的度数分别是 179°、181°、182°、176°、180°、178°。从第二组同学求出的三角形三个内角的度数和来看，也是在 180°左右。所以我们也猜想三角形的三个角的度数和可能是 180°。

生：我们认为三角形的内角和是 180°。刚才，有些同学算出的内角和是 178°、179°、182°等，我认为可能是由于量角时的误差所造成的。

生 4：我们猜想三角形的内角和是 180°。我们用实践也证明了是正确的。我们剪下一个三角形的三个角，然后拼一拼，发现三个内角拼在一起，正好拼成一个平角。所以，我们认为，三角形的内角和是 180°。

师：是吗？你能上台演示给大家看看吗？（学生上台拼，其他学生目不转睛地盯着看）

师：这一组同学用实验的方法验证自己的猜想是否正确。这是进行科学探究的一种方法，我们应该向他们学习。那么同学们能不能用已有的知识，通过实践来证明自己的猜想是否正确呢？

（学生继续合作讨论探究）

又经过近 10 分钟的一番探索实践，学生终于对三角形的内角和作出了证明：

通过对折三角形的三个角，能得到一个长方形，三角形的三个内角正好拼成一个平角，是 180°；

两把相同的三角尺能够拼成一个长方形，长方形的四个角都是直角，和是 360°,原来三角形的三个内角正好是长方形四个角的一半,所以是 180°。

师:那么到现在,你能知道“为什么三角形中两个角确定了,第三个角也就被确定了”的道理了吗?

第三层次:

通过刚才的分析和探究,我们能不能对三角形的三个内角的关系下个结论?

(三)实践应用和拓展提高

师:我们的生活中到处都有数学,数学能帮助我们解决生活中的实际问题。

下面的问题,谁能很快回答?

(1)杨老师家的一块三角形玻璃碎成了两块(如图),该拿哪一块去配新的三角形?说说你的道理。

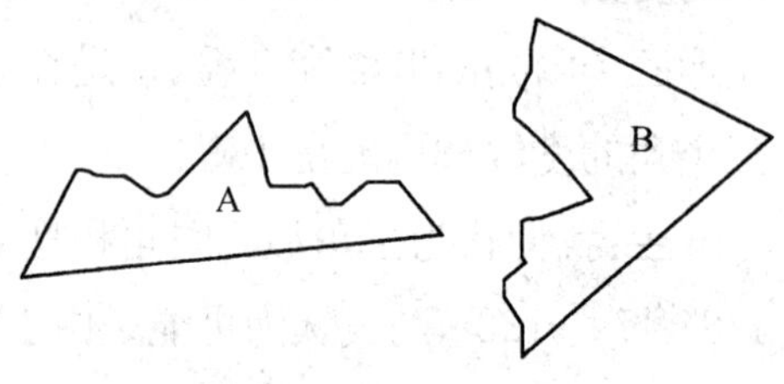

(2)一个三角形剪去一个 30°的角以后,所剩图形的内角和是多少度?

感想一:怎样的操作活动更有效?

两个教学案例中都有学生的操作活动,而且在形式上很相似,但存在本质的区别。案例 1 中学生的“量”“撕”“折”等一系列操作活动,都是在机械地执行教师的一个个指令,学生并不清楚为什么要进行这些操作活动。这样的操作活动缺少探究味,思维锻炼不多,仅仅是为了得出某个数学结论,因此难以培养实践能力。而案例 2 中的整个探究实践活动,问题是开放的,目标是明确的,思维是发散的,操作是自由的,结论是待定的,学生始终是积极主动的,学生的认识在问题不断出现并不断被解决的过程中被深化。

感想二:怎样的探究活动更有意义?

两个案例都是让学生探究“三角形三个内角加起来是不是等于 180°”。案例 1 的复习已经直接为新知做准备,探究的课题是教师直接提出的,学生按教师的指令进行操作,从而得出三角形内角和的结论。得出结论后又未能引导学生检验验证,而是急于巩固练习……教师的主导作用体现得过于充分，而学生的主体作用发挥得微乎其微。案例 2 的教学重视了学生亲身经历探究发现知识的过程，从问题情境引入，使学生自发提出所要探究的问题。对于想要探究的问题，学生先从自己的生活经验出发，用自己的思维方式提出猜想，对于自己的猜想进行验证，最后获得结论。同时对于自己的证明方法进行反思，对自己原先的猜想重新加以判断。最后在师生、生生之间的辩论中逐步使学生发现三角形内角和的知识。这样的探究是学生自发的、自主的、有积极性并饶有兴趣的，学生在合作交流中学习科学探究的方法，为今后的学习打下了坚实的基础。

感想三：怎样使数学知识更有生活味？

学生的数学学习应当是现实、有趣、富有挑战性的，学生学习的不仅是文本课程，更是体验课程，这正是数学课程标准中提出的新境界。案例 1 中从复习到巩固，解决的都是数学问题，脱离了学生的生活实际，使学生感到数学枯燥、乏味。而案例 2 中情境导入就是学生生活中常见的现象，解决的问题也是学生生活中可能会遇到的问题，这样的问题学生在解决时会充满信心，尤其在完成时会有一种说不出的愉悦和满足感。因此，我们的数学必须从书本数学走向生活数学，让学生置身于现实的问题情境中，在解决生活问题的过程中发现数学的知识，并运用知识更好地解决生活问题。

从“圆的认识”教学谈探究的有效性

自主探究是新课程倡导的重要学习方式之一，所谓自主探究是通过学生自主独立地发现问题、实验、操作、调查、搜集与处理信息、表达与交流等探索活动，获得知识、技能、情感与态度的发展，特别是探索精神和创新能力的发展的学习方式和过程。培养学生自主探究能力作为数学教学的重要目标之一，已成为课堂教学改革的重要方面，因此在教学中教师非常重视精心设计教学过程，让学生自主探究，发现知识的形成过程，从而理解和掌握知识。但怎样的学习过程才是探究？怎样的探究才是有效的探究呢？我们来看这样两个“圆的认识”的案例。

【案例 1】

师：请同学们拿出信封中的一个圆(教师事先给每个学生准备了一个信封，内有许多与圆相关的学具)，我们把它对折一下，打开，发现了什么？

生：我们发现有一条折痕。

师：把这条折痕用笔描一下。再换一个方向对折，打开，又发现什么？

生：又是一条折痕。

生：两条折痕相交。

师：再把折痕描一下，把相交的点也描一下。然后再换方向对折，又发现了什么？

生：一条折痕，相交于原来的点。

师：这些折痕，我们把它叫做圆的直径，相交的点就是圆心。

……

师:找一找,刚才我们画了几条直径?你还能画吗?说明了什么?

生:还能画,说明了圆有无数条直径。

师:半径呢?

生:也有无数条。

……

教师由于担心学生的能力,设计了这样一连串的问题,学生在解答了这些问题后,“发现”了圆的特征,掌握了圆的知识。但这样的过程是学生自主探究吗?能培养学生的探究能力吗?粗看新的知识都是学生发现的,但这种发现是在老师一个个问题的提示指挥下成功的,这对于培养能力有何作用呢?

【案例 2】

首先在黑板上画了一个不像圆的图形,然后问学生,这是什么图形?学生有的说是圆,有的说不是。那么究竟是不是圆,老师不作说明。

然后进入新知探究:请同学们以小组为单位,研究教材,比较图形来说明这个图形到底是不是圆,为什么?

通过近 10 分钟的探究,同学们一致认为:它不是圆。而在解决“为什么”时,已进入学习圆的特征了。

原因 1:它不是一个封闭图形。

原因 2:它的中心到边上(如果是圆,就应该说是圆上)任意一点的距离不相等(这是关于半径的特征)。

原因 3:它不是轴对称图形。

原因 4:如果能对折,它的每一条折痕不会都经过中心点(其实也没有中心点,这是关于直径的特征)。

……

通过探究与交流,学生基本把圆的特征归纳概括出来了,教学的任务也就完成了。这样的探究完全是自主的、独立的,它充分体现了学生为主体的教育思想,学生以自己的智慧发现了圆的特征,也掌握了圆的特征。

比较这两个案例,我们不难看出什么是新课程倡导的主动探究了。因此,本人认为,有效的探究必须符合以下几点:

一是探究需要欲望。探究的欲望，是学生进行探究的内驱力，它能使学生的探究行为从潜伏状态转入活跃状态，因此探究前要充分营造氛围，激发探究的欲望。案例2中，教师设计了生活中最常见的画圆活动，然后通过讨论是不是圆的问题展开探究，很切合学生生活实际，学生探究的兴趣不言而喻。而案例1，学生以回答教师问题为主，仿佛仅是少数学生的专利，因此学生的兴趣不高，参与面不广。

二是探究需要目标。探究要有明确的目标，因此精心设计一个能够让学生探究的问题显得很重要。案例1中没有一个明确的目标，教师的问题太多，学生也就无从探究。案例2中，“是不是圆，为什么?”是一个非常明确的目标，学生围绕这个目标进行探究，并想方设法完成这个任务，达到这个目标。这样学生就有了探究的方向。

三是探究需要空间。不是什么事情，什么问题都需要探究的，问题空间有多大，探究的空间就有多大。探究的问题不是学生一眼就能看明白，一下子就能想明白的，它需要认真观察、比较，脑子多转几个弯才能发现。因此必须精心设计一个有探究空间、有探究必要的值得探究的问题。案例1中，老师原想通过学生的探究发现圆的特征，但由于把探究的内容分解成了许多问题，而每一个问题，只要学生简单操作，看一下就能发现，没有深入探究的余地，所以很肤浅。而案例2中，学生探究的是“是不是圆，为什么?”的问题，要说明为什么，可以从不同的方面，结合教材中圆的特征，可以有不同的意见，有很大的探究空间。正因为这样，学生探究的范围广，思路阔，条件多，不同的学生可以有不同的答案，而综合各位同学的答案，就是教学的目标所在。

四是探究需要时间。探究是一个过程，需要有足够的时间。苏霍姆林斯基曾说过，“自由支配的时间是学生个性发展的必要条件”。他所说的自由支配时间实际上就是学生自主学习的时间，同样也是探究的必要条件。有了时间的保证，学生才能完成探究的过程。像案例2中，教师提出了“是不是圆”的问题后，给予充分的时间进行合作探究，正因为有了充分的探究过程，学生的发现很充分，获得的知识的结构也很完整。而案例1中，学生根本没有进行探究的过程，仅仅是回答了老师的一个又一个的问题，学习的过程匆匆而过；也因为没有进行探究，学生也不能有新的发现。

浅谈数学课堂教学中教师的“导”

《标准》指出:“学生是数学学习的主人,教师是数学学习的组织者、引导者和合作者。”所谓引导者是指引导学生积极参与学习活动,引导学生进一步探究先前的知识和经验,引导学生实现课程价值和超水平发挥,促进学生自主学习、自我发展。教师作为学习的引导者,应激发学生的学习积极性,向学生提供充分从事学习活动的机会,帮助学生在自主探究和合作交流的过程中,真正理解和掌握知识与基本技能,从而促进学生全面发展。引导的特点是含而不露,指而不明,开而不达,引而不发。那么在数学课堂教学中,教师如何真正成为“引导者”,并发挥出“导”的作用呢?

一、导在宏观方面

(一) 在情境中的导

注重情境是《标准》中的一个亮点,它能激发学生学习的兴趣,调动其学习的积极性,又能使枯燥、抽象的数学知识更贴近学生的生活,使学生在生动有趣的情境中获得基本的数学知识和技能,体验数学的价值。

1. 情境中的导,要导出学生的兴趣

“知之者不如好之者,好之者不如乐之者。”发展与教育心理学的研究表明:兴趣是一种带有情感色彩的认识倾向,它是以认识和探索某种事物的需要为基础,推动个体去认识事物、探求真理的一种重要动机,是学生学习中最活跃的因素。有了学习兴趣,学生就会在学习中产生很大的积极主动性,从而产生某种肯定的、积极的情感体验。因此教师应当精心设计、创设教学情境，在情境中激起学生的学习兴趣，引发学生强烈的求知欲，使学生在兴趣驱使下探求新知。

比如，学习“百分数的认识”一课的导入：

学校篮球队要选1名队员，体育教师组织了几位学生进行投篮比赛。

姓名	投中次数
王旭	16
陶雨	18
沈昱帆	11

看了这个结果，你觉得选谁去？为什么？

只比较他们投中的次数是不科学的，也不全面，还要知道他们投篮的次数。

姓名	投中次数	投篮次数
王旭	16	25
陶雨	18	30
沈昱帆	11	20

看了这个结果，你觉得选谁去？为什么？

要求出投中的次数占投篮次数的几分之几。

姓名	投中次数	投篮次数	投中次数占投篮次数几分之几
王旭	16	25	
陶雨	18	30	
沈昱帆	11	20	

在生活中，为了便于统计和比较，通常把这些表示比率的分数写成分母都是100的分数来表示……

这样把教材静态的图片转化成动态的过程性展示，思考的过程一览无遗。而每一个环节又把学生的思维紧紧抓住，因为怎样才能比较出最好的一个，也是学生迫切想解决的问题，在这样的心境中进入百分数的学习，学生兴趣盎然。

2. 情境中的导，要导入教学的主题

《标准》提出“让学生在生动具体的情境中学习数学”。确实，创设有意义的数学情境能激发学生的学习兴趣，但是现实课堂中，有些教师为情境而情境，画面花花绿绿，眼花缭乱，学生看半天，都没能发现主题。

例如，有位教师上“平移与旋转”一课，设计的情境是苏州乐园众多的游乐项目。学生情绪高涨，气氛活跃。

师：从这幅图上，你看到些什么？

生：我看到了“小小世界”“恐怖城”“狮子山”“冒险岛”“旋转木马”等。

师：你最喜欢什么项目？这个项目是怎样玩的？

生：我喜欢……它是……

……

时间过去了5分多钟，学生始终没有发现平移和旋转。

其实，本课例只要选择几个有代表性的项目如青蛙跳、高空弹射、缆车（平移），旋转木马、大风车（旋转）等就可以了。而像“恐怖城”“小小世界”都不必呈现。同时教师要紧紧把握住学生的活动，正确、恰当、及时地把学生引导到教学内容上来。

（二）在新知探究中的导

新知探究是课堂教学的重要环节，《标准》强调“动手操作、自主探索和合作交流”的学习方式。在这一环节中，教师更要注意提纲挈领、引导得当、精心设计，将学生引导到探究的轨道上，经历知识的形成过程，引导他们在自主探索和合作过程中，“真正理解和掌握基本的数学知识和技能、数学思想和方法，获得广泛的数学活动经验”。

1. 新知探究中，要导出知识的前因后果

《标准》指出：“要让学生亲身经历将实际问题抽象成数学模型，并进行解释和应用的过程。”因此在新知探究中，教师要通过多种教学手段，引导学生通过探究，经历和发现知识的形成过程。

例如，“减法的简便计算”教学，为了让学生在充分感知的基础上发现“一个数连续减去两个数就等于这个数减去两个数的和”，教师出示几件物品及它们的价格，假设给学生一些钱，让他们随便买两件物品，问还剩下多少钱？学生会列出各种可能的连续减和先加再减的算式。然后引导学生在整理的过程中发现计算结果相等的算式存在以上规律，并通过自己出一些题目进行求证。这样使学生经历这一规律的发现过程，可以让学生掌握牢固，运用自如。

2. 新知探究中，要导向学生的思维训练

《标准》强调，要使学生获得对数学理解的同时，在思维能力等方面得到进一步的发展，因此教师在教学中必须积极引导学生进行思维的训练，培养学生的思维能力，掌握探究的方法。

例如，学习"长方形面积"一课时，先让学生猜想长方形的面积大小与什么有关，然后提供一些1平方厘米的正方形方块，让学生合作拼成长方形，并整理活动记录（填表）。

长方形的长（块）				3				……
长方形的宽（块）				5				……
长方形的面积（块）				15				……

在学生填写完记录后，教师要积极引导学生对照记录，发现长方形的面积与长、宽之间的联系，并形成共识，从而得出面积计算的公式。

上述探究活动，实际上是经历了一个数学化的过程，即从动手操作中的现象表征到总结发现规律，得出通用计算方法表征的建模过程。学生从中不仅建构了长方形面积计算的方法，而且也获得了数学思考与探究活动的经验。经历这样的探究活动，学生不但品尝到创造数学的乐趣，而且也感受到自己思维的力量。

（三）在实践应用中的导

实践应用阶段是在学生基本掌握新知以后的阶段。这是学生初步应用知识到熟练应用知识解决问题的过程，因此教师应引导学生通过应用知识进一步掌握知识技能，并且拓展知识的外延，能将相关联的知识联系起来，综合、灵活地应用相关知识解决问题。

1. 实践应用中的导，要导深

新知探究阶段学生通过探究发现的知识、规律，只是初步的感知，因此实践应用中要将这一知识深入剖析、挖掘，使学生能深入理解，并熟练应用。

例如，在学习"三角形三边关系"之后，教师设问：老师要做一个三角形，现在有两根吸管，一根长 5 厘米，另一根长 18 厘米，该怎样剪才能做成三角形？如果要边长为整厘米数，有几种剪法？

起初，有的学生看见 5 厘米，就说剪成 1 厘米和 4 厘米，很多学生认为把 18 厘米剪成 5 厘米和 13 厘米。这时老师及时引导学生思考：① 剪 5 厘米的那根行不行？为什么？② 把 18 厘米剪成两段，其中一段加上 5 厘米要比剩下的多就行了。

2. 实践应用中的导，要导广

由于新知探究过程中，学生获得的知识是针对比较单一的新知识点，比较狭窄，因此必须通过实践应用加以拓宽。教师要将数学知识与其他相关的知识、相关的学科、生活问题、社会知识联系起来，以进一步丰富知识，使学生能将新知建构在已有的知识体系中。

例如，在学习了"平均数"以后，说说在唱歌比赛、文艺会演比赛等项目中求平均数的方法，以及为什么要去掉一个最高分和一个最低分等；甚至还可联系中位数、众数，进一步理解平均数的含义。再如，设置问题：某公司招聘广告上称，平均工资为 1200 元，但小王应聘后，工资仅 800 元。这是为什么？

（四）在课堂小结中的导

1. 课堂小结中的导，要导出情感体验

新课程注重学生的情感体验，教师要激发学生的情感，促进学生学习数学兴趣的提高，尤其在课堂行将结束时，激起学生共鸣，这样就能收到意想不到的效果。

例如，在学习"统计"一课时，让学生统计出本班同学家庭每月、每年丢掉垃圾袋的数量，以及污染的面积，使学生深切感到环境保护必须从小事做起，从我做起，激发学生的环保意识。

2. 课堂小结中的导,要导向课外延伸

教师不但要在课内激发和维持学生自主参与的热情,更要引导学生将课内迸发出的参与热情有效地延续到课后,以促使其在课外积极主动地探索数学知识的奥秘,并因此体验到数学知识散发出的魅力,进一步激发其学习数学的浓厚兴趣。在学生已成功构建新的知识体系的基础上,将所学知识的运用范围扩大到课堂外、学科外、学校外。

例如,教学"统计"时,在学生掌握了统计方法后,引导学生走出课堂,走向社会,调查车流量、环保、市场等,并收集信息,形成调查报告,其中发现的一些问题还可以向有关部门反映。

二、导在课堂教学的微观中

1. 导在"卡壳"时

现代课堂教学以学生为主体,以学生质疑问难为自主学习方式,但由于学生的认识水平、生活经验、生活环境的不同,有时学生提出的问题非常"古怪",于是课堂上出现了"卡壳",这时教师应该积极疏导,将"淤塞"导向"顺畅"。

例如,在解课本上"一个长方体水箱,量得它的长、宽都是 1.2 米,高 1.5 米,这个水箱可存水多少立方米?"一题时,突然一位学生站起来说:"求出的这个长方体的体积不等于能存放水的体积。"而且语气强烈,可想而知是理由充足。许多同学一惊,都望着老师,等待着……这时教师并没有反驳该学生的意见,而是引导学生们展开讨论(老师也发现了这个学生的想法是有道理的):"这样的想法有没有道理?你是怎么理解的?"同学们通过讨论,一致认为,该学生的想法有一定的道理,题目中没有考虑箱体的厚度,也没有说明是从外面量还是里面量得的数据。在这个过程中,学生的创新思维和主动思考的积极性得到了充分的尊重,心中的疑惑也得到了疏解。

2. 导在争辩时

"辩",能最大限度地激发学生的智慧,使学生思维迅速发散与集中,扩大信息交流量和思维量。新课改强调"不同的人在数学上得到不同的发展”。因此教师要引导学生能充分发表各自的意见，并开展辩论，从正、反两个方面分别阐述自己的观点，引起全班同学的评判，最终达到澄清，达成共识。

例如，在学习长方体前，一学生说“球，也是平面图形”。

这时，是直接否认孩子还是听听孩子的想法？理智的做法，是让学生议一议。

“球是圆形吗？”教师问孩子们。更没想到的是，赞同的与反对的学生竟是各占一半，形成了两种观点。

“那请你们讨论一下，圆与球有什么相同与不同呢？”教师便让孩子们分组讨论这个问题。

孩子们纷纷争论起来，争论得很激烈，很精彩。在小组交流时，孩子们亮出了自己的观点，从孩子们的发言中，教师知道了孩子们在比较中与辩论中，对平面与立体图形有了新的建构，便顺势揭出了“立体图形”这个概念。通过对“圆”与“球”这两个原本与本节课不相干的知识点的学习，孩子们学习的热情被激活了，思维活动的活跃度比起原先预想的更为激烈与刺激。

3. 导在关键点

教师的引导要抓住时机，在学生理解的关键点予以引导和点拨，能使学生积极思维。

例如，在学习“分数应用题”时有一题：“某班有学生不到五十人，其中女生正好是男生的80%，这个班有学生多少人？男生和女生各有多少人？”学生初见这道题，都面面相觑，无从下手，都认为无法解答。这时教师作了如下引导：“想一想，学生人数应该是个什么数？”“女生人数是男生人数的80%是什么意思，可以怎样理解？”一下子，学生思维的闸门打开了，很快，学生提出了许多不同的解法，有的用分数解，有的用比例解，有的用方程解……一道看似无法解答的题，由于教师在关键处点拨了一下，便迎刃而解了。

4. 导在意外处

现代课堂追求生成，确实课堂教学也不可能都在教师的预设之中，有时课堂会出现意外，这时更需要教师的正确引导。

例如,教学“认识一位小数”时,以“文具超市”这一学生非常熟悉的生活现象导入新课。多媒体展示的生活情境引发了学生的学习兴趣。由于有生活经验及整数知识作基础,学生积极主动地试读小数,大胆猜测整数与小数的区别。教学将顺利地进入第二环节时,不料一学生手举标价“3.50元”的圆珠笔问道:“为什么我的笔3.5后面有一个0?”未等我回答,有人已抢着发表自己的意见,比如:“5元的物品有写成5.00元的。”面对反应热烈的学生,我及时表扬他们善观察、爱动脑、敢发问的优点,并肯定商品的标价经常是有在小圆点的后面出现一个或两个零的情况。接着说道:“今天屏幕上的数,小数点后面都没有‘0’,是不是电脑博士不小心写错了呢?同学们只要继续与老师一起研究,就肯定会找到令你满意的答案。”

5. 导在意犹未尽处

数学学习虽然是抽象的、枯燥的,但只要教师联系儿童生活,同样能上出意味,激发学生进一步学习的欲望,达到“言尽而意不尽”“课结束意犹存”的境界。

例如,笔者对“轴对称图形”教学的小结:我们通过研究轴对称图形的特点,欣赏和发现了众多生活中常见的轴对称现象,相信大家的兴趣很高,你们一定也想自己设计一幅或几幅美丽的轴对称图形吧!那就请大家展开想象的翅膀,在方格纸上设计一幅吧!同学们在如此激昂的鼓动下,挥毫作画。

“导”应贯穿于教学过程的始终,导的时机可以灵活选择,既可以在课前,又可以在课中,还可以在课后;既可以在讲授新知中,又可以在综合复习中进行。教师要根据教材的知识特点和学生的认识水平,运用各种教学手段和方法,引导学生对知识的内容、结构、实质等方面进行思考、探索,变被动接受为主动探索,在学生思路受阻或出现偏差时,能及时点拨,绕过障碍,使学生茅塞顿开。

浅谈如何在小学数学课堂中引导学生自主学习

《基础教育课程改革纲要(试行)》指出:“教师在教学过程中应与学生积极互动、共同发展,要处理好传授知识与培养能力的关系,注重培养学生的独立性和自主性,引导学生质疑、调查、探究,在实践中学习,促进学生在教师指导下主动地、富有个性地学习。”但传统的小学数学教学模式却仍然过度强调知识的传授,学生大多处于被动接受的地位,学生的自主学习能力得不到提高,直接影响着课堂教学的质量。强调学生的自主学习不仅可以提高学生掌握知识的速度与进度,同时可以使学生获得成功的情感体验,确立正确的学习态度与价值观。

一、抓住数学学科特点,引导学生参与自主学习活动

1. 数学知识生活化,激发学生自主学习的兴趣

数学知识来源于现实生活。小学数学心理学告诉我们,小学生对生活中的数学问题更容易产生兴趣。因此从学生的生活经验出发,让学生亲身经历将实际问题抽象成数学模型,既能提高学生自主学习的积极性,又能使学生在思维能力、情感态度与价值观等多方面得到进步与发展。

例如,在教学“小数加减法”时,结合学生购物的生活实际,创设相关的情境,让学生根据需要进行模拟购物,并列出算式,再进行尝试性的计算。学生会提出用加法、减法、连加等计算的问题,如:① 小明和小丽一共用了多少钱? ② 小芳比小明少用多少钱? ③ 三个人一共用了多少钱? ……在解决问题的过程中,把本课的知识要点数位(小数点)对齐(即相同单位相加

减)、不进位、进位、整数部分退位、小数部分退位、连加等一一突破。

用学生熟悉的生活问题情境解释数学问题,能使学生体会到数学就在身边,感受到数学的作用,对数学产生亲切感,激发学生学习数学的主动性。

2. 数学知识系统化,吸引学生自主参与学习活动

小学数学学科的知识、技能、方法等都是内在联系的,并且总是相互作用彼此影响。当学生触及那些“源于已知又发展已知的新的东西”时,就会因不能由已知顺利过渡到未知而产生困难。这时教师可以组织讨论,激发学生原有的知识点,让“新知之舟泊于旧知的锚桩上”,从而使学生积极主动、顺理成章地获取知识。

例如,在学习“比的基本性质”时,通过比与分数、除法的比较,学生发现比与分数、除法是有共同特性的,那么分数和除法都有基本性质,比有没有呢?然后引导学生把分数的基本性质和商不变性质进行分析比较,让学生发现,比也有这样的性质。这样把新知与旧知联系起来,学生的自主学习有了台阶,参与的热情会不断提高。

3. 数学作业趣味化,提高学生自主学习的主动性

心理学的研究表明,小学生具有极强的好奇心,他们会对新异的问题提出各种各样的疑问。在教学中,教师可以恰当地设计趣味性练习,诱发学生的好奇心,激发学生的求知欲,提高学生学习数学的主动性。

例如,教学“三角形的分类”时,课本上有这样一道题目:

下面的三角形都被一张纸遮住了一部分。只看露着的一个角，你能确定它们各是什么三角形吗？

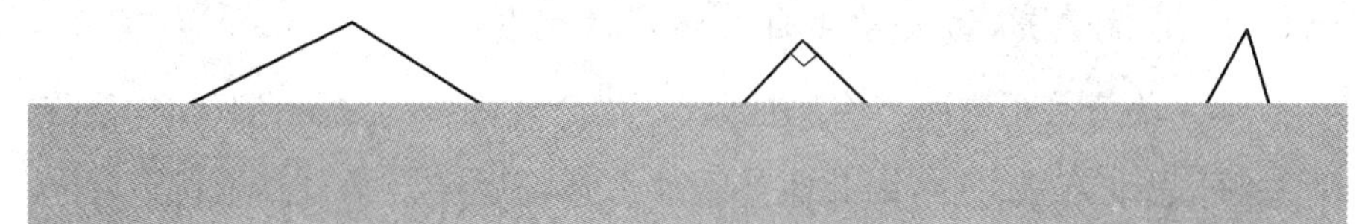

前两个三角形学生一猜就中，而第三个为什么不能猜中呢？学生感到好奇，便产生了主动探索的愿望。这时教师抓住时机让学生小组合作，自主学习，发现其中的知识要点。这样给学生制造认知冲突，就能让学生体会到数学是那么生动有趣、富有魅力，从而极大地调动学生自主学习的积极性。

4. 拓展数学文化史，激发学生自主学习的欲望

人类历史发展的过程包含着科学文化的发展过程，数学作为一种文化也不例外。在教学中我们可以加入数学发展史的内容，让学生看到古今中外许多伟大的数学家研究数学问题时锲而不舍的刻苦精神，以及他们研究问题的高超智慧，以此来提高学生学习数学的兴趣。

例如，在学习“比的知识”时，从“黄金比”导入，把学生引入探究美的情境中；在研究“素数、合数”时，结合数学家陈景润和“哥德巴赫猜想”的故事；在学习“圆的知识”时，介绍祖冲之及圆周率等等。发挥数学作为文化的熏陶功能，让学生受到潜移默化的教育，在不知不觉中喜欢上数学，产生自主学习的欲望。

5. 渗透数学思想，提高学生自主学习的品质

在人的一生中，最有用的不仅是数学知识，更重要的是数学的思想和意识，因此在小学数学的教学中要不失时机地对学生进行数学思想方法的渗透，掌握数学思想方法是数学学习的最高境界。课堂教学中渗透数学思想，能够有效避免“题海”带来的枯燥感，达到低密度练习，高质量效果，更能提高学生自主学习的主动性和积极性。

例如，在学习平面图形面积时渗透“转化思想”，让学生通过转化把不能计算的图形转化成已经学会计算的图形；在学习体积时，把不能计算的不规则物体转化成规则的物体等。学生在转换的过程中不断地体验到数学的神

奇，以及其中的操作、思维的过程和成功解决问题的愉悦，锻炼了数学思维能力和自主学习的品质。

6. 渗透数学美，诱发学生自主学习的动机

数学之美蕴藏于它所特有的抽象概念、公式符号、命题模型、结构系统、推理论证、思维方法之中，因此假如教师有意识地结合学科知识特点，让学生也能感受到数学之美，便能诱发学生自主学习的动机，积极投入到教学活动中。

例如，在复习"平面图形面积计算方法"时，通过动画演示，把长方形和平行四边形看成是上底和下底相等的梯形，把正方形看成上底、下底和高都相等的梯形，把三角形看成是上底为0的梯形，即把梯形的上底不断地变化，成为其他的平面图形，学生发现在图形的变化中，梯形面积公式"(上底＋下底)×高÷2"中的计算原理不变，使学生在变与不变中感受图形的美、公式的美、思维的美，让学生体验数学的和谐与统一。数学美不仅给学生视觉上的愉悦，也给学生的理解和记忆不少便利。数学美给人以精神享受，从而更激发起学生学习数学的兴趣，进而更为主动地钻研数学。

二、改进教学活动形式，促进学生自主学习能力的形成

1. 重视学习目的教学，增强学生自主学习的动机

学生学习目的明确、学习态度端正，是提高学习积极性的重要因素。教师要结合实际，向学生进行学习数学的重要性和必要性的教育，使学生明确学习数学的社会意义和实际价值，诱发其学习动机。同时，教师还要针对小学生的心理特点，通过在生活实例中引入数学问题，用数学知识解决生活问题，让学生感受到生活中处处有数学，体验数学学习的重要性，激发、培养学生正确的学习动机。

2. 建立和谐师生关系，培养学生自主学习的情感

课堂教学是师生双边的活动，教学过程不但是知识传授的过程，更是师生情感交流的过程。良好的师生关系与和谐愉快的教学气氛是学生敢于参与的先决条件，学生只有在不感到压力的情况下，才会乐于学习数学。教师

要放下“师道尊严”的旧观念，多与学生沟通，跟孩子们交朋友，在生活上、学习上多关心他们，从而激起学生对老师、对数学的爱。

3. 改进课堂教学设计，提高学生自主学习的主动性

(1) 创设认知冲突，激发学生的求知欲望。教育心理学研究表明，当学生的经验遭遇到理智的挑战时，就能够激发学生的潜能，促使学生充分地、自由地、快乐地思考，使学生在丰富经验、构建知识的同时获得积极的、深层次情感体验。

例如，在学习“能被3整除的数的特征”时，教师故意先让学生说说特征，由于受前面学习“能被2、5整除的数的特征”影响，学生很快会说是末尾为3、6、9的数，接着老师出示一组数：13、16、19、23、26、29，让学生判断，学生即刻发现只看尾数不行。然后让学生随意找四个数字，如：1、2、3、4，选择两个数字组成两位数，再除以3，看能不能整除，再归类填表。

选择的数字	1、2	1、3	1、4	2、3	2、4	3、4
组成的数	12、21	13、31	14、41	23、32	24、42	34、43
能不能整除	能	不能	不能	不能	能	不能
数字的和	3	4	5	5	6	7

由于日常经验和科学思维产生了冲突，学生迫不及待地寻求其中的道理。这样的设计能够激发学生强烈的学习动机，产生迫切需要了解的欲望，进而使学生积极参与到自主学习活动中去。

(2) 体验成功的愉悦，培养自主学习的乐趣。成功是最好的激励，学生学习成功而得到的快乐情绪体验是一种巨大的力量，它能使学生产生学习的强烈欲望。心理学研究表明，“跳一跳，摘得到了”的“最近发展区”，是最能调动学生学习积极性的“愤”与“悱”的最佳时机。因此，教师应设计好探索数学知识的台阶，使不同智力的学生都能获得经过自主学习而掌握数学知识的愉悦感，从而在心理上得到满足，激励他们渴望获得更多的成功。

(3) 设计开放习题，提高自主学习的主动性。现代的小学生喜欢看脑筋急转弯等趣味性、开放性的书籍，因此在小学数学教学中引入开放题符合

学生追求新异、独立思考的心理特点,极大地调动学生自主学习的积极性与主动性。

例如,学习了“长方体和正方体体积”后,设计一题:用一张长 40 分米、宽 20 分米的长方形硬纸板,以地面为底面,请你设计一个无盖的长方体(底面是正方形),这个长方体的容积是多少立方分米?这样的题目既要求把长方体和正方体中相关知识综合起来应用,鼓励学生动手动脑,训练学生的抽象思维,又符合学生的年龄特点,学生参与的积极性高,由于答案不唯一,学生之间产生争议,更能激起学生相互探讨的欲望,增强自主学习的主动性。

再比如,五年级“解决问题策略”一课后,要求学生设计租船方案:某班有 58 位同学到公园划船,那里有 5 人座的小船,每船每小时要 40 元;有 7 人座的大船,每船每小时 50 元。想一想,可能有多少种租船的方法?哪一种租船的方法最合算?这个练习符合学生特点,切合学生实际,学生探究的兴趣强烈,尤其是因为有不同的方案,学生在每提出一种方案后都能得到成功的体验,兴趣也越来越高,自主学习的需要不断被激发。

当然引导学生自主学习的方法还有很多,但从学科特点出发,精心设计教学过程,是提高学生自主学习积极性的基本良策。

追求有效课堂教学亟须解决的几个问题

新课程带来了新的气象，教师的教育观念、教学方式以及学生的学习方式都发生了可喜的变化。然而随着新课程实验的深入，某些教师对新课程断章取义地片面理解，课堂教学越来越花哨，架子很美，内在却很空虚，绣花枕头式的公开课、“作秀课”越来越多。于是一个非常现实的问题出现在大家面前：在追求有效课堂教学中，还存在着哪些亟待解决的问题？根据笔者平时的听课，现呈现给大家，以供共同探讨。

一、什么是创造性地使用教材

《标准》指出：“教师……要根据学生的情况，对教材进行再加工，有创造性地设计教学过程。”由此，有些教师便认为新课程要加工教材，“创造性地”使用教材，便成为“口头禅”。殊不知“加工”“创造”必须在钻研教材的基础上（毕竟教材是教育专家经过深思熟虑、精心设计选择的典型材料），围绕教学目标要求，紧扣教学内容，突出重点难点，进行精心设计和改编。但是现实课堂中，许多教师对教材的内涵未理解，人为地降低了要求，把教材中蕴含的内容、要求、思想遗漏了，以致在巩固练习与作业中的“补课”现象突出，有的还出现学生理解知识不彻底不深刻的情况。如“用字母表示数”一课，某教师改编教材：

师：小洁今年 10 岁，老师比她大 15 岁。老师今年几岁？

生：10＋15＝25 岁，老师今年 25 岁。

师：如果用字母 a 表示小洁的岁数，老师的岁数怎样表示？

生：$a+15$，老师的岁数就是$(a+15)$岁。

师：你还会用其他字母表示小洁的岁数吗？

生：我还可以用字母 b、c、x、h 等表示小洁的岁数。

师：那老师的岁数怎样表示呢？

…………

师：选一个你喜欢的字母表示你自己的年龄，你会分别表示出你爸爸、妈妈的年龄吗？

…………

这个案例中，教学的情境无疑是无可挑剔的，但通过用字母表示数的学习，仅仅是让学生学会用字母表示数的方法吗？当然不是，里面还蕴含着让学生"体会"用字母表示数比语言表示更有概括性，更便于记忆和运用；培养学生从数形向数字符号转换的思想；培养学生的符号感等思想和情感。

因此，我们在改编教材、创造性地使用教材中，必须深入研读课程标准中关于本教学内容的目标阐述，读懂读透教材的编写意图，掌握教材的内在知识要点。然后根据教材内容与学生实际情况，沟通生活中的数学和书本上的数学的联系，寻找教材中数学知识与学生生活情境相联接的切入点，对教材中的数学问题的具体情境和数据适当地调整和改编，以学生熟悉的、感兴趣的、贴近他们生活的数学问题来取代。

二、什么是新课程倡导的情境

《标准》提出"让学生在生动具体的情境中学习数学"。确实，创设有意义的数学情境能激发学生的学习兴趣，提高学习的积极性。但是现实课堂中，有些教师为情境而情境，PPT 画面花花绿绿，令人眼花缭乱，学生看半天，都没能发现主题。

例如，有位教师上"平移与旋转"一课，设计的情境是苏州乐园众多的游乐项目。学生情绪高涨，气氛活跃。

师：从这幅图上，你看到些什么？

生：我看到了"小小世界""恐怖城""狮子山""冒险岛""旋转木马"等。

师：你最喜欢什么项目？这个项目是怎样玩的？

生:我喜欢……它是……

……

时间过去了5分多钟,始终没有转入正题:平移和旋转。

其实,本课例只要选择几个有代表性的项目如青蛙跳、高空弹射、缆车等(平移),旋转木马、大风车等(旋转)就可以了。而像“恐怖城”“小小世界”都不必呈现。同时教师要把握好学生的活动,正确、恰当、及时地把学生引导到教学内容上来。

三、什么是合作学习

合作学习是新课程倡导的主要学习方式,它能很好地发扬教学民主,提高学生的学习积极性,促进个性发展,培养学生的自主探究能力和合作意识。但是现实课堂中,课堂教学热热闹闹的小组合作形式频繁出现,动不动就小组讨论,小组合作流于形式的较多。课堂上教师一说讨论,学生积极反应,聚在一起,叽叽喳喳。而引领组内“潮流”“唱主角”的往往总是那么几个学生,一些中等生和学困生常常是旁听者。

怎样才能有效地进行合作学习,发挥合作的功效呢?笔者认为首先作为教师要认真审核知识点有没有进行合作的必要。应根据教学的实际需要,选择有利于学生产生争论的、有价值的,而且每个学生凭个体又难以完成的内容。其次,学生间的交流、互助的前提应该是每个学生都有独立的时间和空间,让学生在充分独立思考的基础上交换意见,通过学生与学生的相互交流、相互帮助,真正实现每一个学生都能得到发展。再次,要选择恰当的时机。要在学生思考出现困难时、有争议时、答案多样化时、有比较时插入合作学习的环节,让学生充分发表自己的意见,并通过合作交流发现自己的缺陷,以不断完善自己的认知。最后,要加强合作的指导。学生合作学习,并不是让学生自由讨论,教师撒手不管,学生交流时,教师应该以听、看为主,适时进行点拨引导,并掌握信息,调整下一步的教学进程,提出共性问题,以供全班讨论等。

四、什么是探究能力

自主探究是新课程强调的学习方式的一个重要方面，培养学生自主探究能力作为数学教学的目标之一，其重要性教师也深深体会到了。但实际操作中，教师往往担心学生的能力，设计的探究活动比较肤浅，有的教师设计了一连串的问题，学生在教师的一个个问题的指挥下，亦步亦趋地“发现”了新知识、新规律。

例如，某教师在教学“圆的认识”时，学生的探究过程如下：

师：请同学们拿出信封中的一个圆（教师事先给每个学生准备了一个信封，内有许多与圆相关的学具），我们把它对折一下，打开，发现了什么？

生：我们发现有一条折痕。

师：把这条折痕用笔描一下。再换一个方面对折，打开，又发现什么？

生：又是一条折痕。

生：两条折痕相交。

师：再把折痕描一下，把相交的点也描一下。然后再换方向对折，又发现了什么？

生：一条折痕，相交于原来的点。

师：这些折痕，我们把它叫做圆的直径，相交的点就是圆心。

……

师：找一找，刚才我们画了几条直径？你还能画吗？说明了什么？

生：还能画，说明了圆有无数条直径。

师：半径呢？

生：也有无数条。

……

这样的探究，学生有自主性吗？能培养学生的探究能力吗？学生的发现是在教师一个个问题的提示指挥下成功的，粗看新的知识都是学生发现的，但对于培养能力又有何作用呢？

又如，“长方形和正方形认识”的教学，在学生初步认识了长方形和正方形后，教师抛出一个问题：长方形和正方形有什么相同和不同的地方？请大家以小组形式研究一下。就这么看似无从下手的一句话,学生们忙开了,有的量、有的折、有的画、有的剪,并且在小组内你一言我一语地讨论着。最后全班交流,“我们发现长方形中两条对边是相等的,而正方形是四条边都是相等的”;“我们发现长方形的四个角和正方形的四个角是一样的,都是直角”;“我们发现正方形可以向四个方向对折,而长方形只有两个方向”;“从正方形上剪下一个圆很方便,而长方形剪圆,要先剪成正方形,再剪……”

总之,追求有效的课堂教学是新课程改革的重要目标,只有真真切切理解新课程理念,才能跳出形式,真正融入新课程改革的大潮中。

数学课堂教学中学生思维能力的培养

在传统的数学课堂教学中，学生的思维能力往往停留于表象，拘泥于某种框架，存在着某种思维定式。要改变这种定式，教师就必须根据知识的内在规律和学生的认知结构，采用恰当的方法，使他们具有独立思考、勤于探索、追求新知、勇于创造的精神。现就数学课堂教学中如何培养学生的思维能力谈几点粗浅的看法：

一、设疑激趣，诱发思维

学，源于思，起于疑。学生的思维常常是从疑问开始的。因此，教师在教学中要善于设置疑问，使学生以疑生趣，以疑激思，调动其思维的积极性。

例如，在教学“利用乘法分配律进行简算”时，一上课教师就挑战性地宣布：“老师可以不用计算，很快知道 101 或 99 乘以任意一个数的积是多少，信不信？”同学们纷纷举手出题，老师不假思索，对答如流。同学们惊奇了，这到底是怎么一回事呢？求知的欲望被激发起来，同学们都在深思，期望找到诀窍，思维的热情达到了高潮，表现出了高度的学习积极性和主动性。

二、操作活动，培养思维

教师要让学生通过实践操作主动探索，获取新知，发展思维。比如，在教学“长方形面积计算”时，笔者设计了如下的操作活动：要求学生将

12个边长是1厘米的小正方形摆成各种不同的长方形。让学生分别说出这些长方形的长和宽的厘米数，再说说这些长方形的面积各是多少？为什么相等？然后要求学生口算出这些长方形的长与宽的乘积。教师板书如下：

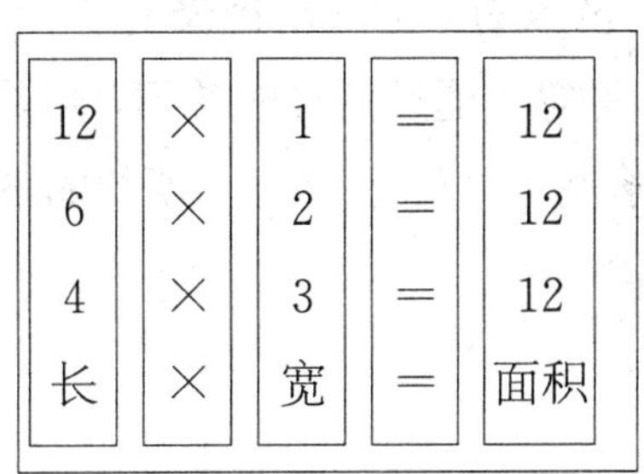

12	×	1	=	12
6	×	2	=	12
4	×	3	=	12
长	×	宽	=	面积

最后引导学生观察、比较上述这些算式，自己去发现长方形的长与宽厘米数的乘积和面积之间的联系，再指导学生运用归纳推理的方法，由他们自己抽象概括出长方形的面积计算公式。

三、拓宽思路，启迪思维

在教学中，教师要根据学生已有的知识观念，启发学生思考问题，使学生产生新的设想，作出新的判断，让思维跃上新的台阶。

例如，在教学“75×86+1024÷14×25”这道题时，常规性的解法是先求75×86的积与1024÷14的商，这种解法比较呆板。教师可以利用学生已知的乘法分配律反用的概念，启发学生思考：题中加号前的乘式中有75，后面乘式中有25，75和25正好能凑成整百数，如果1024÷14的商是86，不是就能运用更简便的方法进行计算了吗？这种合理的想象，活跃了学生的思维，拓宽了学生的思路。于是学生都明白了不应急于求出75×86的积，而是应该先求出1024÷14的商，然后运用乘法分配律求出结果。

四、设计练习，训练思维

设计恰当的、科学的练习，可以启迪学生的智慧，引导学生的思维沿着想象的阶梯拾级而上，从而使知识得到巩固、深化和发展。

例如,在学习了“分数和比”的知识后可以让学生根据“一段路已经修了它的$\frac{5}{9}$”这一条件进行练习:① 还剩几分之几没有修? ② 没有修的比已经修的少这段路的几分之几? ③ 没有修的与已经修的比是几比几? ④ 已经修的是没有修的几倍? ⑤ 没有修的是已经修的几分之几? ⑥ 没有修的比已经修的少几分之几? 等等。通过这样的练习,能够深化学生对分数和比的认识,全面透彻地理解题目,充分把握题目所给的条件,从而正确、合理地选择方法,使思维深刻化。

优化课堂教学行为，促成学生自主发展

小学阶段的学习是人的终身教育的起点站，我们的小学数学教学要注重让学生“获取终身学习知识的方法，学习主动参与教学实践的本领，获得终生受用的可持续学习的发展能力”，即让学生学会学习，为他们将来走向社会和终身学习奠定基础。因此，数学教师必须依据新课程标准的理念，不断优化自身的教学行为，促成学生的自主发展。

一、活用教材，让生活走进课堂

课程标准更多地强调学生用数学的眼光从生活中捕捉数学问题，探索数学规律，主动地运用数学知识分析生活现象，自主地解决生活中的实际问题。在教学中我们要善于从学生的生活中抽象数学问题，从学生的已有生活经验出发，收集、整理学生感兴趣的生活素材，重组、活用教材，并以丰富多彩的形式展现给学生，使学生感受到数学“无处不在”“生活中处处有数学”。通过学生熟悉的生活问题和社会问题，如购物、旅游、环保、体育等，为学生创设生动活泼、富有探究性的真实的问题情境，从而调动学生学习数学知识的积极性和主动性，激发学生的探索欲望。

例如，“估算”的教学，可以让学生估算一下从家到学校的路程、需要的时间；或估算一下外出旅游要带多少钱等。又如在“空间与图形”的教学中，组织学生分小组到操场上选定一个建筑物，让学生站在不同角度看这个建筑物，体会从不同的角度看同一个物体时，所看到的形状的变化，并用简单的图形画下来。这样利用学生生活中的事物，引导学生探索图形的特征，丰富空间与图形的经验，建立空间观念。再如教学“圆的周长”后，求环形跑道的长度，可以让学生在学校操场的跑道上走一圈，感悟一下环形跑道长度的组成，再及时组织、引导学生进行交流，学生就能由感性的认识上升到理性的认识，空间观念得到进一步发展。

在教学中引导学生寻找生活中的数学问题，既可积累数学知识，还能通过切身的问题感受到学数学的价值所在，同时也是培养学生探索意识和应用意识的有效途径。

二、提供机会，让学生表现自己

促进学生全面自主发展，是现代教育的基本理念。教师要从学生的角度看待小学数学教学，学生不再是被动学习的机器。因此教学中教师要向学生提供探索、讨论、实践、调查和解决问题的各种机会，教师在教学过程中要成为信息的“重组者”、生成的“推动者”。教师教学的基本方式也不是“授予”，而是“引导”，要真正让学生主动参与学习活动，要给学生的思考和发展留下充足的时间和空间。

例如，学生在学习第一册教材“比长短”这节内容时，教师可先让学生仔细观察三支铅笔、两把尺和三根小棒，感知这些物体有长有短，从而激发起他们学习的兴趣。在此基础上提问：“你是怎么知道这些物体有长有短的呢?”然后给予学生充足的时间，让他们通过分组活动、合作探究体验比较物体长短的方法。接着再小组汇报，小组汇报时，让学生充分说出自己的想法，比如：我是看出来的(直觉)；我是把物体平放在桌子上，一端对齐或竖着戳在桌面上，比出物体的长短的；等等。尽管学生观察、比较的方法不同，但得出的结论都是相同的，只要他说得有道理，都给予肯定。在让学生进行了充分的发言之后，再向学生揭示比较长短的一般方法：能直觉看出来的，很好；不能直接看出来的，我们一般把要比的几个物体一端对齐。在师生互动的共同活动中，探究并发现了比长短的一般方法，由于给予了学生充分表现的时空天地，学生的积极性大大增强，思考、表达的欲望空前高涨，学生的自主性得到充分体现。

三、注重过程，让学生学会自主探索

苏霍姆林斯基说过，“在人的心灵深处，都有一种根深蒂固的需要，就是希望自己是一个发现者、探索者。在儿童的精神世界里，这种需要特别强烈”。因此，当学生对某种感兴趣的事物产生疑问并急于了解其中的奥秘时，教师不能简单地把自己知道的知识直接传授给学生，令他们得到暂时的满足，而应该充分相信学生的认知潜能，鼓励学生自主探索，让学生经历观察、实验、猜测、推理、证明等数学活动过程，去大胆地“再创造”“再发现”数学。

例如，“分数意义”的教学，教师可让学生事先准备充分的材料（实物、长方形纸、正方形纸、小棒等），上课后教师提出：“你能把这些物体或图形平均分吗？平均分之后你可以得到哪些分数？你能说出这些分数表示的意义吗?”然后让学生动手操作，并写出相应的分数。学生都饶有兴趣地投入到自主探索的活动之中，充分自由地选择材料，调动已有的知识经验进行探索。整个过程，学生在教师的点拨下，始终循着自己的思考在积极主动地发现、探索，深刻地经历了知识形成的全过程。他们经过自主探索，“再创造”了数学知识，其成功后的喜悦定然也能激励他们再去“创造”新的数学知识。

四、实践运用，让学生感悟知识价值

实践应用好比是在理论知识与生活实际之间搭起的桥梁，是以学生所学的数学知识为基础，让学生通过应用，拓宽知识范围，并观察和感悟所学数学知识在生活实际中的作用。因此，实践应用也应选择学生熟悉的生活和所感兴趣的事物、事件，充分利用学生生活环境中的人和事，适时创设问题情境，促使学生以积极的心态用学到的知识去解决实际问题，让学生有更多的机会从周围的事物中体会数学和理解数学，让学生体验到数学知识就在身边，生活中充满数学，用数学能解决许多生活问题，感受到数学的趣味和价值，体验到数学的魅力。

例如，在学习“统计”后，教师组织学生参与贴近他们生活实际的活动，如数一数学校里老师的汽车、摩托车、自行车的数量等实践活动，让学生经历收集数据、整理数据、描述和分析数据的过程，学习用画“正”的方法记录调查获得的信息，学习用方块表示统计的对象和结果，通过“从图里你知道些什么”“你还发现什么”等问题，让学生感知对统计结果进行简单的比较、分析获得的信息，从而作出判断。这样，学生在经历简单统计的过程中，既形成了统计观念、解决问题的意识，又巩固了知识，发展了思维。

因此，只要我们善于观察、收集素材，将实际问题经过综合、概括、抽象之后，设计成数学的素材，提炼出适合学生的数学问题，让学生把学到的知识应用于现实生活、服务于现实生活，就能使学生认识到数学的价值，激发学生的学习兴趣，激活学生的思维，提高学生灵活运用数学的意识和能力。

教师应优化教学行为，从富有生活情趣的数学问题入手，为学生提供真实的问题情境和一个生动活泼、有利于学生主动探究、持续发展的学习环境，让每个学生都主动参与学习的全过程，充分发挥学生自主学习的积极性，促成学生自主发展。

浅谈数学课堂中学生自主探究能力的培养

小学数学教学要从数学学科的特点出发，以人为本，以发展为目的，充分落实学生的主体地位，把学习的主动权还给学生。自主探究的学习方式是课程标准提倡的主要学习方式之一。因此教师应转变观念，发挥课堂主阵地作用，注重培养学生的自主探究能力。

一、更新教学理念，激发学生自主探究的信心

《标准》明确指出，教学过程是师生交往、积极互动、共同发展的过程，所以我们在教学中要转变教学观念，通过师生互动、激励评价等措施激发学生探究的信心。

1. 建立平等的师生关系

新课程强调师生交往，构建平等互动的师生关系。因此课堂教学中要通过交流拨动“情、趣”之弦，使学生体验到平等、自由、民主、尊重、信任，对学生要“信得过”“放得开”，使学生在受到激励、鞭策和鼓舞的同时，形成积极向上的人生态度与情感体验。

2. 激发学生的内在需求

教师要善于启发诱导，引起学生学习的兴趣，激发强烈的求知欲望，促进学生活跃思维，提高学习的积极性。教学中要使学习活动成为学生的内在需要，在融洽、和谐、宽松的教学氛围中，激发学生敢想、敢说、敢问的精神，为学生的自主发展提供适宜的气候和土壤。

3. 注重过程性评价

课堂教学中要及时反馈、评价和鼓励。善于发现“闪光点”,并及时抓住亮点使学生树立探究的信心。

例如,在学习“乘数中间有 0 的乘法”时,直接出示例题,让学生尝试计算“285×307”。让学生先独立计算,然后相互交流,展示过程,最后进行评价归纳。在评价中对能够省略“用 0 乘”这一步予以充分肯定,并在进一步的评价中使学生掌握“乘数中间有 0 的乘法”的计算方法。这样让学生在数学学习过程中获得成功的体验,并体会数学的价值,增进学生探究数学和应用数学的信心,培养他们良好的学习兴趣。

二、发挥学生主体作用,培养自主探究的意识

传统的课堂教学重视教师“教”而忽视学生的“学”,重视现成结论的记忆而忽视学习的过程,重视向学生灌输而忽视学生的主动参与,重视教学活动的严格划一而忽视学生的创造才能的个性差异。因此,导致了学生失去了自主思考、学习的余地,主体精神和主动性的严重弱化。现代数学教育非常重视引导学生自主探究、发现、创造,强调课堂教学中要充分发挥学生的主体性和主动性,实质是要求教师在教学活动中要为学生创造主动参与学习的条件和内容,让学生多动脑、多动口、多动手,引导学生经历数学知识形成的过程,让学生在获取知识、培养思维、发展能力的同时,学会学习的策略与发现问题、解决问题的方法 。因此,教师在教学中要重视处理好“主导”与“主体”的关系,控制授课时间,充分发挥学生的主体作用,把教学过程变成在教师指导下让学生自主探究的学习过程。

例如,在学习“圆的认识”时,教师在黑板上画了一个不像圆的图形,然后问学生,这是什么图形? 学生有的说是圆,有的说不是。那么究竟是不是圆,老师不作说明。然后进入新知探究:请同学们以小组为单位,研究教材,比较图形来说明这个图形到底是不是圆,为什么? 通过近 10 分钟的探究,同学们一致认为:它不是圆。而在解决“为什么”时,也已在自主学习圆的特征了。这样使学生由被动地听变为主动参与,培养了学生敢想敢问的良好习惯,把学生推到了思维的前沿,把课堂真正还给了学生,让学生拥有主动

权，使学生得到了自主探究、主动发展的机会。

三、重视学习策略指导，培养自主探究的能力

在引导学生掌握知识的同时，要引导学生把自己的学习过程也作为认识的对象，理解、总结自己学习的全过程，掌握学习的方法和解决问题的策略，让学生学会阅读、学会观察、学会操作、学会思考、学会归纳总结，形成学习的能力。

1. 教学生学会读书

学会读书的目的是使学生养成读书和思考问题的习惯，逐步学会学习。首先要诱发学生“读”的欲望，激发学生读书的热情。如教师可以精心设计一个新颖有趣、耐人寻味的话题，激发学生自学课本，探求新知的强烈动机和兴趣。其次，在具体指导读书时应要求学生做到：一要边读边记，画出重点和记录不理解的地方；二要边读边说，复述知识的主要内容，知识的形成过程或结论；三要边说边想，思考知识的形成过程怎样？结论是怎样得到的？结语中的关键字眼是什么？

2. 教学生学会观察和思考

数学观察力强的人，善于发现图形的特点、数量关系的特征和数学知识间的内在联系，从而进行正确恰当的判断，合乎逻辑的推理和准确迅速的运算，因此数学学习必须重视数学观察力的培养。在指导学生进行观察时，应要求学生做到有明确的目标、按一定的顺序观察，把观察与思维想象结合起来，提高观察的效果。

例如，在学习“商不变的性质”时，出示下面一组题：6÷3；60÷30；600÷300；6000÷3000。让学生口算出得数后，说说发现了什么？学生一下子就能回答出“商不变”。而这时学生并没有真正掌握，应指导学生观察并思考以下三个问题：从上往下看，被除数和除数怎样变化？商呢？从下往上看，被除数和除数怎样变化？商呢？你发现了什么规律？

学生学会学习的重要标志是学会如何思考问题、分析问题。因此，在指导学法过程中，要以训练学生的思维为主线，要求学生在课堂上边听边想，

边看边想,边做边想。在课堂上要给学生多创造一点思考的机会,多留一点思考的时间,多提供一点表达思维的机会。使学生学会:善于带着预习中的问题思考;善于随着老师提出的问题思考;善于从同学的发言中启发自己的思考。

3. 教学生学会归纳总结

学生要真正理解数学知识以及正确运用一定的方法,必须学会归纳学法,然而归纳学法并非易事,须经教师的精心设计和引导。小结是课堂教学的一个重要组成部分,不少教师总爱自己小结,其实,很多知识可以让学生自己去小结。通过学生小结,能及时反馈信息,了解学生掌握新知识的情况,发现新的问题,进一步促进主体性的发展。

例如,每节课的总结阶段,通过“今天的学习,你学到了什么知识?”等这一类问题,让学生归纳总结,既巩固了新知,检查了学习效果,发挥了学生的创造性,又达到了“课结束,趣犹存”的良好效果。

当然,提高学生自主探究能力的方法还有很多。总之,我们应以学生发展为中心,在课堂教学中切实培养学生的数学情感,提高学生自主学习数学的能力。

有效教学关注的热点问题与思考

当前，课程改革在课堂教学层面遭遇到的最大挑战就是无效和低效问题。课堂教学改革就其总体而言，大方向是正确的，并取得了实质性的进展，但是对新课程理念的理解、领会不到位以及实施者缺乏必要的经验和能力的原因，使课堂教学改革也出现了形式化、低效化现象。可以说，提升课堂教学的有效性是当前深化课程改革的关键和根本要求。

从教师的角度来讲，教学的有效性依赖于教师有效的“教”，并克服无效的“教”。“有效的教”指的是促进学生“学”的“教”，它表现在以下两个方面：一是直接促进，即通过教师的教，学生学得更多、更快、更好、更深；二是间接促进，即通过教师的教，学生学会了学习，掌握了学习方法，提升了学习能力，达到了不需要教。

围绕数学教学的有效性，教学目标、教学情境、教学手段、教学评价等问题成了备受关注和研究的热点问题。

一、数学教学的目标问题

《标准》指出，数学教学的总体目标是通过义务教育阶段的数学学习，学生能够获得适应未来社会生活和进一步发展所必需的重要数学知识（包括数学事实、数学活动经验）以及基本的数学思想方法和必要的应用技能；初步学会运用数学的思维方式去观察、分析现实社会，去解决日常生活中和其他学科学习中的问题，增强应用数学的意识；体会数学与自然及人类社会的密切联系，了解数学的价值，增进对数学的理解和学好数学的信心；具有初步的创新精神和实践能力，在情感态度和一般能力方面都能得到充分发展。

不难看出，新课程提倡的教育是面对人的教育，理应从关注人的生命出发，追求生命的意义。因此教师要确立新的教育观念，不断提升人的生命质量，实现人、自然与社会的协调发展，即以提高人的生命质量，关注人的全面发展为教学的目标。

教育要培养人，就必然以现实生活中的人为研究起点。教育要让学生认识我们都是自然的一部分，是物种中的一员，是基因存在的一个载体。我们只有从人类内部和人类与整个外部世界的关系出发，才能树立现代的生命观和生态观。

在科学发展观指导下提高教育质量，应当在重视当前状况的同时，更加关注后续发展的潜能。新的时代已经彻底改变了以往从学校学到的知识基本上可以“管用一生”的状况，而是要求人们不断学习、终身学习，“活到老、学到老”，以适应日新月异的社会。学校教育是终身教育体系中最基础、最重要的部分，将会直接影响学生一生的发展。

但由于追求升学率和统考排名次等情况的再现，使教学者目光短浅。有的教师甚至喊出了“分数是硬道理”的口号，这种分数至上的结果，是使学生进入了大量的重复训练和低效甚至无效劳动的怪圈，阻碍了学生的全面发展，使学生成为做题的机器，把关注人的发展的终极目标抛之脑后。

二、数学课堂的情境问题

《标准》在三个学段都明确指出：“让学生在生动现实的情境中体验和理解数学。”课程改革以来，情境创设成了小学数学课堂上常见的教学组成部分，“情境”成了扮美课堂的亮点。新教材最大的特点之一就是许多知识的引入和问题的提出、解决都是在一定的情境中展开的，因此，精心创设情境是提高有效性的一项重要教学策略。

但是，在课堂教学中，教师创设的教学情境，有些在促进学生数学学习方面起到了很好的作用，但也有一些教学情境存在低效、无效的现象。主要问题表现为：

(1) 创设的教学情境只是走过场，没能起到激发学生学习欲望的作用，也不能便于学生操作、理解、学习有关数学知识，不利于学生对数学本质的理解。

(2) 为情境而情境，情境脱离教学实际，创设的教学情境与教学内容没有直接联系。

(3) 创设的教学情境有点牵强，在现实生活中是很少存在或根本就不可能存在的，或者是过时的，不具备时代生活气息。

(4) 创设的教学情境不符合学生的认知特点，不是学生身边的、感兴趣的，不是学生熟悉的。

(5) 过度使用电脑信息技术演示，忽视了学生思维的深刻性。

这些有效性不高的情境，对学生数学学习非但没有帮助，反而形成了干扰，直接影响到数学教学目标的达成。可以说，能否创设有效的教学情境，已经成为数学有效教学的重要内容。

因此笔者认为，提高数学课堂教学情境创设有效性，需要注意以下几个方面：

1. 情境具有一贯性，发挥引领作用

教学情境的设置，不应只起到“敲门砖”的作用，也不仅仅有益于调动学生的学习积极性，还应当在课程的进一步开展中自始至终发挥一定的导向作用。教师用心创设的情境，不能让它在教学中只发挥一点作用，好的情境应该具有一贯性，使它在整单元或整节课教学中起到一定的引领作用，这一点在我们创设情境的开始就应该有所考虑。有些教师挖空心思创设情境提出问题，给学生留下了悬念，可是随着问题的深入发展，再也看不到这个情境与相关知识的联系，直到最后也看不到提出的这个问题是否利用所学知

识很好地解决,这样的情境虎头蛇尾,缺乏一贯性。

2. 情境适度生活化,加强数学与相关学科内容的联系

创设情境,在着眼于从学生实际生活出发的同时,也不能一切教学内容都从实际出发,毕竟我们学习的是数学,数学有其自身的特点,如果过分强调生活化就脱离了数学学习的本真,不能说只有用生活化的问题创设的情境就好,用数学问题作为情境的就差。在实际教学中,很多教师把情境简单理解为就是生活化,这是对课堂教学情境极大的误解。适当的数学问题也可以是好的情境。毕竟,随着学生多年数学的学习,认识力的逐步提高,学生已经有了一定的抽象概括能力,创设情境时着眼于生活化的同时,还应重视数学与其他学科的联系和相关的教学内容,不一定什么情境都要生活化、应用化。

3. 恰当运用信息技术,多渠道创设情境

信息技术的运用,使得情境创设显得更加丰富多彩,如果能用好这个平台,将对创设情境起到很好的辅助作用。

创设有效的教学情境要以下面三点为依据:学生认知结构中应具有同化新知识的相应知识基础(能学);学习材料具有逻辑意义,即能反映人类认识成果(该学);学生应具有获得材料的意义和学习动机(愿学)。

三、课堂的预设与生成问题

随着新课程改革的逐步推进,教师教学理念的不断革新,以学生发展为本的教学观的自然回归,广大数学教师越来越呼唤和重视生成性的数学教学课堂的构建,无比期待那种充满灵动的、富含生命力的智慧课堂的出现。不经意间,关于在小学数学教学中究竟是应该“预设”还是“生成”的讨论硝烟四起,可谓是仁者见仁,智者见智。

“预设”是教学的前期准备,教师作为教学活动的发起者、组织者,理应要针对儿童认知特点和学科知识特点预设教学问题;“生成”则体现教和学

的过程，教师在教学活动中要善于因势利导，顺学而导，及时调整教学预案，促进和谐发展。实际上，由于教学过程的复杂性和教学对象的差异性，使得课堂更多的是“节外生枝”“旁逸斜出”，再优秀的教师也不可能做到“一切尽在掌握中”。此时，就需要教师“灵活生成”“妙手生花”，敏锐地捕捉那些不期而至的生成点，即时作出判断，应学生而动，应情境而变，使静态的、固定化的教学预设变成动态的、富有灵性的实施方案，为动态生成导航、护航，演绎出精彩纷呈的成功课堂。也正因如此，“预设”和“生成”不仅没有矛盾，相反更像一对孪生姐妹，“预设”是“生成”的基础，“生成”是“预设”的升华。教师只有在课前考虑充分，胸有成竹，教学的时候才能“兵来将挡，水来土掩”，才能在“预设”中关注“生成”，在“生成”中结合“预设”，让课堂教学平衡于两者之间，一个别有洞天的教学胜境也才会出现。

“预设”是一副重重束缚下的“近视镜”；“生成”是顺应时代要求的“望远镜”；两者“平衡”，则是折射着理论与实践之光的“多棱镜”。因此只有辩证地认识课堂教学中“预设”和“生成”的关系，才能让数学课堂更富有生气。

在具体的教学实践中，我们必须科学而艺术地把握和处理好预设与生成的关系。我们要重建备课观念，不上无准备之课，这是科学而艺术地把握课堂教学的预设与生成的重要前提。许多成功的案例都表明，越是准备充分越是能够预设好，也越是能够生成好。因此，预设和生成都要从备课开始。过去我们不顾学科和学生的特点，把备课误解为就是详写教案，把上课误解为就是照搬教案，这显然不符合新课程精神。备课的根本是备学生，这在于学生是教师服务的主体。备课是教师为了协助和促进学生凭借教材进行学习活动而展开的。对学生不了解就没有备课权。备课前教师必须熟悉学生，并深入地了解学生，只有这样才能关注学生的主体性。备课时必须心中有学生，从学生出发，从学生现有的体验水平、理想、情感、态度现状出发，分析文本，制定多维目标，然后依据目标预设几种有助于学生学习的思路，尽可能多地将学生在学习中可能出现的情况预设到，为课堂生成奠定基础。

同时必须高度重视教师自身的专业发展，新课程强调小学阶段都是综合课程，我们应尽可能做到一专多能，具备跨学科知识，做复合型人才。善于反思、积累经验、培育教育智慧，才能在课堂教学中从容不迫、游刃有余地处理教学中的一些突发事件，并把这些突发事件生成为重要的教学资源，产生意想不到、预设不到的教学效果。

四、课堂评价问题

随着课程改革的进一步深化，教师们越来越感觉到：教师的教学方式、学生的学习方式的改革固然重要，而小学数学的学习评价的改革也不容忽视。有不少的教师把数学学习评价纳入自己的课题研究范围。从评价的内容、方式、方法上进行广泛的实践和探索。特别是在数学课堂中，教师对学生评价语言的探索变得越来越受重视。学生几乎是伴随着教师的评价成长的。评价作为教学过程的一个组成部分，贯穿数学活动的每一个环节。目的是帮助学生了解自己的学习状况，激励学生的学习热情，促进学生全面发展。

数学教学的目标是通过数学学习，使学生能够获得适应未来社会生活和进一步发展所必需的重要数学知识，关注的是学生的终身发展。“教育的基本功能是使个人获得发展，学校的中心任务是发展能使学生在一个复杂社会中有效生活的那些特性。”(布鲁姆，1981 年)因此评价的目的就演变为促进每一个学生全面、和谐地发展。北京教科院基础教育研究所副所长赵学勤认为，评价的目的包含三层含义：

第一，促进每一个学生的发展。正确的评价能激励学生发挥自己的潜能，并把这种潜能运用到创造性活动中去。

第二，促进学生的全面发展，就是学生的德、智、体、美、劳等诸方面都要发展，不要偏废。在一个复杂社会中有效地生活，仅有“智”是远远不够的，仅有“智”里面单纯的对知识的记忆、背诵、训练与复现更是远远不够的。它需要有一个完整、全面、系统的素质结构。

第三，促进学生的和谐发展。一是学生自身各个方面的和谐发展，正确的评价应让每个学生充分利用各种因素，大力挖掘自身的潜能，形成有个人特色的兴趣、爱好和特长。二是学生自身发展与教育环境（家庭环境、学校环境和社会环境）的和谐发展，通过评价的导向作用和调控作用，实现各种教育力量的有机结合，真正“创造适合于儿童的教育”。

五、电教媒体问题

电教媒体作为一种先进的教学工具走进数学课堂，正显示着它无与伦比的优势，并发挥着日益显著的作用。数学是一门具有高度抽象性和严密的逻辑性特点的学科。在教学中，任何一个数学概念的建立、延伸、发展和运用，任何法则和公式的推导、理解与验证，对任何一组数量关系的内在联系的掌握，都需要学生有一种抽象概括及逻辑推理的思维能力。但是，这种需要与以具体形象思维为主的 6～12 岁小学生的思维特点、接受能力之间的距离是很大的。这种距离造成了学生在学习中的种种困难。怎么突破这些难点、缩小这两者之间的距离呢？那就要想办法帮助学生完成思维上的过渡，即由形象思维向抽象思维过渡、由单一思维向综合思维过渡、由模仿思维向创造性思维过渡，也即要多采用直观教学。电教媒体正是具备这种特点，它以其独特的交互功能创造了良好的思维情境，激发了学生的学习兴趣，培养了学生的能力，发展了学生的智力，使抽象的数学知识直观形象化、枯燥无味的教学趣味化，使教师将学科知识教懂、教准、教活、教透，又促使学生乐学、善学、活学、会学。运用多媒体技术，不但给课堂带来了新的视听享受，而且让学生在轻松愉快的环境中接受和掌握更多的知识，全面提高了学生各方面的素质。运用电教媒体技术，优化了我们的课堂结构，既是更新教学方法，又是实现课堂教学最优化的重要途径和有力举措。

但值得注意的是，在课堂教学中，不少教师片面追求形式，盲目依靠多媒体技术，不求实效的现象较多。因此，在使用多媒体时要根据教学目标和内容，正确、合理地选择媒体。在确定教学目标的同时，要针对教学内容，着重考虑选择什么媒体才能最大限度地发掘学生潜在的积极性。根据教学内容来选择多媒体，能更合理地发挥多媒体的作用，突出它的优点。在小学数学课堂教学中，有许多问题是语言和文字所难以直观表现的，学生理解起来比较困难，采用多媒体往往能很好地解决这些问题。在教学中创设与教学内容贴近的情境，利用多媒体计算机声像结合、图文并茂的功能可以营造一种良好的学习情境。同时突破疑难时，利用多媒体能够成功地化解难点，使学生更好地理解和掌握知识。

六、数学实践活动问题

数学实践活动课是学生在教师的指导下，以解决某一实际的数学问题为目标，以引起学生数学思维为核心的一种新型的课程形态。它的形式是多种多样的，其涵盖面十分广泛，如操作、观察、讨论、合作学习、猜想等，都是实践活动；到社会上调查、收集数据、提出问题、解决问题也是数学实践活动。它是对数学学科教学的延伸和发展，是对学生理解、运用数学基础知识和基本技能的升华过程，在这个过程中，始终贯彻着尊重学生的兴趣、爱好和需要，充分发挥学生主体性的思想，着力培养学生的探索精神、合作意识和实践能力，让学生在实践活动中自由舒展身心。它以学生的生活和现实问题为载体和背景，着眼于促进学生个性自主和谐地发展，以学生的直接体验和最新信息为主要内容，以学生的自主探索和主题研究为基本形式，以培养学生的独立思考和解决问题的能力为主要任务。《标准》指出："学生通过实践活动，获得一些数学活动的经验，了解数学在日常生活中的简单应用，初步学会与他人合作交流，获得积极的数学学习情感。"

在数学实践活动教学中，教师在设计实践活动内容时，要以学生的生活和现实问题为载体和背景，根据学生年龄特点、身心发展的规律以及数学活动自身的特点，精心创设和谐的学习情境与丰富多彩的活动，着眼于促进学生个体自主和谐发展，激发学生心灵深处那种强烈的探求欲望，形成渴望学习的内部动力，引导学生主动参与的积极性。

七、关于提高小学数学教学有效性的若干思考

1. 把数学与儿童生活实际密切联系起来

《标准》明确指出:“数学教学,要紧密联系学生生活实际,从学生的生活经验和已有知识出发。”数学教学要讲来源、讲用处,让学生感到生活中处处有数学,在他们的眼里,数学是一门看得见、摸得着、用得上的学科,不再是枯燥乏味的数字游戏。这样,学生学起来自然感到亲切、真实,这也有利于培养学生用数学眼光来观察周围事物的兴趣、态度和意识。

2. 动手、动口、动脑,使数学学习活动更加生动活泼

要解决数学的抽象性与小学生思维特点之间的矛盾,就要充分运用其直观性(操作性与非操作性的)进行教学。除了运用教具、学具外,还要利用现代化教学手段(包括计算机辅助教学与多媒体教学),使“教”与“学”生动形象,化难为易。北京师范大学教授周玉仁说:“要让学生动手做科学,而不是用耳朵听科学。”要让学生动手、动口、动脑,调动多种感官参与,使数学学习活动更加生动活泼。

3. 创设问题情境,激发学生内在的学习动机

对学生来说,学习动机是实现自己理想目标而力求学好的内部动因,它总是和需要直接关联的。小学生入学前已有一些生活经验,包括一些模糊的数学活动经验,他们对数学知识有一些肤浅的潜在的需要。因此,数学教学的关键在于教师创设问题情境,提供诱因,把学生那些肤浅的潜在的需要变成正在“活动”的、实实在在的需求,并不断唤起求知欲,引导学生积极而主动地获取知识。

4. 千方百计让学生了解知识形成的过程

学习归根结底是学生自己内部的活动。为此,教师要充分认识儿童认知结构的特点,根据教材结构与儿童的认知结构来建立高效的教学结构。

并按照小学生数学学习的规律，要抓住新旧知识的连接点，以便筑起“认知桥梁”；要剖析新旧知识的分化点，以便增强新旧知识的可辨别性；要让学生展现自己的建构过程，不仅知其结果，而且了解自己所得结果或结论的过程及先决条件，必要时能用图表、图示及语言等方式展现自己的建构过程。作为教师，应在学生力所能及的范围内，让他们自己“跳起来摘果子”。凡学生自己能探索得出的，教师决不替代；凡学生能独立发现的，教师决不暗示。要尽可能给学生多一点思考的时间，多一点活动的余地，多一点表现自己的机会，多一点成功愉快的体验。

建立探索性学习方式，培养学生的创新意识

美国著名教育家布鲁纳说过，“探索是数学的生命线”，没有探索，就没有数学的发展。在数学课堂教学中，积极地为学生提供广阔的学习空间，设置一些探索性的问题，鼓励学生大胆地试一试，能使学生尽快地养成主动学习的习惯，从而培养学生的创新意识。

一、让学生在有问题的情境中探索创新

学生学习的过程既是一个认知的过程，更是一个探索的过程，从某种意义上说，学习也是发现与再创造的过程。但探索与创新活动无疑需要问题的参与。古人云：“学起于思，思源于疑。”教师要善于根据教材内容的特点，选择新知识的发生、发展处，抓住新旧知识的连接点，设置问题情境，引起认知冲突，激发学生探索的欲望和兴趣，从而让每个学生主动、自信地投入到探索新知识的学习活动中去。

例如，教学“异分母的分数加减法”时，笔者先安排如下铺垫：

(1) 说出 $\frac{1}{4}$，$\frac{2}{3}$，$\frac{3}{5}$ ……的分数单位。

(2) 把 $\frac{1}{2}$和$\frac{1}{3}$，$\frac{3}{4}$和$\frac{2}{5}$ ……通分，并说说通分的依据和目的。

(3) 口算 $\frac{2}{3}+\frac{1}{3}$，$\frac{4}{5}-\frac{2}{5}$，$\frac{6}{7}-\frac{3}{7}$。

通过复习与新知识有关的旧知识，让学生做好学习新知识的心理、知识、能力等方面的准备。接着笔者出示了两个异分母的分数相加减的口算

题：$\frac{1}{2}+\frac{1}{3}$，$\frac{1}{2}-\frac{1}{3}$，把疑设在新知识的重点处，使学生在疑中生奇，疑中生趣，产生急于求知探索的欲望，笔者便因势利导，让学生思考如下问题：(1) 异分母分数能不能直接相加减？(2) 为什么不能直接相加减？(3) 谁能用学过的知识先进行一次转化，然后再加减呢？

这时学生的情绪十分高涨，思维活跃，联系旧知，很快寻找到解决问题的途径，从而明白异分母分数加减法必须先通分，转化为同分母的分数，才能相加减的道理。在学生尝到探索成功的喜悦时，笔者继续提出疑问：为什么分数单位不同的分数不能直接相加减呢？又把学生推到了主体探究的地位，这时辅之幻灯片等媒体，让学生真切感受$\frac{1}{2}$个圆和$\frac{1}{3}$个圆合并起来是没法表示的，只有把它们转化为分母同是 6 的分数才能表示出来，从而明白了只有分数单位相同，结果才能用一个分数表示的道理。

以上教学中抓住“已知”和“未知”的矛盾，巧妙设疑，为学生创设了一个主动探索的空间，引导学生亲自走向知识，不仅让学生学到了知识，更重要的是培养了学生的探索能力和创新精神。

二、让学生在操作活动中探索创新

创设让学生参与操作活动的环境，多给学生一点活动的时间，多让学生动手操作，多给学生一点自由，学生就会在动中感知，在动中领会，在动中发挥创新的潜能。

例如，在学习“三角形三边关系”时，笔者设计了如下片段：

上课前，每个同学都在老师这里领取了 3 根小棒，现在老师想请你们用这三根小棒搭一个三角形，行不行？

为什么有的同学搭不成呀？

看来不是只要有三根小棒就能搭成三角形的，这里一定有奥秘吧，你们想不想深入地研究一下呢？

下面请同学们以四人为一个小组，然后在组长指导下，每人选择三根小棒(别人选过的就不能再选)，搭一搭，再完成填表。

小组成员	红色 2 cm	黄色 4 cm	蓝色 5 cm	白色 8 cm	能不能搭成
A					
B					
C					
D					

这样每个学生都在合作学习中经历了操作活动，通过看、摆、拼，以及和同伴间的讨论、争论，手、口、眼、脑多感官并用，逐渐地发现了三角形三边之间的关系。

三、让学生在开放性训练中探索创新

在教学中，笔者还针对教学内容，联系学生的现实生活和一定的生产实际，设计一些开放性的题目。对于学生练习过程中的新颖的想法、独到的见解，笔者都及时给予肯定、鼓励和表扬。如教学“三步计算应用题”时，让学生学习开发票；学习“百分数”时，让学生到附近工厂计算成品率、利润率和增长率；学习“比例尺”时让学生测量学校及主要设施，然后选择合适的比例尺画平面图。由于给了学生自由发挥的余地，学生各显神通，练习收到了良好的效果。开放性练习为学生独立探索、自主发展提供了更广阔的空间，有利于发展学生思维的创新意识。

精心设计教学过程，促进学生主动发展

教学过程是一个动态的过程，是一种简约的、经过提炼的认识过程，是教师根据一定的教育目标，采用各种手段，把人类长期创造和积累起来的社会历史中的精华，转变成学生头脑里的精神财富和智慧的过程。

在这个过程中，学生的观察、操作、讨论等实践活动都带有明确的目的性，都是学生获取知识、巩固知识、运用知识、发展智力、培养能力的重要手段，这样的参与活动是紧密地围绕着教学目标进行的，而不是盲目的、形式主义的。因此，为了更好地完成教学目标，必须精心设计教学过程。那么如何设计教学过程呢？笔者谈几点粗浅的看法：

一、精心创设情境，激发学生学习的积极性

最好的学习动机是学生对所学内容产生浓厚的兴趣。因此，在学习新知识之前要创设与教学内容有关的情境，激发学生的求知欲望和主动参与学习的动机，使学生学习情绪达到最佳境界。

例如，教学“减法各部分的关系”时，笔者是这样创设学习情境的：

设疑，出示“被减数、减数和差的和是 270，被减数是多少？”

学生讨论，寻找解题方法。一个小小的设疑，引起了学生的冥思苦想，学生正在百思不得其解之时，笔者适时点出课题：“这节课我们就来研究减法各部分的关系。当你掌握了减法的各部分的关系之后，这道题就会迎刃而解了。”

二、精心设计新知教学，调动学生学习的主动性

1. 引导学生动手操作，激活学生的思维

“动”是儿童的天性，教学过程中，笔者抓住这一特点引导学生主动操作，使其在操作中理解新知的来源与发展，体验参与之乐，思维之趣，成功之愉。

例如，在教学“长方形的面积”时，笔者让学生亲自用1平方厘米的小正方形量一下长是4厘米、宽是3厘米的长方形纸板的面积是多少。沿着长边一排可摆4个1平方厘米的小正方形，沿着宽可摆3排，从摆的过程中让学生体会到这个长方形的纸板所含的平方厘米数与它的长和宽所含厘米数的乘积之间的关系。

学生在动手操作的过程中已经建立起了求这块长方形纸板面积的表象认识。通过仔细的观察，积极的思考，最终得出了长方形面积的公式。这样，通过学生的动手操作，促进了学生由形象思维到抽象思维的主动发展。

2. 挖掘智能因素，促使学生主动思考

在新知识的教学中，教师要充分挖掘教材的智能因素，设计有序、有路、层层深入的思考题，调动学生思维的积极性。让学生自己动脑、深入理解、掌握新知，并逐步体验和掌握数学思维方法。

例如，在教学“商不变的性质”时，笔者出示了下面一组题：

6÷3

60÷30

600÷300

6000÷3000

让学生口算出得数后，首先从下往上观察，然后再从上向下观察，接着出示三个问题让学生思考：

（1）从下往上看，被除数和除数怎样变化？商呢？

（2）从上往下看，被除数和除数怎样变化？商呢？

（3）由此，你发现了什么规律？

通过环环相扣，层层深入的有序提问，调动起了学生思维的积极性，使学生始终处于积极、向上的思考状态。

3. 树立主人意识，鼓励学生主动进行自我尝试

数学知识的联系非常紧密，新知往往是旧知识的延伸和扩展。教师要让学生尝试运用已掌握的数学知识和思维方法解决新问题，通过自己正确的推理、判断、概括，掌握新知，提高解决实际问题的能力，感受成功的喜悦，增强学习的责任感和主人翁意识。

例如，在教学“两位数乘两位数”时，笔者直接出示例题，并引导学生列式：24×12，让学生独立尝试计算出结果，然后再组织学生交流讨论，展示各人的思考过程，并逐步发现大家相同的地方，即都是把 12 盒拆开成 10 盒和 2 盒，分开算，10 盒 240 元，2 盒 48 元，然后加起来，得到 288 元，交流后，大家统一了想法。最后规范书写，形成统一的竖式计算的书写规则。这样设计的教学能使学生在尝试练习中体验到成功的喜悦，充分调动起学习的积极性。

三、精心设计练习，促使学生主动运用知识

练习是课堂教学的重要组成部分，是知识形成技能的一种基本的活动方式，是培养学生能力的一种重要的手段。在教学中要对课堂练习进行精心设计，做到目的性强，层次分明，突出重点，形式新颖，有利于学生在练习中轻轻松松地学习，使学生养成主动运用知识解决问题的习惯。

在练习中，教师一方面可创设竞赛等氛围，激发学生练习的主动性，一方面可设计一题多解的练习，让学生从不同的角度探索解决问题的途径，从而培养学生思维的灵活性。

在课堂练习的设计中，还要注意练习题组形式的多样性，如诊断、夺红旗、抢答、填写必答卡等等，通过这些形式新颖、趣味性较强的练习题，变学生被动做题为主动参与。

精心设计教学过程，是调动学生学习积极性、主动性的必要且有效的手段，对促进学生的主动发展起着重要作用。

浅谈小学生数学课堂教学中自主探索能力的培养

现代教学论认为，学生学习知识不是一个被动吸收、机械记忆、反复练习、强化储存的过程。一个有意义的学习过程应是：学生以一种积极的心态，调动原有的知识和经验尝试解决新问题、同化新知识，并构建他们自己的认知结构的过程。因此在教学活动中，凡是学生能够探究得出的知识，教师不要直接告诉；学生能够独立思考的问题，教师不要暗示；学生能够独立操作的，教师不要代替。教师应给学生提供充分的自主探究的时间和空间，让学生根据自己的体验，用自己的思维方式，自主地去探究，去发现有关数学知识。下面就小学数学课堂教学中如何培养学生自主探索能力谈一些看法：

一、创设学习氛围，培养自主探究的意识

教学实践证明：在愉悦轻松、平等民主的气氛中，学生发现问题、积极探索的心理取向得到激活，敏锐地把握机会、果敢地付之探索的行为的精神状态处于最佳的境界；反之，紧张、严肃、压抑的课堂气氛，学生勇于探索的创新意识得不到激活。这就要求教师在教学过程中要努力构筑一个师生关系融洽、民主、平等、和谐的学习氛围，让学生产生自主学习数学的意识，这是培养学生自主探究能力的基础。

1. 以“师爱”激发学生的学习主动性

美国心理学家马斯洛认为：人的生存需要和安全需要得到满足后，爱的需要和受尊重的需要就会凸现出来，成为主要的需要，满足了人的爱和受尊

重的需要，人才会感觉到自己在世界上有价值、有用处、有能力、有实力。从而焕发出自尊、自强、自我实现的需要，积极投入到学习、劳动、生活中去。这段话告诉我们，情感在教学中也是一个不容忽视的因素。教师只有把学生看作"平等中的首席"，他们才会喜欢你，并喜欢你所教的学科。因此，教师在教学时，亲切的笑容、和蔼的态度、循循善诱的引导、充满激情的评价、肯定热情的表扬以及善意真诚的帮助，都会赢得学生对老师的热爱和尊敬。师与生的"情感共鸣"，促进教与学的"同频共振"。如笔者班上有一学生，几次数学测验都不及格。针对这种情况，我首先利用课余时间找他谈心，缩短我们之间的距离；其次在课堂提问时，多给他发言的机会，从简单的到有思考的，并及时表扬。渐渐地，他不再讨厌数学了，经常利用课余时间向我请教问题。上学期期末考试，他的数学得了 71 分。这一事实足以证明，"师爱"可诱发学生的学习动力，激发学生学习的主动性和积极性。

2. 以"情境"诱发学生学习的兴趣

教学实践证明，学习兴趣是支持、推动学习认识活动的巨大动力。学生只有对学习产生兴趣，才会去钻研、去创造，才会达到乐此不疲、废寝忘食的地步。如何在教学中激发学生的学习兴趣呢？这就要求教师在实际教学中，根据学生的年龄和教学内容精心设计，创设各种情境，激发学生的学习兴趣。

例如，在教学"求比一个数多几的数"的应用题时，教师巧妙地使用了幻灯片：出示 5 朵黄花和一行红花，红花和黄花同样多的部分先盖起来，又露出比黄花多的 3 朵。在引导学生看图分析题意后，教师没有直接进行讲解，而是鼓励学生"猜一猜红花有几朵?"学生出于好奇，都争先恐后地回答，在学生急于想知道"红花到底有几朵"这种情况下，教师揭开了盖住的部分，露出了 8 朵红花，这个结果和学生猜的一样。这时，一种成功感又涌上学生心头，使他们学习情绪更为高涨。此时，教师话锋一转，"红花 8 朵是怎样算出来的呢?"这一问把学生学习的积极性一下子调动起来，激起了学生对新知识的渴求，因而兴趣盎然地投入到新的学习活动中。

伟大的教育家第斯多惠说："一个坏的教师是奉送真理，一个好的教师是教人发现真理。”作为现代小学数学教师，当务之急是必须转变教育观念，课堂上积极创造各种条件，保证学生的主体性得到充分发展，从而培养学生自主探究的意识。

二、开放学习空间，提供自主探究的平台

学生知识的掌握、思维的发展和能力的提高，不是通过教师的讲解或完全靠书本上的间接经验实现的，而更多的是通过自己的探究和体验得来的。这就要求教师在教学过程中应重视过程的教学，精心设计探究活动，为学生提供合适的、开放的探究学习材料，让学生进入一个自由选择、自主发现的学习活动平台。

例如，在“梯形面积的计算”一课中，梯形面积计算公式的推导是学习的难点。教学时教师提供了一些完全一样的梯形（上面印有 1 平方厘米的方格，学生很容易数出梯形的上底是 6 厘米，下底是 14 厘米，高是 8 厘米），要求学生想办法求出它的面积并根据自己的算法尝试推导出梯形面积的计算公式。先让学生独立思考一段时间，然后组织小组合作学习。学生们真是“八仙过海、各显神通”，讨论时各抒己见，纷纷表明自己的想法并动手操作实践，得出了多种不同的计算方法：

(1) 数方格得出面积是 80 平方厘米；

(2) 如图 1，分割成一个平行四边形和一个三角形，计算得出面积是：$8\times6+(14-6)\times8\div2=80$ 平方厘米；

(3) 如图 2，分割成两个三角形，计算得出面积是：$6\times8\div2+14\times8\div2=80$ 平方厘米；

(4) 如图 3，用两个完全一样的梯形拼成一个平行四边形，每个梯形的面积是平行四边形面积的一半，即 $(6+14)\times8\div2=80$ 平方厘米；

(5) 如图 4，沿梯形中位线剪开后拼成一个平行四边形，计算得出面积是：$(6+14)\times(8\div2)=80$ 平方厘米；

(6) 如图 5，分割成两个三角形和一个长方形，计算得出面积是：$8\times6+(14-6)\times8\div2=80$ 平方厘米。

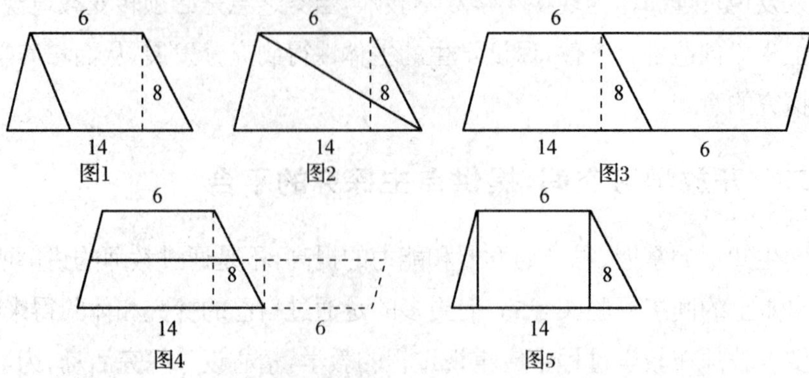

纵观上述过程，学生有充分的探索与交流的时间和空间，能积极参与学习活动，思维活跃，在许多方面都得到了发展，再加之学生间的交流与合作，思路很广，方法很多，效果很好。

三、加强学法指导，学会自主探究的策略

1. 引领学生知其然更知其所以然

在自主探究时，学生们由于认知能力的局限，往往并不能很到位地理解某些知识，这就有必要及时抓住学生的“模糊点”（这往往就是教学的重难点），进行有针对性地探究澄清，鼓励学生学有所思、思有所疑、疑有所得。这样在探究过程中坚持以学生为本的思想，并善于使学生链接已有的知识经验来理解课本知识，从而成功地将对课本知识的自学探究过程转化为自我认知的构建过程。这种学习方式一旦内化为学生的学习习惯和自觉的意识，就会使学生终身受益。

2. 引领学生举其一而反其三

由于学生生活背景和思考角度的不同，对同样的知识构建的途径必然也是多样的。但课本由于编排的局限，不可能将各种想法全部展示，这就要求教师能充分地尊重学生，鼓励学生在借鉴课本想法的基础上，大胆思考，勇于质疑课本，展现多样化的见解，以达到对课本知识深层次的自学。随着新课程改革的推进，课本也越来越多地朝着提供给学生更多的探究空间方向发展，这就要求在开展自学探究时，教师要鼓励学生不满足于课本知识的

获得，敢于向课本挑战，从不同的角度提出不同的见解，运用自己的智慧填写课本的空白点。

3. 引领学生在自主探究策略上多中选优、择优而用

学生在自主探究知识时往往满足于对课本问题的解决，而对解决问题的策略的优劣缺少评价，这就有必要及时引领学生对问题解决策略的优劣加以反思。这里尤其要注意引导学生开展交流与合作，集思广益，促使学生在交流中反思重组，在共享中获得启发。

在教学中，教师要通过创设问题情境，不断引起学生的认知冲突，使学生在不断克服思维障碍的过程中理解和掌握数学知识。要尽量给学生多一些探究的机会，多一点思考的时间，多一份活动的空间，多一些成功的喜悦。让学生自己去发现，让学生自己去探究，使课堂教学真正成为学生自主探究的天空。

浅谈如何结合数学新教材培养学生的创新意识

“创新是一个民族进步的灵魂，是国家兴旺发达的不竭动力。”于是新课程标准提出数学学习必须重视培养学生的创新精神和实践能力。随着新教材的推广和使用，笔者在新教材的实验过程中，感受颇深，想结合自己对新教材的学习，谈谈如何结合新教材来培养学生的创新意识。

一、要更新观念，确立学生主体观，为创新营造氛围

要培养学生的创新意识，就必须把课堂真正地还给学生，让学生自主参与到教学活动中去，只有在真正作为学习主人的学生全员参与、全程参与、主动参与和有效参与的情况下，进行了创造性的思维，才算成功的教学。

1. 更新观念，教师为导

现在听课，尤其是一些名教师在上课前，最常说的话就是“你喜欢怎样坐就怎样坐”“你想说什么就说吧”等，这些具有鼓动性的话结果在上课中使学生的积极性空前高涨，教学气氛尤为活跃，这是为什么呢？我们应该反思。或许在不违反教学原则的前提下，学生喜欢怎样学就应该引导学生怎样学，学生喜欢做什么就应该多给做什么的机会。必须改变以往教学中学生正襟危坐，只听不思维、不动口，教师动口讲、不启发的局面，教师必须更新观念，大胆让位，让学生去讨论、研究、发现解决问题的方法，参与全程探究。教师让位给学生，让学生当小老师，模仿教师的讲课方法，到讲台上讲课，参与知识的讲解过程。

例如，教学“加法交换律的初步认识”时，笔者就让学生先自己学习课本

导语，然后再到讲台上讲课，讲自己对知识的理解，讲自己的思维过程，把学习的主动权交给学生，使学生从被动走向主动，从机械学习变为创造性学习，培养了学生的创新意识。

2. 教师引导，学生为主

“学生是数学学习的主人，教师是数学学习的组织者、引导者与合作者。”然而传统的教学方法，教师包办过多，学生依赖过多。因此要培养学生思维能力，让他们积极、主动、创造性地学习，教师就必须发挥“导”的作用。同时要会抓住机遇进行“善意的欺骗”，或敢于向学生说“老师不会”，让学生自己去探究寻找答案。在“老师不会”的思维指导下，学生会主动寻找途径，集中注意力参与到探索理解中来，从而培养了主动意识，提高了创新能力。

例如，进行“10以内加减法复习与整理”的教学时，笔者出示一大把口算卡片，说：“10以内的加减法的算式真是太多了，老师都不知道该怎样记住它们了，你们能帮助老师想个好办法吗?”同学们积极性很高，于是以小组为单位，在讨论与争论中研究总结出规律，并进行汇报。在这一过程中，学生的认识得到深化发展，创新意识得到培养。

二、要创设诱因，注重情感，激发创新的积极性

在课堂教学中创设多种有效的诱因，激发学生学习兴趣、学习动机，使他们对学习活动、创造过程产生直接需要，这对激发学生主动创新是至关重要的。

1. 开展多种形式的游戏，激发学生的学习兴趣

游戏对小学生来说具有特殊的吸引力，尤其是把课堂练习寓于游戏之中，是受小学生欢迎的一种教学方式。为此，作为教师应根据教材的内容，尽量采取游戏的形式，消除学生对数学枯燥乏味的感觉，让学生能在“玩中学、趣中练”。

例如，“医生门诊”：故意把答案或解题方法写错，让学生给病人“治病”。

再如，开火车、找朋友、摘桃子、鸡毛信、夺标100……寓数学知识于充满乐趣与竞争的游戏情境之中，犹如苦口的良药裹上了一层糖衣，更容易激

发学生的兴趣。

2. 抓住新旧知识联系,建立新的最近发展区

教材各部分知识之间有着必然的内在联系。“数学教学活动必须建立在学生的认知发展水平和已有的知识经验基础之上。”因此在教学中,教师要通过新旧知识之间的相互联系,进行变式,给学生新的启示和新的知识,从而培养学生创新意识。教学时,教师要抓住新旧知识的联系,引发学生的认知冲突,不断创建新的最近发展区。

例如,教学20以内的加减法“8加几”时,即可从旧知导入,让学生解答9+5,9+6等“9加几”的题目,当学生还沉浸于顺利解题的喜悦之中时,把原题改为8+5,8+6,从而激发他们去积极探索,认真思考。

在课堂教学中,教师要运用多种激趣的方法,创设良好的氛围,使学生兴趣盎然地投入到探索之中,从而驱动学生内在求知欲,使之乐于学习,积极创新。

三、要鼓励求异,培养创新意识

培养学生的创造性思维能力是培养学生创新意识的主要内容之一。培养学生从多角度思考问题,可以开拓学生思路,提高学生思维的灵活性和敏捷性,在培养学生创新意识方面有特殊的功能。

1. 鼓励多元的解题思路

创造思维中很重要的一点,就是发散思维。同一个问题可以有多种思考,学生参与了思考,才是有效的教学。因此,必须树立一个思想,只要动脑思考,不论结果是否正确,都应鼓励,不必统一思路。如6+5=11,原来小学生课本是要求每一位学生“看大数,拆小数”:5可以分成4和1,6+4=10,10+1=11,所以6+5=11。这段话,要求学生都必须流利地说出来,认为这是培养口语表达能力和逻辑能力。其实这样教不是创新教育,而是鹦鹉学舌式的教育。学生是有创新潜能的,他们喜欢标新立异,喜欢当众说出不同的见解,只要教师加以引导,学生完全会说出多种思路:因为5+5=10,所以6+5=11;因为6+6=12,所以6+5=11;还有的说6往上数5就

是 11;等等。只要教师善于引导,学生的学习欲望就会更强烈。

2. 设计答案不唯一的开放题

有些开放题答案不唯一。对这种题,不同的学生常常会找出不同的结果,这种不同是学生不同的知识和能力水平造成的。正是由于这种差异的存在,每个学生都会有不同的见解和主张,都会感到自己在学习活动中是有贡献的,感受到自己的价值,从而充满自信,积极思考,努力创新。因此,这样的开放题的设计给学生提供了较为广泛的创造空间,从而激发了学生的创新意识。

例如,9>□,8<□,□里能满足条件的数不是唯一的,不要求学生找出所有答案,只要正确即可。这种练习,不仅有利于培养学生思维的广泛性、灵活性和深刻性,而且更主要的是学生的创造意识从中得到激发和提高,这是以往教材无法办到的。

四、要鼓励质疑,培养问题意识

思维是从问题开始的,有问题才有思考。古人云:“疑是思之始,学之端。”由此可见,培养学生的问题意识非常重要。小学生年龄小,好奇心强,而好奇心是创造的起点,教师要充分利用儿童的心理特点,培养学生的问题意识。“学生是学习的主人”,要解放学生的大脑,让他们敢想;要解放学生的嘴,让他们敢问。要引导学生积极参与到认识活动中去,自己去发现问题,提出问题。对于小学生,首先要培养学生敢于问“问题”。但在实际教学中,教师通常怕学生的发问,打乱自己的教学思路,怕拖了教学时间,不敢激励学生提问。这样不仅抹杀了学生的爱问天性,更抹杀了学生的创新意识。因此,要彻底摒弃教师“一言堂、满堂灌”的教学思想和方法,更新教育观念,建立良好的师生关系,为学生创造一个宽松和谐、具有民主气氛和探索氛围的学习环境,使学生敢想敢问,让问题走进课堂。新教材中,有多处提供了培养学生提问题能力的素材,教师要充分吃透教材,创设情境,培养学生问题意识。

1. 建立平等关系,激发质疑兴趣

心理学告诉我们,自由能使人的潜能得到最大的发挥。所以,师生间应当建立一种平等、民主、亲切、和谐的关系，以保证学生智力和非智力的创造因素都处于最活跃状态。儿童好奇、好问，教师应尽可能满足，因为任何压抑、干扰都将使创造的心灵受损。所以，教师应尊重和保护学生的好奇心，使学生产生成功感和自我满足感，从而引发学生在轻松愉快的氛围中敢于大胆提问。

2. 指导提问技巧，教给质疑方法

"授人以鱼，只供一食之需；教人以渔，则终生受用。"要使学生善问，必须"教以渔"。课堂上，有时学生提问抓不住要领，有时问题太简单，没有思维价值，有时又提不出问题，这就要求教师通过适当的点拨、归纳，指导学生提问的方向和思考问题的途径，即教给学生正确的质疑方法，这样才能使学生准确地抓住问题实质，进而扎实地掌握知识。在一些起始课的教学中，笔者引导学生看课题后提出想了解的问题。

例如，教学"11～20 各数的认识"，出示课题并写出了 13、18、17、20 后，笔者引导学生提出想了解的问题，学生提出了许多问题，但"这些数怎样读、怎样写?""这些数是怎样组成的?"这两个问题正是本课的重点，经过学生提问这一环节，学生一开始就抓住了教学目标，带着问题去学习，这样，学生在自己提出的问题的驱动下，积极思考，不但获得了渴望获得的知识，而且渐渐培养了质疑兴趣，提高了质疑水平。

创新意识的培养应从小抓起，从课堂教学的每一环节抓起，只要我们做有心人认真学习新课程标准，结合新教材，坚持不懈地培养和训练，那么埋在学生心底的创新种子，就一定能生根、开花，并结出丰硕的创新之果。

浅谈数学课堂教学中如何培养学生的数感

《标准》把数感作为义务教育阶段的一个重要学习内容。数感是人对数与运算的一般理解，这种理解可以帮助人们用灵活的方法作出数学判断和解决复杂问题，提出有用的策略，它是一种主动地、自觉地或自动地理解数和运用数的态度与意识。那么在我们的日常课堂教学中，如何培养学生的数感呢？

一、把数的概念教学运用到现实生活的情景中，使学生理解数的意义

理解数的意义是数学教学的重要任务。数学本身是抽象的，但数学所反映的内容又是非常现实的。理解数的标志是能把这些数的概念与它们所表示的实际意义建立联系，即把数的概念运用到现实的生活情景中。因此，我们在进行数的认识教学时应该把数与现实生活紧密联系起来，在现实生活中理解数、运用数。

例如，低年级“10以内数的认识”，要让学生理解每一个数字所表示的意义，在认识“1”时，要让学生充分感受到“1”究竟是什么，“1”表示的数到底有多少。在这些基础上理解2、3……随着数的增大，要让学生体会到“大”的感觉，比如让学生拎一拎1千克和5千克、10千克的重物……

再如，在教学“万以内数”时，应该让学生走出课堂，去电器商城，了解电器的各类价格，然后回到课堂进行交流，这样对于数便逐步有了感性的认

识。为了使学生体会到“万”究竟有多大，通过多媒体让学生观看足球比赛，感受一下人多的气氛，然后说明这个体育场有大约一万名观众；再算一算，我们学校有25个班，每班平均40人，要有多少个学校的人数才能坐满。通过这样看一看、算一算、比一比，使学生感受到一万是个大数目。再比如，在教学“面积”时，更应该培养学生对面积大小的数感，1平方米究竟有多大？一块黑板的面积大约有多少平方米？如果给你一根1米长的直尺，你能画的面积最大有多少？等等。通过这些贴近学生生活和实际的例子，让学生建立直观的表象，有了对数的“感觉”，可以使学生终身受益。

二、在具体的情景中把握数的相对大小关系

数的比较是枯燥无味的，因此在教学中我们要把枯燥无味的数字比较和现实生活情景联系起来，并通过饶有趣味的游戏，比一比、猜一猜、摆一摆，让学生在快乐中学习。在探索知识的同时，培养学生观察、分析、比较、抽象、概括、猜测、尝试、合作、实践、创新等能力。

例如，教学“万以内数的大小比较”。笔者是这样上的：

师：同学们，今天我们来到多媒体教室上课，大家高兴吗？（生齐答：高兴）在后面还有120位老师在听我们的课呢，看看哪位小朋友表现得更出色。（生回头看：哇！）那你们说120这个数是大还是小呢？

生1：我觉得大，你看咱们班才30多个人，那120比我们班的人数多多了呀！

生2：我觉得小，咱们学校有1000多人呢，120算不了什么！

生3：我不同意他们的说法，120是大还是小要看它和谁比，和30比起来当然大了，如果要是和1000或是10000比起来，可就小多了，所以120自己不能说大还是小。

师：说得好，看来一个数我们不能准确说出是大还是小，需要两个数相比较。（于是进入课堂教学）那我们就一起走进电器城，来看看商品，比比价格。这样，枯燥的数学问题就在学生的比较与争论中不知不觉被理解和掌握了。

三、在解决实际问题时，会用数来表达和交流

数学与生活是紧密联系的。数、符号是刻画现实世界数量关系的重要语言。如果我们用数学的语言来表达和交流信息，并把它作为解决实际问题和进行交流的重要工具，我们就能从中感受到数学的价值。比如一个邮政编码就可以了解到是具体的什么地方；电话号码、身份证号码等，一个号码隐藏了许多的信息。因此要让学生会用数来表达和交流信息。我们不少教师在教学中都给学生编学号，其实这个学号应该让学生自己编写，年级、班级、排号、座号，这样学生不仅有兴趣，而且真正体会到数学的价值。例如，三年级 4 班第一组第 6 位同学编号为 3416。学生通过编号，不仅可以激发学习数学的兴趣，重要的是能让学生意识到数学在生活中的广泛用途。

四、在开放式的训练中能为解决问题选择适当的方法

数感的一个重要方面，就是能根据实际需要在多种方法中选择合适的解决问题的方法。而开放式训练可以使学生产生纵横联想，启发学生一题多解、一题多变 、一题多思，训练学生的发散思维，培养学生思维的广阔性和灵活性。

例如，如果要用一条直线来等分一个长方形，像这样的直线会有多少条呢？请同学们动动脑筋，自己可以画一画，也可以拿一张长方形纸折一折。(事先提供了一些长方形图形和纸）想好了，请小组长统计一下你们组想出了多少种方法。

(反馈汇报，学生以小组为单位展示自己的研究成果)

生 1：我们用折长方形纸的办法，找到了 4 条。

生 2：我是这样折的，也能等分这个长方形。

生 3：我还有不同的折法。

师：把这些折痕用水彩笔画出来，然后把几张长方形纸叠在一起，对着强光看一看，你发现了什么?

生 4：看到了一个中心点。

（教师用课件演示叠的过程，最后形成“许多等分线经过一个中心点”的图）

师：你能说说怎样的直线能等分长方形呢？

（引导学生得出：通过长方形中心点的任意一条直线都能等分长方形）

师：验证一下，再想一想这样的直线究竟有多少条。

师：用这样的方法能不能把其他的图形等分？

解答开放型习题，由于没有现成的解题模式，解题时往往需要从多个不同角度进行思考和探索，且有些问题的答案是不确定的，因而能激发学生丰富的想象力和强烈的好奇心，提高学生的学习兴趣，调动学生主动参与的积极性，还能培养学生在多种解题方法中选择最优方案的能力。

五、在计算教学中加强估算训练，学会对结果作出合理的解释

《标准》在第二学段“教学建议”中指出：“估算在日常生活与数学学习中有着十分广泛的应用，培养学生的估算意识，发展学生的估算能力，让学生拥有良好的数感，具有重要的价值。”新教材也同时把原选学的估算内容作为必学内容。因此，我们在教学中应加强估算教学，培养学生的估算意识，发展学生的估算能力，让学生拥有良好的数感，学会对结果作出合理的解释。

例如，小红家养猪年收入是5850元，养鱼年收入是3480元。估计这两项年收入一共多少元？不同学习程度的学生的估算策略有所不同，有的说：“5000加3000等于8000，850加480大于1000，因此，它们的和比9000多一点”；有的说：“5850少于6000，3480少于3500，因此它们的和比9500少”；有的说：“这个数比5000＋3000大，比6000＋4000小”，这些估算方法都是对的。教师应组织学生交流各自的估算方法，比较各自估算的结果，说出各自对估算结果的合理性解释，逐步发展学生的估算意识和估算策略。

学生数感的形成并不是一蹴而就的，而是在学生学习过程中逐步体验和建立起来的，所以教师在教学过程中应当结合有关内容和情境，加强对学生数感的培养，把它作为小学数学教育的重要目标之一，从而促进学生数学素养的提高。

浅谈在数学课堂教学中培养学生的创新意识

对学生来讲，学校是他们学习的主要场所，课堂是教师施教、学生求学的主阵地，自然是培养学生创新意识的主渠道。要有创新意识，首先要有“大胆”的精神，没有打破传统框框的勇气和信心，就谈不上创新。那么，如何在数学教学中培养学生的“大胆”精神，把培养创新意识落到实处呢？笔者认为：

一、在新知的导入中，注重培养学生的好奇

导入是一节课的“序幕”，导入的质量直接影响着学生的学习兴趣、好奇心。众所周知，兴趣是一种带趋向性的心理特征，一个人对某种事物产生兴趣时，他就会主动地、积极地、执着地去探索。好奇心，使人富有追根究底的精神，由于接触离奇的情境，才会深入思索事物的奥妙。

例如，教“能被2、5整除的数的特征”时，教师说：“请同学们任意报出一个自然数，老师马上就能断定它能不能被2、5整除。”一试，果真如此，学生一下子就觉得很奇怪、很有趣，对此会产生强烈的兴趣，从而会积极地、执着地去探索。类似这样的问题很多，如教学“分数的基本性质”，教师讲了一个“猴王分饼的故事”：有一群小猴子，爱吃猴王做的饼。其中猴大分到一个饼的$\frac{1}{4}$；猴二坚持要2块饼，无奈，猴王将一个饼平均分成8块，给了猴二2块；同样，猴三要3块，猴王将一个饼平均分成12块，给了

猴三3块。聪明的小朋友,请你想一想,谁分的多?猴王是怎样分的?用听故事的方法导入,不仅极大地激发了学习兴趣,而且充分调动了学生的求知欲。

二、在新知的探索中,积极培养学生的好问

陶行知先生曾说过:“发明千千万,起点在一问。”因此,要鼓励学生多问几个为什么。好问,需要培养学生敏锐的观察力和丰富的想象力,特别是创造性想象,以及培养善于进行变革和发现新问题或新关系的能力。

例如,教学“平面图形的面积复习”一课时,有学生提出:梯形的面积=(上底+下底)×高÷2,三角形的面积=底×高÷2,那么长方形、正方形、平行四边形的面积计算是不是也能用同一种公式?学生的提问其实已创造出一种新法则。接着继续鼓励学生来探究其中的规律,从而得出平面图形的面积,都等于上、下两底之和与高的乘积的一半。这正如爱因斯坦所说:“提出一个问题,往往比解决一个问题更重要。”

再如,教学“体积”的概念,这是一个比较抽象的概念。小学生对于“物体所占空间的大小”这一句话是很难理解的,教师也是很难讲清的。小学生不善于抽象,常常必须通过具体、形象、直观的事物来理解,于是我们采取转换的方法,通过具体的例子来帮助学生理解:比如一个粉笔盒,里面装满粉笔;一只矿泉水瓶,里面装满水;等等。由此,学生初步认识了空间概念之后便产生联想,展开想象。有学生说:“老师,我在电视上看到,我国的一些大城市街头,十分拥挤,主要是街头的空间被房子所占用,要是所有的房子都没有一楼,那街头就不会这样拥挤了。”

由此可见,由好奇到好问,由好问到展开想象,这是创新的美妙前奏。开拓学生知识领域,使学生有广博的知识,就便于发现各种知识之间的联系,受到启示,触发联想,产生迁移和链接,形成新的观点、新的理论,达到认识上的飞跃。正如法国科学家巴斯德所说:“偶然的机会只对于素有准备的人有利。”

三、在新知的获取中，善于培养学生的敢疑

“老师说过的”“老师是这样说的”，这是学生在家长面前常常说的话，很显然，小学生年龄小，经验不足，他们的认识还处于很低的水平，因此，要教育学生不要迷信课本和教师的“权威”，而要敢于质疑问难，甚至反驳老师的意见；当然，“疑”不是怀疑一切，而是从不同方位展开，透视问题的全部。

例如，有学生对面积的意义“物体表面或平面图形的大小叫做它们的面积”而生疑：① 用铅丝围成一个正方形，这个物体（正方形）表面是有面积的还是零面积？② 平面图形有哪些？“角”是平面图形，它的面积确定吗？又如，学习“角的初步认识”时，有的学生认为“角的大小与边的长短无关”这种说法不妥，提出疑问：“角的边是两条射线，射线不能度量，射线是没有长短的，怎么能说角的大小与边的长短无关呢？”

生疑的方法很多，可以从正面、反面、侧面等不同视角发现疑点，科学家牛顿正是从反面对苹果落地生疑而发现万有引力的。

四、在问题的解决中，着重培养学生的敢为

这里的问题，不是指常规问题，如课本中的习题；而是指不能用旧知中某种典范的方法去解答的新的问题。因为，一个问题一旦可以使用以前学会的算法轻易地解答出来，那么它就不再被认为是一个问题了。敢为，即冒险精神。例如，教学“分数乘除法”时，问题一：一根钢管长 8 米，$\frac{3}{4}$根钢管长多少米？通常的算法是 $8\times\frac{3}{4}=6$（米），有学生敢于打破常规的计算，用 $8\div4\times3=6$（米）求得。这显然是学生敢“冒天下之大不韪”的表现。问题二：小明用$\frac{3}{4}$张纸做了 6 朵纸花，1 张纸可以做多少朵纸花？通常的算法是 $1\div\left(\frac{3}{4}\div6\right)=8$（朵）。这样的算法不仅比较抽象，而且较难理解。有学生

用 $6\div\frac{3}{4}=8$(朵)来计算,不仅比较方便,而且较易理解。

培养学生的创新精神要落到实处,把美好的愿望化为具体的行动,就小学数学课堂教学来说,要把培养学生的创新精神,不失时机地贯穿于课堂教学的始终,持之以恒,使学生的创造潜力得以很好的开发,如此才能不辜负时代众望。因为“教育的使命是使每个人(无例外)发展自己的才能和创造潜能”。

从听课中发现的数学课堂教学中应注意的几个问题

最近一直听课，从"推门课""调研课""研讨课"到"跟踪课"，天天听一节，有时听两节。从听课中发现，如何在《标准》的理念下进行教学创新，是课程实施中的一个重要问题。为了更好地体现《标准》中所倡导的新的数学教学理念，还分学段撰写了教学建议，对于不同的学段也提出了不同的要求。在进行课堂教学时，我们首先要认真研读这些要求，从基本理念到设计思路，从总体目标到学段目标，从内容分析到教学建议，都要深入领会和理解其中的内涵，这样在课堂教学中才能把握住教学的内容(也就是传统所说的把握教材)，抓住教学的重点和难点。同时，在教学中要注意如下几个具体的问题：

一、让学生在现实的情境和已有知识经验中体验和理解数学

让学生在现实的情境中和已有知识的基础上体验和理解数学知识是教学中应该注意的一个重要问题。《标准》指出"学生的数学学习内容应当是现实的、有意义的"，"数学教学活动必须建立在学生的认知发展水平和已有的知识经验基础之上"。同时在各级目标中多次强调"从具体事例中""从具体情境中"，《标准》有 30 处提到了"经历"。因此我们在教学中，必须让学生在现实的情境和已有知识经验中体验和理解数学。我们可以从以下几个方面加以理解：

1. 加强数学知识和现实生活的联系

学生的数学学习的基础是学生生活经验。新课程"强调从学生已有的

生活经验出发，让学生亲身经历将实际问题抽象成数学模型并进行解释与应用的过程”。因此，在数学教学中要加强数学学习和现实的联系。作为数学教师在教学工作中要充分贯彻联系生活和数学应用的思想，让学生具有实践活动的机会，有运用数学知识解决现实生活问题并处理由其他学科提出的问题的机会，有对数学内部的规律和原理进行探索研究的机会。让学生用数学的眼光看待现实生活，结合生活实际学习数学。

例如，在关于“比例的应用”知识学习时，学生对于要用比例解应用题并不喜欢（因为用旧的算术方法解，学生已非常熟练），那么如何将这一新知识与生活联系，从而激发学生学习的兴趣呢？有的老师是这样设计的：在情境中，让学生先欣赏一下我国的国旗，大的、中的、小的，各式各样，但不管大小，看上去都很协调美观，接着让学生自己拿纸做一面小国旗，展示一下。发现有的做成了正方形，有的是长方形，但不协调。这时教师适时提出了问题：你们知道刚才老师给你们看的国旗为什么都很协调美观吗？我们今天学习了新知识后一定也会做出非常协调美观的小国旗的。学生的学习兴趣被调动起来了。再比如在“余数”教学中，可以让学生去寻找“生活中的余数”。有的学生提出了“月历上的余数”，有的学生提出了“春游分组”，这时教师可进一步提出：如果上电脑课，要给全班重新安排座位，按学号排队，然后每 4 人一排按顺序围坐在电脑的周围，请你们自己判断一下，自己应该在几排几座的位置上？学生结合已有的知识发现，运用除法能比较简便、快速地解决这个问题。比如有的学生是 22 号，那么有：22÷4＝5（排）……2（座），因此，该学生坐在第 6 排的第 2 个位置上。

2. 让学生在具体活动中体验数学知识

教育学和心理学研究表明：当学习的材料与学生已有的知识和生活经验相联系时，学习才会是有兴趣的。《标准》指出“教师应激发学生的学习积极性，向学生提供充分从事数学活动的机会，帮助他们在自主探索和合作交流的过程中真正理解和掌握基本的数学知识与技能、数学思想和方法，获得广泛的数学活动经验”。因此教学要从学生所熟悉的现实情境和已有的知识经验出发，组织有效的数学活动，在活动中让学生能够积极地展开思维。加强数学学习和现实的联系，也是激发学生学习兴趣的重要途径。

例如，教师可以用游戏方法激发学生学习兴趣，对于低年级阶段的儿童，游戏更有助于他们理解数学的意义。如在“小数的认识”教学中，可以通过让学生进行猜数游戏，使学生体会数的大小、小数的相关概念等。

一个同学说：“我买了一支钢笔，你们能猜中是多少钱吗？”

学生甲逐一设想：5.5 元，7.8 元，18.8 元……很显然，因为没有按一定的规律来猜，是很难猜中的。

学生乙则通过几个问题，比较迅速地找到了答案：

“这个数大于 5 元吗？”

“这个数小于 10 元吗？”

“这个数是一位小数吗？”

……

可见，这种游戏活动，使学生不仅认识了小数及相关概念，体会了小数的大小，最重要的是还学到了一种问题解决的策略。因此，当数学知识和学生的现实生活密切结合时，数学才是“现实的、有意义的”，才是活的，富有生命力的，才能激发学生学习和解决数学问题的兴趣。正如数学教育家弗赖登塔尔所言：“数学是现实的，学生从现实生活中学习数学，再把学到的数学应用到现实中去。”也正是“从实践中来到实践中去”这一颠扑不破的真理的真实写照。因此，教学要密切联系学生的生活经验，从现实中寻找学生学习的素材，使学生感受到数学就在自己的身边，就存在于周围的世界。比如为了使学生体会大数的意义，教学中可以设计这样的情境：“1 亿是个怎样大的数？”学生可以通过数秒针来计算，每秒为一次，那么要数多少时间？还可以通过 100 张纸的厚度是 1 厘米，计算 1 亿张纸的厚度。这样通过计算与比较，学生可以真实地感受到 1 亿这个数“很大”。

二、引导学生动手实践、自主探索和合作交流

《标准》指出：“有效的数学学习活动不能单纯地依赖模仿与记忆，动手实践、自主探索与合作交流是学生学习数学的重要方式。”因此我们的教学首先应该改变学生的学习方式。学生在讨论、观察、实验、猜测、验证、推理与交流等数学活动中，会形成自己对数学知识的理解和有效的学习策略。

具体地说，在教学中应该注意以下几点：

1. 让学生进行动手操作

有研究表明：人们在学习时，如果是单靠听、看，最多能掌握30%左右的新知，如果能参与动手做的话，可以达到90%甚至以上，因此孩子在孩提时亲手制作的玩具，能终身不忘。因此，《标准》中设计了许多让学生进行操作的内容。比如用小棒和圆片来理解“平均分”以及“10以内数的组成”；用小棒搭建几个三角形、四边形等来找规律；用搭积木、剪贴等方式理解立体图形与平面图形之间的关系；通过动手实验搜集数据，进行摸球游戏等内容，都是为了发展学生对于数学知识的理解。

那么是否所有的内容都需要动手操作呢？否。动手操作只是学习中的一种手段，目的是更好地促进学生对数学知识的理解并能用数学的语言、符号进行表达和交流。那么哪些内容更适合于动手操作呢？例如，建立某些新的概念，这些概念很难找到与其相适应的旧知识作为基础。

例如，认识“10以内的数、20以内的数”，第一次建立什么是“面积”“面积的单位”，还有“对称”“对称图形”“平移”“旋转”等概念。又如，推导抽象的公式和法则。在认识有关几何形体的特征，推导面积、体积公式时，利用操作实验法使它们等积变形。当学习“等腰三角形的性质”“圆柱的侧面展开”“三角形内角和”等可以先让学生通过操作实验来理解。

能借助于动手操作来理解的内容还有很多，需要教师进一步挖掘，但在使用时应注意如下两点：

第一，要留给学生足够的思维空间。由于动手操作的目的在于学生借助于直观的活动来实现和反映其内部的思维活动，所以必须给学生留有足够的思维空间。例如，在“展开圆柱的侧面”时，由于学生的圆柱不同，所得到的平面图形是不一样的，有的可能是长方形，有的可能是正方形，这时需要学生之间进行讨论和交流，才能建立起立体图形与其平面展开图形之间的关系。

第二，操作活动要适量、适度。所谓适量，就是不要动辄就操作，并不是多多益善；适度是指当学生的直观认识积累到一定程度时，就应该使学生在丰富的表象的基础上及时抽象，由直观向抽象水平转化。

2. 使学生进行独立思考和自主探索

教学要给学生提供自主探索的机会，让学生在讨论的基础上发现知识。比如当学习“轴对称图形”时，出示松树、衣服、蝴蝶、双喜等图形，让学生讨论这些图形所具有的性质。学生经过讨论得出“这些图形都是沿一条直线对折；左右两边对称的这些图形的两侧正好能够完全重合……”让学生自己得出了“轴对称图形”这个概念。为了加深学生的理解，当学习了“轴对称图形”后，可以让学生两两提问生活中的“轴对称图形”(比如数字、字母、汉字、人体、教室中的物体等)。学生在进行自主探索的过程中，经历了观察、实验、归纳、类比、直觉、数据处理等思维过程。

再如，完成下列计算：

1＋3＝？

1＋3＋5＝？　　　　　　(观察)

1＋3＋5＋7＝？

1＋3＋5＋7＋9＝？

根据以上结果，探索规律。　　　　(归纳)

可以先让学生独立完成计算。如果学生未能发现其中的规律，可以给学生展示下面的点阵。

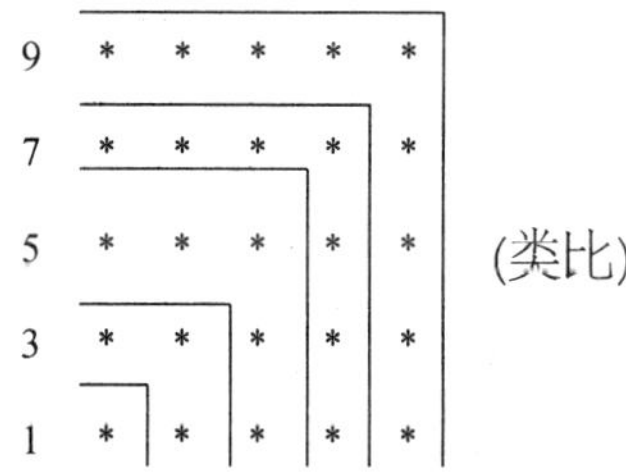

(类比)

图中每个“角尺型”图案里的点子数分别是 1,3,5,7,9,……而正方形又可以看成由这种“角尺型”组成的。正方形里的点子数等于角尺型的点子数之和。不难知道：

1＋3＝4,1＋3＋5＝9,1＋3＋5＋7＝16,………

学生经过探索，可以发现这些和是有规律的，即 $1+3=2^2$，$1+3+5=3^2$，$1+3+5+7=4^2$，……(归纳、直觉)，并尝试用代数式表达(处理数据)。

3. 鼓励学生合作交流

为了促使学生合作交流，在教学组织形式和教学方法上要进行变革，由原来单一的班级授课制转向班级授课制加小组合作学习的组织形式。组织小组合作学习是指使学生在小组中从事学习活动，借助于学生之间的互动，有效地促进学生之间的学习，并以团体的成绩为评价标准，共同达成数学目标的教学活动。在教学中，应该注意如下几个方面：

首先，进行合理地分组。为了促使学生进行小组合作学习，应对全班学生进行适当地分组。在分组中要考虑到学生的能力、兴趣、性别、背景等几个方面的因素。一般来讲，都是遵循着“组内异质、组间同质”的原则，这样才能保证每个小组在相同的水平上展开合作学习。

其次，明确小组合作的目标。合作学习是由教师发起的，教师不是合作诸方中的一方。这种“外部发起式”的特征决定了学生对合作目标的理解是非常重要的。只有理解了合作目标的意义，才能使合作能够顺利地进行。因此在教学中，每次合作学习，教师应该明确提出合作的目标、合作的要求。

例如，在教学“时、分、秒”时，教师将学生分成了四人一组，共进行了四次合作学习。其中的一次，老师发给每组两张纸，让学生填充，并具体写出要求：数一数、填一填。

<table>
<tr><td rowspan="3">钟面上</td><td>一共有(　　)大格</td></tr>
<tr><td>1 大格有(　　)小格</td></tr>
<tr><td>一共有(　　)小格</td></tr>
</table>

合作要求：

(1) 先两人一组，互相说一说；

(2) 再四人一小组，共同记录表格；

(3) 合作小组中的每个成员都承担一定的责任。

在小组合作学习中每个人都必须有一定的责任，以免“责任扩散”，使小组合作流于形式。

一般来讲，给小组中的每个成员编号1～4号(四人一组)，既可以像上例一样，先让两人互相说，然后四人共同记录；也可以给四个成员分别实施不同的任务要求，给每个成员提供相同的成功机会。

传统的课堂教学是以竞争为主的，少数学生的成功是建立在多数学生失败的基础上的，比如这样一种教学情境：

老师在讲台上出示一个预先折好的立体小猫纸模型，目的是让学生认识立方体。他首先让学生观察，然后再回答这个物体是什么形状的。学生纷纷把手举了起来，有些还使劲地将手举得高高的，希望老师能够提问到自己。当然，有些学生不敢举手，眼睛也不敢望老师，害怕老师提问到自己。老师叫小明回答，下面是他们的一段对话：

小明：纸。是猫的图形。

教师：再仔细看看，到底什么？

小明：是猫的眼睛、胡子、鼻子、腿。

教师：所有这些部分合在一起是什么？

小明：纸。

教师：这是什么？不是说它是由什么材料做成的，它的名字叫什么？

小明：它是画出来的？

教师：不对。

……

坐在小明旁边的小华知道是什么形状，当小明在沉默时，小华高兴地举起了手，把手举得很高，老师叫他回答，小华说："是立方体。"教师马上说："对，你真聪明！"

从上面的案例中，我们可以知道，小华的成功、聪明是建立在小明的失败的基础上的。小华所获得的成功的体验必然导致小明尝受失败的痛苦。如果换成是合作的课堂，小明和小华被分配在同一组，那么，老师会让小华对小明的回答进行补充、纠正，小华的成功是他们小组集体合作的结果，老师也是以小组为整体进行奖励的。而根据心理学家的观点，人们为了维护自尊，在看待自己的行为时，习惯用内部归因来解释成功(如将成功归因于自己的能力)，而用外部归因来解释失败(如将失败归因于环境)。在合作的情况下，老师把小明的失败归因于同伴的帮助不够，这样不会伤害小明的自尊，不会使小明产生失败的体验。

三、重视估算，鼓励解决问题策略的多样化

不同的学生有不同的思维方式、不同的兴趣爱好以及不同的发展潜能。教学中应关注学生的这些个性差异，应允许学生思维方式的多样化和思维水平有不同层次。估算、估测和算法多样化是问题解决策略多样化的一些重要的体现。

1. 重视让学生进行估算

估算，是估计数的意识，其主要思想是把握数的大致范围。生活中很多时候都要用到估算，而不需要精确计算。

例如，“小红的妈妈买一台洗衣机要花 2880 元，一个电饭锅要花 268 元，大概需要多少钱?”教学中应充分鼓励学生交流各自的估算方法，可以是将 2880 元看成 3000 元，268 元看成 300 元，这样大概要带 3300 元；也可以把 2880 元看成 2900 元，268 元看成 250 元，一共大约 3150 元；还可以把 2880 元看成 2900 元，268 元看成 300 元，共 3200 元。不同的学生可能有不同的估算方法，教师应该鼓励他们进行交流，看哪种估计比较接近准确值。如上面的几个结果，学生经过讨论，认为 3150 元比较接近准确值 3200 元，是最常用的方法。再比如，汽车 2 小时行驶 100 千米，5 小时行驶的路程是多少? 先让学生估算，5 小时行的路程一定比 2 小时多，即大于 100 千米，等等。

与“数与代数”中的估算相类似，在“空间与图形”中，估测也是非常重要的。比如估计 1 万粒(或 1 粒)大米的质量。

此题是一个开放性的问题，学生可以用多种方法进行估计。比如可以通过称 100 粒大米的质量来估计 1 万粒(或 1 粒)大米的质量，也可以通过数 0.1 千克大米的粒数进行估计等。总之，应让学生采取不同的估计方式，并将结果进行交流。

2. 提倡算法多样化

算法多样化也是体现问题解决策略多样化的一个重要的表现。如计算

54＋37的问题，下列的方法都应当是得到肯定的。

(1)
$$\begin{array}{r} 54 \\ +\ 37 \\ \hline 91 \end{array}$$

(2) 54＋37
＝54＋30＋7
＝84＋7
＝91

(3) 50＋30＝80
4＋7＝11
80＋11＝91
54＋37＝91

(4) 54＋37
＝54＋6＋31
＝60＋31
＝91

教师不应急于评价各种算法，而应引导学生通过比较这些算法的特点，选择适合自己的算法。由于学生生活背景和思考角度不同，所使用的方法必然存在不同，教师应尊重学生的想法，提倡思维方式多样化。

例如，"用火柴棒搭正方形"的活动。首先搭建1个正方形需要4根小棒，通过让学生动手操作，再看搭建2个、3个……10个正方形需要多少根小棒，进而探索搭建100个正方形所需要小棒的根数。

在探索的过程中，由于学生思考的方式不一样，所以归纳出的算式也是不同的，如$4+3(x-1)$，$x+x+(x+1)$等。

3. 发挥学生的主动性，提倡个性化学习

鼓励解决问题策略的多样化，就要让学生成为学习的主人，教师要把思考的空间和时间留给学生。教师工作贵在启发，重在信任，让学生有表现自己才干的机会。学生是数学学习的主体，教师要引导学生主动学习。所谓主动学习，就是要强调学习数学是一个学生自己理解和反思的过程，强调了以学生为主体的学习活动对学生理解数学的重要性。学生学习数学的过程不是学生被动地吸收课本上的现成结论，而是一个学生亲自参与丰富、生动的思维活动，经历一个实践和创新的过程。具体地说，学生应该从他们自己的经验出发，在教师帮助下自己动手、动脑做数学，逐步发展对数学概念的理解能力和问题解决的能力。

鼓励解决问题策略的多样化，也是鼓励和提倡个性化的学习。学生在学习数学的过程中有他们自己知识基础的思维特点。数学教育的目的并不是仅仅为了使学生形成高效、统一、固定的运算方法和熟练的技能，同时也要发展学生的思维能力。在数学教学过程中，教师要激励和尊重学生多样性的独立思维方式。因此，数学学习活动要让所有学生都能积极参加讨论，激荡学生思维，启发学生的独立运用数学知识思考与创作的意识，促进学生创造力的发展。在课堂教学中，应该让学生明确表达想法，强化合理判断与理性沟通的能力，在师生、生生互动中建构数学知识。

四、培养学生应用数学的意识和提高解决问题的能力

数学教学应从学生所熟悉的现实生活出发，从具体的问题到抽象的概念，得到抽象化的知识后，再把它们应用到新的现实情境中去，培养学生应用数学的意识和提高解决问题的能力。

1. 让学生经历“问题情境—建立模型—解释、应用与拓展”的过程

为了使学生体会应用数学的过程，教学展开时采取“问题情境—建立模型—解释、应用与拓展”的过程。这个过程的基本思路是：经比较现实的、有趣的或与学生已有知识相联系的问题引起学生的讨论，在解决问题的过程中，出现新的知识点或有待于形成的运算技能，学生带着明确的解决问题的目的去了解新知识，形成新的技能，反过来解决原先的问题。学生在这个过程中体会数学的整体性，体验策略的多样化，初步形成评价与反思的意识，从而提高解决问题的能力。

例如，“用长方形的纸折出一个无底的圆柱体，使其容积最大”。该课题研究从学生熟悉的折纸活动开始，进而通过操作、抽象分析和交流，形成问题的代数表达；再通过收集有关数据，以及对不同数据的归纳，猜测“体积变化与底面周长、高之间变化的联系”，最终通过交流与验证等活动，获得问题的解，并对求解的过程作出反思。在这个过程中，学生体会到图形的展开与折叠，学会用字母表示和制作与分析统计图表等方面知识的联系与综合应用。

2. 培养学生提出问题和解决问题的能力

在教学中如何提高学生解决问题的能力呢？首先，使学生获得从数学的角度提出、认识和理解问题的能力。数学与现实世界是紧密相关的，要让学生在学习时，善于从数学的角度提出问题、发现问题。比如在学习了乘法计算和图形的认识两部分内容之后，可以安排如下的活动：某花店有若干标明价格的花，可以让学生提出不同的问题，如5枝某种花多少钱，10元钱可以配哪些花，某几种花共多少钱；可以设置让学生从不同方位看花店的某个物体的几何图形，让学生提出问题，并进行讨论解决。

其次，使学生学会运用多种方法解决问题，使解题方法多样化。由于不同的学生在认识方法上存在着差异，因此他们有不同的认识方式和解决方式。要鼓励学生从不同的角度、通过不同的途径来思考和解决问题。如学生在认识平行四边形和梯形时，各有自己的观点，教师要鼓励学生可以从边的特点看，也可以从角的特点看，还可以从这类图形与其他图形（长方形等）的区别来看。这样就可以展开学生的思维，在更深的层次上认识所学的内容。又如，组织学生通过合作探索“借助不同参照物确定物体的位置，并画出示意图”和“在方格纸上连接用数对表示的点所构成的折线”。几个人一个小组，讨论用什么方法完成这样一项任务。由一个同学描述从家到学校要经过的主要建筑物，其他同学按他所说的画出示意图。学生也可以对描述得是否准确，示意图画得是否清楚展开讨论，提出修正意见。最后形成一个大家都可以接受的描述方法和示意图。在这个过程中，学生们一方面可以了解到大家合作做一个事情的意义，另一方面也可以了解不同的学生对一个问题的不同看法。

通过解决问题，要让学生逐步形成评价与反思的意识。解题策略对于学生来说是非常重要的，但对结果的及时反思也是非常重要的。在学生的学习中，要经常要求学生反思这样的问题：“你是怎样想的？”“刚才你是怎么做的？”“如果……，怎么样？”“出现什么错误了？”“你将怎么办？”“你认为哪个答案更好？”……引导学生的注意力，使学生逐步具有反思的意识和习惯，以培养认真的学习态度。

3. 注重数学与其他学科的联系与综合

数学教学与其他学科的联系与综合是一个重要的研究和实践趋势。这是近年来，数学教学改革的一个值得注意的特点。2011年相城区骨干教师“大家学堂”培训时，省教研室董洪亮老师设计，让文科老师备理科的课、说理科的课，而理科老师备文科的课、说文科的课，交流时大家是感慨万千。一位高中语文老师对小学五年级学生认识公顷单位要用40分钟1节课的时间一直想不明白；几位初中数学老师也认为要让学生知道边长是100米的正方形面积就是1公顷，用边长×边长计算得出1公顷=10000平方米就行了。然而小学生又怎能理解10000平方米=1公顷呢？因此，我们要根据学生的认知规律研究数学教学与其他学科联系的问题。不仅要将现实生活题材引入数学，而且要注意加强数学和其他科目的联系，打破传统格局的学科限制，允许在数学课中研究与数学有关的其他问题。综合是数学应用思想的延续和发展。数学教学设计要从数学应用广泛性这一特点出发，数学应用具有多科性，数学可以解决其他学科中的问题。数学与自然、语文等学科有关，是学习这些学科的重要基础。人为地设置学科壁垒是不必要的。相反，数学可以从这些科目问题中找到应用的广阔途径，体现数学的丰富内涵，也可以从它们那里吸收丰富的营养，特别是语言发展是理解力发展的重要前提。教师要研究数学和其他学科的关系，制定工作计划，通过课程综合工作，全面发展学生的数学素质。

解决实际问题往往不只涉及数学的一招一式，可能涉及其他知识与能力，应用的过程是一个综合性的思维活动。数学能力与许多一般能力应该协同发展，如合作、实验、分析、推理、观察、交流等。在数学教学中，应重在培养兴趣，并适当发展学生综合思维的能力。让学生有机会综合地运用各门课程的知识和技能，培养自己发现问题的意识，培养自己思考和判断的能力，掌握信息的收集、调查、总结的方法；培养以问题解决、探究活动为主的创造能力，以便初步获得对数学的正确看法。

五、运用多种媒体，整合现代教育技术与小学数学教学

当前信息技术飞速发展，信息技术在教育中的应用，是教育改革和发展的需要。先进的高科技手段的应用必将加快教育改革的步伐，由于现代教育技术具有图、文、声并茂甚至有活动影像这样的特点，所以能够提供最理想的教学环境，教育与信息技术相结合必将产生传统教学模式难以比拟的良好效果。

新时期的小学数学教学发展，面临着新的机遇和挑战。新颖、先进的教育技术，为小学数学教学新的生长点提供了广阔的展示平台。因此，研究现代教育技术和小学数学教学的整合，有利于充分认识到：实施小学数学教学必然地要以先进的教育理论为指导，转变教育思想，改革课堂教学，更新教学方法和手段，促进教育观念与教学机制的整体深刻变革。

1. 通过现代教育技术，可以增大课堂信息容量

决定课堂容量的一个重要因素是学生的接受能力，多媒体手段给学生的多重感官刺激和直观教学，加快了学生理解进程，增强了学生的认知能力，从而缩短了学生对同样内容的接受时间，为增大课堂容量提供了很好的条件。另一方面，课堂容量一定程度上也受到板书方式、速度的影响，尤其是当需要板书的文字和需要作的图比较多的时候，粉笔书写和作图较大地制约了课堂的进度，利用多媒体技术存储功能可以根据需要把一些图形、题目、题目的分析或解答过程等预先存储在电脑当中，课堂上适时地在学生面前展现出来，还可以利用计算机高速处理信息的特点，在课堂上快速、准确地进行作图，为课堂增加知识容量。通过计算机软件，教师可以对教学目标信息实现实时控制，可以在任何时刻让某段文字、某个图形出现，也可以在任何时刻让它们隐去；可以随机作出图像；可以对屏幕上出现的运动对象随时干预，像电影定格一样使之静止在某一画面上，以对某些需要强调的运动结果进行特写；可以对图形（或图像）进行局部放大；等等。这样大大丰富了教学手段，拓展了师生交流的渠道，提高了课堂效率。

2. 多媒体电教手段可以充分发挥教师的主导作用和学生的主体作用

一些传统电教手段如电影、电视、录像等可以同时表现文字、图形、影像、声音、动画等多媒体功能,但却不具备计算机最具胜力、最能显示多媒体特点的技术——人机的交互性。小学数学课堂教学过程是师生信息交流的过程,在这个过程中,教师起主导作用,学生占主体地位。教师的主导作用体现在对信息流向、流程的控制上,人机交互功能使得教师能根据信息特点、学生特点和课堂的实际情况,实时地控制信息的表现形式和频度,充分发挥主导作用。通过计算机可以控制某些对象(文字、图形等),使它们自动演绎出结果(而不是由老师说出),从而使学生对这些对象及其演绎的过程有着亲切感;利用计算机的快速功能可以充分展示思维的各种发展方向以开拓学生思维;利用计算机的存储功能可以反复演示某些内容而避免了板书和擦黑板的不方便。另外,在传统的信息单向传递中,学生接受信息时处于一种被控制的消极地位,计算机的人机交互性使学生可以上机直接操作课件,控制信息传输的速度和次数,或通过多媒体教学网络,实现学生之间、学生和教师之间的多向交流,这些都使学生在教学中有更强的参与度,更能发挥学生的主体作用。

3. 实现课堂教学有效和及时的反馈、矫正

计算机的交互性能还可以提供各种丰富多彩、生动活泼、容量大、反应快的即时反馈信息。传统教学中,教学效果往往要通过批改学生作业或测验才能了解到,学生反馈的信息相对滞后,计算机可以实现对学生课堂练习的即时反馈,一方面满足了学生急于了解自己学习效果的愿望,提高了学生的积极性,另一方面使教师能及时掌握学生的学习情况,在做下一步教学决策时更主动。例如,利用计算机的测试功能,可当堂对本课的全部知识点进行全班达标检测,并能按顺序调出检测题,选择答案。这样有利于纠正错误及时补救,不让错误在头脑里“过夜”。当堂巩固,当堂矫正,更有效地消除了学生在学习中的累积性误差。

4. 利于充分发展个性，实现因材施教

多媒体辅助教学打破了“齐步前进”的局面，解决了传统教学不能解决的“多边互动，因材施教”问题，即优秀生可以快一点前进，学困生可以慢一点。利用计算机的分组辅导、个别辅导、交互辅导功能，教师可以将整体教学和个别辅导有机地结合起来，实现因材施教，比较自由充分地发挥学生个性，不至于因为要照顾学困生放慢速度而使优生吃不饱，也不至于因为要照顾优秀生加快速度或加大难度而使学困生吃不消，使优秀生和学困生的主动性、积极性都被调动起来。使优秀生从被动等待中解放出来，学困生从被动压抑中解救出来；小学数学教学课堂呈现出多边互动、轻松愉快、生动活泼的局面，每个学生都在自觉地寻求知识发展自己；主动性、积极性、趣味性由于多媒体技术的介入而融为一体，学习效率和教学技能都相应得到提高。

异年级同类型教材的分合式教学

小学数学教材是依据学生的认识规律和智力发展水平，由简到繁，由浅入深，由易到难，循序渐进，螺旋上升编排的，即使是同一类型的数学知识，也采用适当分段螺旋式编排。例如“整数的认识”，分成二十以内、百以内、万以内、多位数四个阶段。每个阶段逐步加深，安排在低、中年级。又如“分数”的学习，中年级通过直观的方式使学生初步认识一些简单的分数，高年级再进一步对分数的意义予以概括，并系统地学习分数的四则运算。复式教学时间紧，任务重，有其困难的因素，但掌握教材的编排体系，将课题类型相同、要求层次不同的教材有机结合，安排在复式教学的一堂课中进行是行之有效的办法。这种在一堂课中，对不同年级采用有分有合，有统一活动，又有分别活动的分合教学法，可以使各年级各得其所，大大提高复式课堂教学效率。

现以三、四年级数学为例，第五册与第七册教材中有许多课题类型相同，但目标要求不完全一样的章节。例如，第五册“除数是一位数的除法”与第七册“除数是二、三位数的除法”；第五册“混合运算和应用题”与第七册“混合运算和应用题”等，这些教材的重点难点差不多是相同的，只不过要求和层次不同。因此，在复式教学中可以有意识地将这些内容调整后，集中在一堂课中，采用分合教学法教学。如三年级在学习“除数是一位数的除法”时，四年级也同时学习“除数是二、三位数的除法”。先采用合的教学环节，学习三年级的例 1，对四年级学生提出不同的要求。① 边听边思：“除数是一位数的除法”的计算法则是怎样的？② 自学例 1，比较“除数是二、三位数的除法”与“除数是一位数的除法”计算方法有什么相同的地方？待三年级讲解完毕，便分开教学，三年级巩固练习板演题，而四年级则自学例题并完成尝试题，三年级巩固作业结束，进入静态过程，这时再来四年级的教学，其实至此，四年级学生已基本掌握了“除数是二、三位数的除法”的计算方法，只需教师略加点拨。通过比较、归纳，就把重点和难点化解了，达到了事半功倍的效果。

再如，三年级应用题中有一个例题“食堂原有大米 250 千克，又买来 4 袋，每袋 100 千克，食堂现在有大米多少千克?”正好与四年级学习“两积求和”应用题相仿。因此也采用了分合教学法教学。在三年级讲解应用题时，让四年级学生边听边想:这题的数量关系是怎样的？已知条件是什么？未知条件又是什么？应该先求什么，再求什么？怎样列式解答？待三年级进入静态巩固练习时，四年级则马上尝试变式题，即把原题改为“食堂原有大米 5 袋，每袋 50 千克，又买来 4 袋，每袋 100 千克，食堂现在有大米多少千克?”由于学生早已掌握了数量关系，变式题便很容易解出。再出示课本例题，就变成了一道真正的巩固题了，此时的重点和难点只要放在分析应用题的结构，掌握解题规律，提高审题能力方面就可以了。

实践证明，有机组合教学内容，将课题类型相同的教材放在复式教学的一堂课中采用分合式教学方法教学，是提高复式课堂教学效率的途径之一，首先可以大大增加动态时间，特别是合的全动过程，更可采用单式的有效方法进行全动教学，突出重点，突破难点；其次，可以使学生体会到数学知识的系统性和层次性；再次，还能激起不同年级学生的学习兴趣，较高年级学生认为学习的是低年级的内容，如果学不好，总有些难为情，迫使其认真听讲，对低年级的学生来说，今天学习的是高年级的内容，比较难，要认真听；最后，还能适应不同学习水平学生的学习需要，使低年级的优等生超前学习，使高年级的学困生多一次复习与巩固的机会，两方面相得益彰。

营造良好课堂学习氛围，促进学生心理健康发展

现代心理学研究表明，良好的心理状况能提高人的各种心理机能。同样良好的课堂学习氛围对于提高学习效率是至关重要的。多年的教学经验证明，积极良好、和谐愉快的课堂氛围能使学生的大脑皮层兴奋，有助于学生的智力活动。在此情况下学生往往思路开阔、思维敏捷、想象力丰富，从而学习效率较高，相反消极压抑的课堂心理氛围则会使学生的智力活动受到抑制，使学生思路狭窄、思维呆板、效率低下。那么如何在课堂教学中营造积极良好的课堂学习氛围呢？

一、想方设法，与学生建立融洽的关系

社会环境的变化，家庭的娇宠，使现在的学生养成以自我为中心的思维方式，那种盲目惧怕，绝对俯首帖耳的学生已不多见。在绝不迁就姑息的基础上，教师应调整自身，运用教育学、心理学等方面的知识以科学的管理方法去面对学生，教师在课堂上应有主持人优雅自如的风度。要自然、大方，面带微笑，使学生在和谐的气氛中学习。“亲其师”才能“信其道”，学生喜欢老师，也会对这位老师所教的学科感兴趣，进而幻想在这门学科领域里有所创造。建立良好的师生关系，为学生创设一个轻松、愉快、和谐的学习情境，课堂教学效率才会大大提高。反之，上课效率也便无从保证。

二、放下架子，把学生看作课堂教学的合作者

教师与学生都是教学活动的参与者，两者在人格上是平等的，学生是主

体，教师是主导，缺一不可。然而，长期以来受中国传统师道尊严思想影响，教师是课堂的中心，至高无上，学生处于被支配的地位，被动地接受教师所传授的知识，这就自然会使学生的主体性无从体现，使学生产生压迫感，束缚学生的思维和想象力，压抑学生的才华。新课程改革需要教师重新认识自己的角色。新课程标准最大的特色就是学生的全员参与，全程参与，师生互动，共同发展。因此，教师由管理者变成组织者，由实施者变成开发者，由传授者变成参与者，由主导者变成引导者，由教书匠变成研究者。教师在课堂活动中应改变自己高高在上的传统习惯，把自己看作是教学活动中平等的一员，以平等的态度对待学生，以民主的方式指导和组织学生活动，只有教师和学生在课堂上相互尊重、相互信任才能形成融洽的师生关系，使学生有积极的情感体验，达到教学相长的效果。

三、创设条件，让学生都体验成功

认知心理学认为，儿童具有一种与生俱来的探索能力，他们渴望在学习中获得乐趣、取得成功。作为教师，要尊重并满足学生的这种需要，努力创造条件，让学生的潜能得到充分激活，主动经历探索过程，以促进学生能力的发展。

首先，对学生要予以成功的期待，因为教师对学生的期待具有很大的感召力和推动力，能激起学生潜在力量，激发学生向上的学习主动性。其次，创设使他们都能获得成功的机会，进行分层教学，对不同层次学生提出不同的目标要求，精心设计练习，布置分层作业。再次，展示成功，让不同层次学生的学习成果得到展示的机会，营造享受成功的情境。

四、正确评价，合理期望每一位学生

教学评价是教学活动的一个重要组成部分，它不仅可以及时对师生教与学的状况作出价值判断和量化评估，而且对课堂教学起着直接的导向作用。对学生的评价不能仅仅评价他的学习，要以学生的各个方面为评价对象。我们要非常重视孩子的每一点进步，要让他们永远充满自信。老师要以赏识的眼光关注每一个学生，发现其“闪光点”，以积极的态度评价学生，让学生在“铺满鲜花”的人生道路处茁壮成长。

当代人本主义心理学认为，人具有实现的倾向，通俗地说就是在本性上有向上的倾向。马斯洛的需要层次理论也认为人不仅有得到他人尊重与理解的需要，也有自我实现的需要，小学生虽然还是孩子，但他们的这种需要并不比成年人弱，甚至可能更强，他们也希望得到他人的赞赏和认同。大量的教育心理学研究还表明，教师的期望对学生的影响是确定存在的。教师对学生的高期望往往使学生向好的方向发展，反之则会使学生越来越差，著名的皮格马利翁效应已经证明一切，所以教师一定要对学生抱有合理的期望，并将这一期望以各种方式传递给学生。如在课堂上多用激励性的语言去评价学生，鼓励他们提问或回答问题，从而消除学生对老师的敬畏感，产生敢于思考、敢于提问的良好心理效应。要知道有时教师一句热情而富有鼓励性的话，一个亲切而信任的目光，都可能引起学生的兴奋感、愉快感和责任感，产生积极的心理状态。

五、精心设计，合理地安排和进行课堂教学

教师的讲课质量也是影响课堂心理氛围的因素之一，它往往会影响到学生对知识的兴趣和接受程度。如果教师的课上得生动有趣，符合学生的实际，便能吸引学生认真听，从而形成良好的心理氛围，教师的课如果是枯燥乏味的，学生也必然是听得索然无味，当然也就谈不上形成良好的课堂心理氛围了。这就要求教师在日常工作中要注意提高自身的修养、素质，不断充实自身的知识储备，对每一堂课都结合教材与学生实际进行精心的准备和安排，讲课详略得当，重点突出，内容丰富新颖，语言生动、形象，形式多样有趣，从而使学生产生乐学的心理，在不知不觉中形成一种良好的心理氛围。

在小学数学教学中培养学生的创新意识

有人做过一个实验，在幼儿园、小学、中学、大学的黑板上画一个圆，让学生说说画的是什么。幼儿园能说出很多，太阳、圆月、饼等等，到大学除了圆什么都没有，研究发现，随着受教育程度的加深，学生的思维越来越狭窄，创新思维逐渐被抹杀。于是，创新成为课程标准提出的一项要求，也成为学校教育开始重视的一个方面。其实创新是小学生潜在具有的一种朦胧意识。那么，在数学教学活动中，如何培养学生的创新意识呢？

一、在教学目标上，做到"上不封顶"

教学目标的确立，是教师教学思想的充分体现，同时也是培养学生创造才能的前提，有什么样的教学目标，就能培养出什么样的学生。但是在教学实践中教学目标的确立，必须坚持"下要保底，上不封顶"。"下要保底"，是指要遵循课程标准的要求，扎扎实实地完成基础知识和基本技能的教学，达到《标准》中规定的"了解""掌握""初步""熟练"等程度的要求；"上不封顶"，是指教师在完成上述教学目标的同时，要注重培养学生敢于突破教材，敢于突破自我。鼓励学生在学习过程中，思维越活越好，思路越宽越好，质疑越多越好，方法越奇越好，速度越快越好，争论得越激烈越好，观察得越细越好。这样的教学目标的确立，不仅有利于基础知识和基本技能教学目标的完成，同时也为学生"八仙过海，各显神通"，为培养学生的创新意识，奠定了良好的基础。

二、在教学过程中，鼓励学生“我会学”

创新意识，确切地说不是在“学会”中形成的，而是在“会学”的基础上形成的。“学会”是学生侧重于接受知识，积累知识，以提高学生解决问题的能力，而“会学”是学生侧重于掌握学法，主动探求知识，目的在于发现新知识，提出新问题，解决新问题。“学会”是“会学”的前提，“会学”是“学会”的创造。因此，在课堂教学实践中，要坚持把教师的“教”变成教师的“引”，把学生被动的“学”变成主动的“学”。教师的“引”是前提，学生的“会学”是升华，是创新。因此，在课堂教学中要十分注意“引”的设计。一是“引”要新，有新奇性，使学生感到学习内容的有趣，从而激发学生创造性学习的兴趣；二是“引”要近，要贴近学生的生活实际，使学生感到学习内容并不深奥，从而调动学生学习的积极性和主动性；三是“引”要准，要符合学生现有的知识水平实际，使学生容易受到学习内容启发，从而创设学生勤于动脑，富于想象的氛围；四是“引”要深，要有深度，广度、坡度要适宜，从而使学生喜欢围绕学习内容积极思考、寻根究底等等。

在设计好教师“引”的前提下，还要注意学生“学”的设计：一是让学生带着教师“引”的问题自学，其目的是使学生对新知识达到懂和会，即求“会”，这是培养学生创造才能的前提和基础；二是带着“为什么”去自学，其目的是使学生通过不同的理解，达到对新知识新办法的认同，即求“同”，这是培养学生创新意识的过渡；三是带着“这是唯一的吗?”去自学，其目的是培养学生于无疑处见有疑，从而激发学生从不同角度、不同侧面去寻找解决问题的途径和办法，即求“新”，这是学生创新意识的萌芽。当然，学生创新意识的形成，不是通过一题一课所能完成的，只有坚持持久，并正确处理好教与学的关系，学生创新意识才会逐步形成。

三、在教学练习中，使学生“跳一跳，摘果子”

学生的创新意识，是在“会学”中逐步形成的，而创新意识的巩固与提高，则是在教学练习中得到保证的。因此，在教学实践中必须注意练习题的设计：一是要层次分明，既要设计出考察基础知识和基本技能的巩固题，又要设计出培养学生创造才能的发展题；二是形式要新颖有趣，就是说练习题既要来源于学生的生活，又要高于学生的生活，使学生乐学善思；三是条件要发散多变，使学生认识到，结果不能唾手可得，需要认真思考，反复实践才能解决；四是要适当运用一题多解的开放题等等。

学生创新意识的培养，贯穿于整个教学活动之中，只要我们认真研究和探索，学生的创新意识定会逐渐养成。

浅谈如何指导一年级学生阅读数学课本

阅读教学,历来被认为是语文教学的重要手段。由于数学课本内容单调,比较难读,不易引起学生的学习兴趣,特别是一年级的新生识字不多,阅读更是无从谈起。因此很多教师上数学课不让学生看书,怕分散学生的注意力,数学课本成了习题集或练习册。为了改变这种状况,笔者在一年级的数学教学中注意利用课本,及早教会学生阅读数学课本,培养学生自觉喜爱阅读数学课本的习惯,通过半年多的实践与观察,收到了良好的效果。

一、培养学生热爱课本的感情

刚入学时,采用先讲后看书的方法,也就是在教师讲授时,先看放大的挂图,讲完后,让学生打开书看看,指出老师讲的是哪道题,插图画的是什么,算式是怎样写的等等,使他们看到老师课堂上用的有趣的教具和讲的有用的知识都是来自课本,从而产生对课本的热爱之情。

二、培养学生边看书边思考的习惯

当学生初步形成课堂常规,有了一定的自制能力时,便采用讲讲看看的办法。教师先讲一个段落,让学生看一个段落,思考一些简单的问题;再讲一个段落,再看一段,思考一些问题。然后引导学生自己阅读全部内容,也就是按照书上的例题一步一步地去看,一边看一边思考,例题是怎么说的,书上的插图是什么意思,再看看是怎么算的,旁注是怎么写的,最后让学生用自己的话连起来说一说例题的意思,教师择时补充、讲解。

三、培养学生自己阅读课本的习惯

通过一个阶段的训练以后，再进一步要求学生带着问题自己阅读课本的有关章节，也就是提出明确的要求、简明的问题，让学生边看边思考问题或小组讨论，不时让学生从课本中寻找正确的答案，体会阅读成功的乐趣，逐步养成自觉看书的习惯。

四、培养学生钻研课本的习惯

当学生初步能够看懂课本时，让学生深入探究课本的内容，包括插图、提示语、旁注等，思考为什么这样做，或插图中除了老师所讲的还包含有哪些内容，或这组题为什么要编排在一起等，通过分析、比较来认识某些规律。例如，做一做：12－5＋4，12－(5＋4)，14＋9－3，14＋(9－3)。待学生完成后进行比较，从而发现：如果括号前面是加号，括号有与没有，计算结果是相等的；但是如果括号前面是减号，有括号与没有括号结果就不一样了，所以人们在计算有括号的题目时，一定要先算括号里面的。当然，对于一年级的学生，要求不宜过高，只能由浅入深循序渐进，并持之以恒地进行训练。

在小学低年级数学教学中，指导学生阅读数学课本，是培养自学能力，掌握学习方法的重要基础。实践证明，一年级的学生也能阅读并且能读懂数学课本。

浅谈如何借助学生已有的生活经验学习认数

数学源于生活，根植于生活。数学教学就要从学生的生活经验和已有的知识点出发，联系生活讲数学，把生活经验数学化，数学问题生活化。要激发学生学习数学的兴趣，让学生深刻体会到生活离不开数学，数学是解决生活问题的钥匙，从而增强学生学习数学的趣味性。《标准》也给我们明确提出："数学教学要紧密联系学生的生活实际，从学生的生活经验和已有的知识出发，创设生动有趣的情境，引导学生开展观察、操作、猜想、推理、交流等活动。使学生通过数学活动，掌握基本的数学知识和技能，初步学会从数学角度去观察事物，思考问题，激发对学习数学的兴趣，以及学好数学的愿望，树立学好数学的自信心。"

一年级的数学课本，好像一本童话书一样漂亮，每一课的内容，都有一个情景故事表现出来，把数学知识融入学生非常熟悉的生活中，对于新入学的一年级学生，有很大的吸引力。大部分学生在幼儿园都受到过学前教育，在生活中也学到一些与数学有关的生活知识，他们对数学并不是一无所知。因此，在数学教学中，借助学生已有的生活经验引导学生学习认数，也是一个较好的方法。

一、培养学生主动学习的愿望，让学生体会到身边有数学

数学教学中，要善于引导学生观察生活中的实际问题，感受数学与生活的密切联系。在学习"认数"时，带领学生在美丽的校园中参观，组织各种课内外活动，让学生体验、感受数学就在学校生活中，就在我们的学习、游戏

中,使学生明白数学原来是无处不在的,从而喜欢即将开始的数学学习生活。

例如,在学习“老鹰捉小鸡”这一课时,笔者便把学生领到操场这个“大课堂”,在游戏中进行数学教学,通过学生非常熟悉喜爱的“老鹰捉小鸡”的游戏,来学习“1～10数的认识”。在游戏中让学生数一数“有几个小朋友参加游戏”“男同学有几人”“女同学有几人”等等;在“你排在第几”的问题中感知数的另一个含义——“序数”。整节课,学生们“玩”得很开心,“大课堂”气氛很活跃,改变了以往枯燥乏味的被动式课堂氛围,每一位学生都积极主动地参与到游戏学习中去,“学习”热情很高。学生在不知不觉中圆满完成了整节课的学习任务。这样的数学课堂,让学生深切体会到原来数学就在自己身边,使学生对数学逐渐产生亲切感,从而培养了学生主动学习的愿望。

二、发现生活中的数学问题,借助生活经验,学会探索解决数学问题

学生的数学知识,生活中的数学常识,数学经验的建立,是依赖于实际生活实践,是学生看得见、摸得着、听得到的现实。生活中的数学问题具有形象性和启发性,它能唤醒学生已有的生活经验,增强学习的动机和信心,有助于引导学生进入数学情境,也有利于学生思维发展。教师要善于挖掘数学内容中的生活画面,让数学贴近生活,在组织学生活动中,引导学生讨论、解决数学问题。

例如,“科技小组活动”的教学,学生在解决红点标示的问题“天上有几架飞机”时,引导学生去看一看、数一数,让学生充分利用情境图中的信息体会1～10各数的意义,再联系生活,广泛选取学生身边生活中非常熟悉的问题,令其进一步体会数的意义。例如,“我们的教室有几扇窗?几盏灯?教室门前有几棵树?”“你家里有几口人?”“你有几支铅笔?”等等。在教学中注意选择学生身边的感兴趣的事物,提出数学问题,为学生在生活中寻找探索新知识的依托,使学生学会借助生活经验思考和探索问题。

三、有意识地创设活跃的学习氛围和生动有趣的学习情境

“好玩”是孩子的天性,托尔斯泰说过:“成功的教学所需要的不是强制,

而是激发学生的学习兴趣。”兴趣是人对客观事物产生的一种积极的认知倾向。怎样才能让孩子在玩中获得知识呢？可以根据每节课不同的学习内容，安排不同的游戏、故事……

例如，在第一单元“快乐的校园 1～10 以内数的认识”中，笔者带学生到操场上做他们非常熟悉、喜欢的“拔河、老鹰捉小鸡、小小运动会”等等，让他们边玩边数数：“拔河比赛，左边有几个小朋友？右边呢？运动会上，6 号运动员排在第几？第 1 名是几号运动员？等等……”使学生在活跃的氛围和有趣、喜爱的“玩”中学会了 1～10 各数的认识。

四、培养学生有关数学的生活实践能力

许多孩子在上小学前，就会做 100 以内的加减法，数 100 以内的数甚至更多，但是如果把它们拿到具体的生活中就不是那么尽如人意，一般 5 岁以后数学的思维能力才开始蒙发，上一年级的学生大部分只能机械地数数，但对数的意义就不一定清楚，因此，就要加强数学与生活的联系，让学生在自己的身边熟悉的环境中寻找数。

例如，3 个人、1 支铅笔、5 朵花等等，在生活中慢慢建立数的概念，认识数的含义，使学生在生活实践中得到锻炼，把数学真正融入现实生活中更好地为生活服务，同时用生活经验更好地为数学学习服务打好坚实的基础。

数学教学让学生的生活经验走进数学课堂，为学生提供亲身体验和动手操作的机会，才能更好地指导学生学习数学。

主动学习，有效课堂的最佳落点

《标准》指出，数学学习是学生主动进行观察、实验、猜测、验证、推理与交流等的数学活动。有效的数学学习活动不能单纯地依赖模仿与记忆，动手实践、自主探索与合作交流是学生学习数学的重要方式。学生的数学学习活动应当是一个生动活泼的、主动的和富有个性的过程。因此我们在进行数学教学中，要注重营造课堂气氛，促进学生主动学习。那么什么是“主动学习”呢？主动学习是指在教学过程中，学生在学习时表现出的自觉性、积极性、独立性特征的总和，是从事创造性学习活动的一种心理能动状态。

一、创设民主和谐的课堂教学氛围

首先，在课堂教学过程中，教师要非常注重创设和谐、民主的师生关系。在课堂上，教师一句亲切的话语，一个赞美的语句，一个欣赏的眼神，无不渗透着老师对学生的关爱，教师在这种宽松的氛围中进行课堂教学，学生自然就感到非常轻松。那么如何创设民主气氛呢？笔者认为教师首先要放下师道尊严，建立教师与学生平等的关系。

课堂教学中，教师为主导，学生为主体，这只是角色上的分工，在人格上师生是平等的。教师应从高高的讲台上走下来，深入学生中间，以饱满的热情、良好的情绪和真诚的微笑面对每一个学生，让学生感到老师平易近人、和蔼可亲,从而乐于和教师交往,主动地参与学习。

其次,教师要努力拉近与学生间的心理距离,使学生有亲近感。教师除了在课堂上以平等、热情的心态对待学生外,还应在课外舍得感情投资,多接触学生,主动找学生谈心,询问其学习、生活情况,拉近师生间的心理距离。

再次,教师要尊重、理解、宽容每一个学生,尤其是学困生。教师应尊重学生的人格、学生的选择、学生的个性,关心每一位学生。在学生有错时,不过分批评指责而应该给他们改过的时间和机会,使学生感到"老师在期待着我,在关心我",从而自觉地投入到学习之中。

二、改进课堂教学,吸引学生主动参与教学过程

教师要努力改进自己的课堂教学,精心设计好教学预案,从教学过程的各个环节下手,把学生吸引到教学过程中来。

1. 创设问题情境,激发认知兴趣

发展与教育心理学的研究表明:兴趣是一种带有情感色彩的认识倾向,是以认识和探索某种事物的需要为基础,推动个体去认识事物,探求真理的一种重要动机,是学生学习中最活跃的因素。有了学习兴趣,学生就会在学习中产生很大的积极主动性,从而产生某种肯定的、积极的情感体验。因此教师应当精心设计教学,引发学生强烈的求知欲,使其在兴趣的引领下探求新知。

例如,在教学"分数的初步认识"时,可以这样设计:请学生用手指表示每人分到的月饼个数,并仔细听老师要求,然后做。如果有 4 个月饼,平均分给小明和小红,用手指个数表示每人分到的月饼个数。学生很快伸出 2 个手指。教师接着说现在有 1 个月饼平均分给小明和小红,请用手指表示每人分到的月饼个数。这时许多同学都难住了,有的同学伸出弯着的一个手指,问他表示什么意思,回答说,因为每人分到半个月饼,教师进一步问:

你能用一个数来表示“半个”吗？学生被问住了。此时，一种新的数（分数）的学习，成了学生自身的欲望。

2. 为学生体验成功创设条件

心理实验证明，一个人只要体验一次成功的欢乐和胜利的欣慰，便会激起再一次追求成功和胜利的信念与力量。因此在教学中，教师不仅要对学生予以成功的期待，更要创设促使学生都能获得成功的机会。要讲究分层教学，对不同层次学生提出不同的目标要求，精心设计练习，布置分层作业；要及时展示成功，让不同层次学生的学习成果得到展示的机会，营造享受成功的情境。

三、培养学生获取知识的能力

小学生的特点是有求知欲望，但学习不刻苦，听课时间不能持久，爱动，精力不够集中。为了使学生注意力集中，教师在讲课时，要善于用生动的语言、恰当的比喻、直观的演示、形象的画图、启发性的提问、变化多样的教学方法把学生的注意力吸引过来。数学教学要彻底改变重结果、轻过程的错误倾向，使教学本身不仅要向学生传授知识，而且更重要的在于使学生主动获取知识。让学生在解决问题的过程中积极思考，在动手、动脑、动口的过程中懂得如何学习数学；使学生在概念、法则、公式的推导过程中，体会数学知识的来龙去脉，从而培养其主动获取数学知识的能力。

比如，“圆面积计算公式”的推导：

在情境导入之后，老师在黑板上画一个圆，然后提出：要求圆的面积，我们也学习用平行四边形的割补的方法来试一试。

根据学生的习惯，一般有两种方法：（1）连接两条相互垂直的直径的4个端点（图1），成内接正方形；（2）过两条相互垂直的直径的端点分别画垂线，成外切正方形。

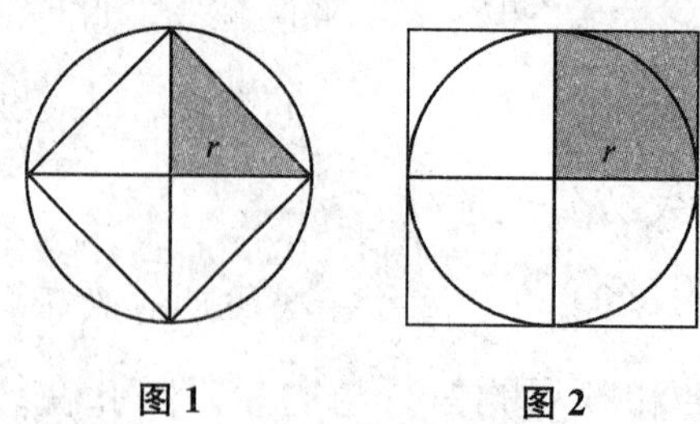

图 1　　图 2

从图 1 可以看出,圆的面积比 4 个小三角形的面积大,也就是比$\frac{1}{2}r^2\times 4=2r^2$大。

从图 2 可以看出,圆的面积比 4 个小正方形的面积小,也就是比 $r^2\times 4=4r^2$小。

因此圆的面积应该在 3 个 r^2左右。

这样通过猜想,给学生一个探究的目标和方向,并且也揭示了存在的问题和矛盾,形成认知冲突,从而激发学生进一步探究的欲望。

四、注重学法指导,培养学习能力

要想使学生主动听课、积极动脑、学会学习,就必须在课堂上使他们有效地把耳、目、脑、口利用起来。教给他们科学的学习方法,培养其良好的学习习惯,发展他们独立学、思、用的能力,只有这样才能使学生真正地喜欢学习,主动学习。

1. 会听

听讲时要学会边听边记,抓住重点。不仅要认真听老师讲,还要认真听同学发言,听同学发言中存在什么问题。为了训练学生听的能力,教师可以尝试如下做法:口算题由教师口述,学生直接写出得数来;教师口述应用题,让学生直接写出算式,适当提问。

2. 会看

会看主要是培养学生观察能力和观察习惯。凡是学生通过自己看、自己想就能掌握的知识，教师可以不讲或适当点拨。在教学中可以提供给学生充分的观察材料。观察材料要准确、鲜明，要能引起学生的观察兴趣，可以由教师带领学生观察，给学生观察提纲提示，使学生通过观察、比较作出判断。

3. 会想

首先要肯想，课堂上要给学生足够的动脑筋去想的时间，让学生有机会动脑筋去想问题。这除了靠老师的启发外，还要靠“促”，促使他们动脑子，使学生对老师的问题人人都去想。

4. 会说

语言是表达思维的重要方式。在课堂上尽量让学生多说，就能促进学生多想。要会想、想得出、想得好，就得认真听、仔细看。抓住了会说就能促进其他“三会”，因此教学要十分重视学生表达能力的培养和训练。

数学知识是枯燥乏味的，但只要教师精心设计，寓枯燥的知识于甜蜜的形式中，学生还是会非常喜欢去学习的。

组织课堂讨论，优化课堂教学

合作学习，课堂讨论是《标准》倡导的学习方式之一，那么对于一年级的学生来说，如何组织他们进行讨论？为此，笔者在一年级数学教学中进行了“合作学习中小组讨论的方法、内容及策略的研究”。通过几个月的教学实践，感受颇多。

一、合理组建学习小组，创设良好探究氛围

组织学生进行课堂讨论，不能放任自流，要求教师必须具有较强的控制课堂气氛的能力。在组建学习小组时，通常以前后两座四人一组或同桌两人为一组。集体讨论、小组讨论和同桌讨论的作用各不相同，所适应的问题也不同。

例如，笔者在教学“加法”时，通过创设情境，请 3 名同学上台来表演一段场景，让学生初步感知加法的含义。引导学生同桌相互交流，“把你看到的与你同桌的同学说一说”。最后，再全班交流。让学生感知：1 名同学与 2 名同学走到一起，把 1 只红纸鹤与 2 只蓝纸鹤放到一块儿，就是合起来的意思。又如，笔者在教学“长短”时，提出了这样一个问题：“你是怎么知道这些物品有长有短的?”让学生通过小组合作探究比较长短的方法。学生说出了各种不同的方法，有的说“我是看出来的”，有的说“把它们横着平放在桌子上一端对齐比另一端”，有的说“我是把它们竖着戳在手心上来比的”，还有的说“它们的两头都不对齐也能比较出来 ”。由于学生观察、比较的方法不同，得出了各种不同的结论，但是这些结论都是有道理的，我都给予了肯定。

在三种讨论方式中，以小组讨论的参与率和有效性较高，也就是以“四人学习小组”为单位的综合编组，主要讨论比较深的、容易争论的问题，在教学中我采用最多的也是以四人小组为单位进行讨论。而两人小组讨论主要是以两个人互相说说的形式来巩固记忆，重点在于重复结论等方面的知识要点。

二、挖掘教材，开展探讨活动

数学教材是专家编的供教师和学生进行教学活动时使用的材料，因此有一定的抽象性。教师要认真钻研和熟悉教材，把蕴藏在教材中的知识点挖掘出来，组织探讨活动，以培养学生的研究能力。

例如，笔者在教学“4＋1＝？”的时候，就以“四人学习小组”为单位，引导学生交流各自的算法，不同的学生就有不同的算法。有的学生说我是手指1、2、3、4、5数的；有的说我是从4开始，再往下数一个数5；还有的学生是利用数的组成的知识得出4＋1＝5。我肯定了学生的3种不同思考方法，然后再引导学生讨论：这几种算法中，你认为哪些比较简便，使学生初步认识到利用数的组成的知识来计算比较简便。又如，在教学“不同标准的分类方法”时，教师以小组为单位要求每个学生把自己的铅笔全部拿出来，然后让学生之间互相交流、讨论，看看可以怎么分类，有的学生是按铅笔的颜色来分的，有的是按铅笔有无橡皮头来分的，有的是按铅笔有没有削过来分的，还有的是按照铅笔的长短来分的。老师肯定了学生的这些分类方法是对的，并引导学生得出“选择不同的标准对物体能进行不同的分类”的结论。

经过教师对教材知识的挖掘，并精心设计探究活动，激发了学生学习数学的积极性，增加了学生探索问题、研究问题的能力。

三、故意示错，开展探讨活动

教师在课堂教学中，根据教材内容的重点、难点或学生容易出现错误处，故意弄出错误，引导学生去探究，让学生来纠正。这对保护学生创新意识，培养学生探究能力很有好处。

例如，讲解教材第31页的思考题时，得出：右边小猴的桃子数比左边小猴的桃子多。有的同学看了书以后马上反对，教师则“坚持错误”，要求学生拿出事实依据来，学生兴趣很高，通过小组讨论，与老师据理力争，老师终于“认输”并得出结论“不能确定右边小猴桃的个数肯定比左边小猴多”，还向学生“道谢”。学生通过讨论，经过跟老师进行一番“智力搏斗”，最后战胜老师，“夺取”知识。这样的活动，学生得到的不仅仅是知识，更多的是自信和科学的探究精神。

四、抛出课题，开展探讨活动

数学知识来源于生活，又应用于生活生产实际。因此，教学时，要从学生的实际出发，布置一些实践性的题目，指导学生参加探究活动，把数学知识和生活实际紧密联系起来。教学前，引导学生自己观察，调查某些项目；教学时，指导学生实际操作等，对于学生的创造素质的培养有很大帮助。

例如，教学“生活中的数”时，课前就布置学生留心观察日常生活中在哪些地方看见过数，上课时让学生汇报观察的结果，从而让学生感受到我们生活中充满着数，数就在我们身边。又如，笔者在教学“数学乐园”时，设计了一个运弹子的活动，先分组，再把每个人运的弹子数记下来，再算一算总数，比一比，看哪个小组在相同时间内运的弹子多。这样不仅有利于培养学生运用所学知识解决简单实际问题的能力，同时又有利于学生在活动中经历运用所学数学知识解决简单实际问题的过程，培养学生的数学意识。

在讨论的过程中，也存在着一些问题，比如课堂讨论的参与率不高。根据课堂上的观察，发现集体讨论的参与率比小组讨论的参与率低，大部分学生只是处在观众地位，坐在那儿一动也不动，等待优秀学生回答，没有进入到讨论的气氛之中。在四人一小组的讨论中，一般只是50%的小组讨论比较热烈，而讨论热烈的小组中也只有60%的学生能比较充分地发表自己的意见和看法，讨论不热烈的小组成员参与率比较低，往往处在冷场的情况。小组讨论时，有时小组会出现“群龙无首”的局面。有班干部或尖子生的小组中，班干部和尖子生只顾发表自己的看法和见解，而没有组织小组全体成员参与讨论的责任感或意识，使学习有困难的学生很少有发表意见和提出问题的机会。甚至部分小组在讨论时有同学不以自己的理由去说服持有不同意见的同学，而是产生争执。你说等于 1，我说等于 2，偏偏不说“等于 1”或“等于 2”的理由，成“顶牛”之势，失去信息交流和思维碰撞的机会。

针对数学课堂讨论中存在的问题，我们每一位数学教师都要来关注并积极加以改进，如此就一定能充分发挥课堂讨论的独特作用，促进学生的主动学习，激发学生的主体意识，培养学生的创新精神。

突出主体性，走创新学习之路

——“图形的认识”教后谈

从现代教学论的观点看，教学过程既是学生的认识过程（而且是“有教师领导的认识过程”），又是学生发展的过程。数学教学的主要任务就是为学生设计学习的情境，提供全面清楚的有关信息，引导学生在教师的“领导”下，自己开动脑筋进行学习，掌握数学知识。因此在课堂教学中，教师要把主动权交给学生，教师通过间接指导，促进学生积极参与学习，启发学生独立思考，提高学生的团结合作意识，让学生力争自己解决问题。

在教学一年级“图形的认识”一课时，笔者充分发挥学生的主体性，放手让学生自主探索，合作研究，收到了较好的效果。

其过程大致如下：

认图形：出示投影，通过实物，并联系生活实际举例说明，认识三角形、长方形、正方形和圆形。

图形的分类：拿出学具袋中的许多纸片图形，把这四种图形分别挑选出来，然后小组讨论：

(1) 认这些图形你有哪些办法？圆形很好认，三角形好认吗？为什么三角形也好认呢？数一数它有几条边？分别拿出直角三角形、锐角三角形和钝角三角形数一数边各有几条。然后归纳：三角形都是由三条边围成的。进行实物判断：找三角形。

(2) 长方形和正方形有时不容易分清，为什么呢？长方形和正方形有什么相同的地方？数一数边各有几条？长方形和正方形又有什么不同的地方呢？把两个图形放在一起比一比，再讨论。长方形的边有两条对着的长边，还有两条短边也是对着的。你怎么知道这两条边是长的，另两条边是短的，用什么办法可以知道？这两条对着的长边是不是一样长呢？两条短边呢？进行实物判断：课桌的面是不是长方形？那么你说长方形的四条边有什么特征呢？

(3) 正方形的四条边又怎么样呢？四条边一样长，你能用什么办法让人一眼就能看出四条边是一样长的？进行实物判断：找正方形。

小结：这四种图形，你一眼就能认出圆；三角形是由三条边围成的；长方形和正方形都有四个直角，都有四条边；长方形对着的长边一样长，对着的短边也一样长，而正方形的四条边都一样长。

由于老师放手让学生自己讨论探索，大大提高了学生学习的兴趣，课堂参与踊跃，课堂气氛热烈，同时本节课的重点(即四种图形的区别)是由学生自主探索发现的，知识掌握牢固。因此在课后的测试中正确率达到了95%，收到了很好的效果。

“表面积和体积的比较”教学谈

“表面积和体积”是学生容易搞错的两个概念，为了使学生更好地区别，教材特别用了一个课时加以比较，使学生能够区分开来。但是，在实际教学中，仍然会出现许多相互混淆的问题。怎么办呢？笔者是这样设计的：

一、情境导入

我们班上有一对双胞胎，梦佳和梦琦，你们都认识吧？她们在一起玩的时候，你们能很快地区分开来吗？为什么都能区分开来？有什么诀窍吗？

请同学们以小组为单位说说她们有什么相同的地方和不同的地方。

其实，我们只要知道她们两个有哪些不同之处，尤其是比较明显的地方，还是能区分谁是梦佳，谁是梦琦的，是吧？

我们前几天学习的“表面积”和“体积”是两个不同的概念，我们怎么来区别呢？

二、小组讨论

请同学们讨论一下，举例说明“表面积”和“体积”有哪些不同的地方。

学生讨论，老师板书归纳：

	意义不同	单位不同	计算方法不同	相同点
表面积	6个面的总面积	平方米、平方分米、平方厘米	(长×宽+长×高+宽×高)×2或棱长×棱长×6	都要知道长、宽、高或棱长
体积	所占空间的大小	立方米、立方分米、立方厘米	长×宽×高或棱长×棱长×棱长	

三、实践运用

通过比较，我们已经知道了体积与表面积是两个不同的概念，请同学们解答下面的问题。

一个正方体木块，它的棱长是 6 厘米，求它的表面积和体积。

学生审题后口头解答，重点要注意虽然得数相同，但意义不同，尤其要强调并使学生理解式子中三个“6”分别表示什么，以及单位名称的正确标注。

教师出示一个牙膏盒，你想知道些什么？小组合作完成，先说说什么是它的表面积，什么是它的体积，再说说分别怎样求出来。

同学们拿出自己准备的长方体盒子分别量出长、宽、高，再计算。

（教师出示艺术教室专用的一长方体凳子）学校想在今年暑假中做 50 个这样的凳子，请大家测算一下，至少要多少平方米的三合板。如果用一辆能装 8 立方米的汽车能不能把这些凳子从工厂一次运回来？

（讨论后由一位同学量出有关数据，再计算交流核对）

四、拓展提高

展示情境：我们教室有一个木质粉笔盒，你知道做这个盒子要用多少木板吗？（讨论：求什么）你们能解决吗？（讨论：怎么求）有不同意见吗？（发现无盖，只要求 5 个面）小组合作完成。由一位学生量出有关数据，再计算。

中央空调通风管，每节长 4 米、宽 4 分米、高 15 厘米，做一节需要多少铁皮？

五、课堂小结

“表面积”和“体积”是两个不同概念，我们通过比较有了进一步的理解，那么我们在解决实际问题时怎样判断是求表面积还是求体积？你们有什么秘诀介绍一下吗？

六、课后反思

导入采用通过比较班级内的一对双胞胎的不同引起学生的兴趣，并把学生的注意力吸引到发现不同之处方面，从而为学生分析、研究表面积和体积的不同点做好方法上的准备。

充分体现学生的自主性，注重合作探究的过程，通过学生的小组讨论发现表面积与体积的许多不同点，从而更好地理解这两个概念，也为正确使用这两个概念打下扎实的基础。

注重从学生的现实生活中抽取数学素材，如正方体木块、牙膏盒、方凳、粉笔盒等都是学生常见的、可触摸的，有亲切感；还有在计算中又可能会出现错误的，如粉笔盒是无盖的、通风管是无两个底的，这样通过让学生解决自己喜闻乐见的难题可以更好地激发其学习的兴趣。

课堂教学的气氛是民主的，教师始终与学生共同发现、共同研究、共同探讨解决问题的方法。课堂小结是以学生介绍“秘诀”来进行的，这也是学生学习方法的交流和学习成果的反馈。

“比例的应用”课堂小结的反思

课堂小结起着整理归纳、画龙点睛的作用，但不恰当的课堂小结也许适得其反。

昨天听了一节“比例的应用”的数学课，课上教师激趣设疑、层层深入，把用比例解应用题的方法讲得透彻明了，学生掌握得也较好。但在最后的课堂小结阶段，听者产生了疑问，因此想说几句。

小结是这样的：

师：今天我们学习了“比例的应用”，就是用比例解应用题，同学们讨论、回顾一下用比例解应用题的步骤是怎样的？

生 1：用比例解应用题分三步。

师：对。那么是哪三步？

生 2：第一步，判断题中的量成什么比例。

生 3：第二步，列出含有 x 的比例式。

生 4：第三步，解答并检验。

师：很好。同学们把解答比例应用题的步骤归纳得很好，确实我们在用比例解应用题时要先判断题中的量成什么比例，再按比例的方法列出比例式，然后解答和检验。下面请同学们按照这样的方法完成下面的几道题（出示准备的练习题）。

老师把用比例解应用题的方法整理、归纳得天衣无缝，这样的小结对学生的当前解题确有帮助，或许在提示用比例方法解应用题时是不会出错的。但新课程强调的是面向学生的未来，试想想，这样的小结会给学生

的将来带来什么？

一是封闭了学生思维的广阔性。由于把用比例解应用题归结为这样的三步，学生在解题时按照这样的三步也许是不会错的，但实际上用比例解应用题时，有的也不必一定要按照这样的三步，尽可以能够简单的就简单，有的也许凭直觉（数感）就能很快列出算式，比如：1 千克海水能够晒 35 克盐，100 吨海水能晒多少盐。这样的题可以用多种方法列出比例式。

二是抹杀了学生思维的灵活性。数学是训练学生思维的有效途径，分析解答应用题更是有其自身的优势。但教师这样的小结，不是把学生的思维训练得灵活开放，而是把学生的思维统死了，更不用说通过练习提高学生思维的灵活性品质了。

三是阻碍了学生创新思维的发展。新课程一直强调培养学生的创新意识，然而解题的方法归结为三步，学生也按照这样的三步来做，学生的自主性、探究性就被剥夺了，也就无从谈培养学生的创新思维了。

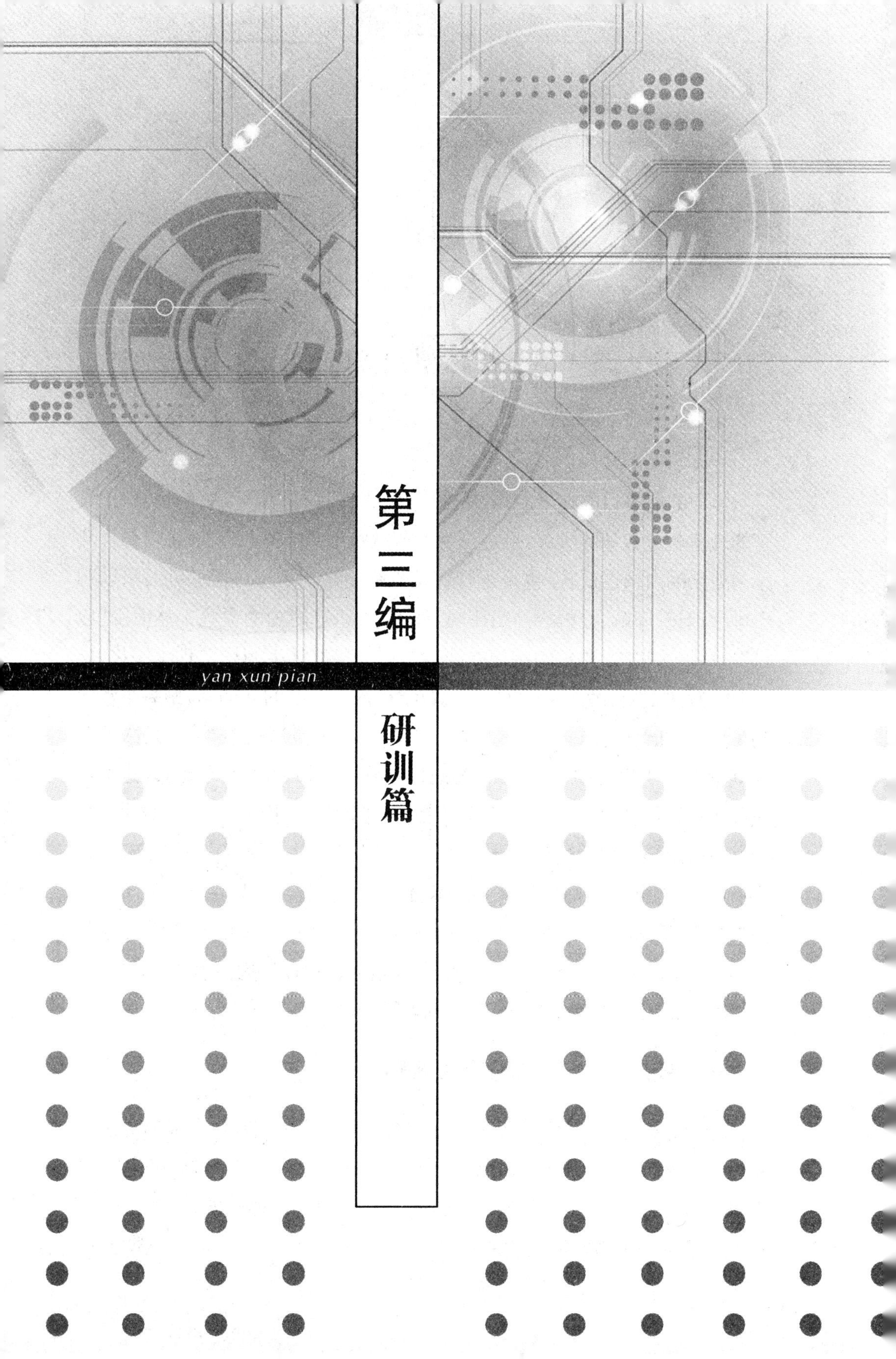

第三编

yan xun pian

研训篇

新题型浅谈

学习的最终目的在于应用，所谓“学以致用”。引用贝斯特的话就是“真正的教育就是智慧的训练，经过训练的智慧乃是力量的源泉”。练习是检测学习效果的内核性反映，也是进行智慧训练的常用手段。通过练习可以利于学生识记、理解、分析、综合、比较、评价、表达等能力的提高。然而受“应试”指挥棒的影响，传统的练习题死、难、偏、繁，把学生的思维训练僵化，学生只会解题，不会解决实际问题，把数学引入了解题的死胡同，割裂了数学与生活、与社会、与科技、与自然的一切联系。《标准》提出：“数学是人们对客观世界定性分析和定量刻画，逐渐抽象概括，形成方法和理论，并进行广泛应用的过程。”“数学帮助人们处理数据，进行计算、推理和证明，数学模型可以有效地描述自然现象和社会现象。”同时还指出，练习的设计“要充分提供有趣的，与儿童生活背景有关的素材，题材宜多样化，呈现方式应丰富多彩”，题型的编写“应有助于确立学生在教学过程中的主体地位，激发学生的学习兴趣，引导学生在积极思考与合作交流中获得良好的情感体验，建构自己的数学知识”。因此，新课程呼唤新题型的产生。

一、新题型与传统题型的区别

用繁、难、偏、旧来概括传统的小学数学题型的弊端，似乎非常切中要害。这些题型试图把数学构建成一个高度统一，且十分严密的内在逻辑体系，用结构化的形式呈现给学生，试图让孩子以唯一正确的解答和唯一合理的解题途径答出教师所期望的结果，这是一种静态的、绝对主义的数学观，忽视了数学是可误的，看不见数学的社会建构作用，忽视数学问题解答和方法的多样性。传统题型内容封闭，仅局限于学科知识，远离学生实际生活和社会生活，解题方法单一，注重规范统一，强调死记硬背和机械训练。

新、活、实、趣应该是新题型的标志，新题型应该为学生所喜爱，应该充满着情趣和人文关怀，应该洋溢着浓郁的生活气息，应该有利于学生数学知识的学习，应该能帮助学生建构数学知识。

二、新题型的特点

《标准》对题型的练习设计要求是结合生活情景、灵活运用方法、解决实际问题、探求变化规律等。因此新题型应具有以下几个特点：

1. 现实性

现实性，就是要应用现实生活中的材料作为问题的情景，引导学生联系自己的生活经验，应用所学知识和方法，去关注、观察、思考现实生活，以体现学习内容的价值和现实意义，以拓宽学生的知识视野，培养学生走进社会、思考人生的情感和能力，使学生懂得数学并不是枯燥无味的，它来源于我们的生活，与我们身边的生活是如此紧密联系，学好数学又是如此地管用，可以帮助我们解决身边的许多难题，这样就能消除学生学数学的畏惧心理，激发学生的学习兴趣，有了学习兴趣你还担心学生学不好数学吗？因此，新题型要让学生体会到“学以致用”的真正含义，体验到应用数学的乐趣。

2. 趣味性

小学生对数学的迷恋往往是以兴趣开始的，由兴趣到探索，由探索到成功，在成功的体验中产生新的兴趣，推动数学学习不断取得成功。但数学的抽象性和严密性往往使他们感到枯燥乏味，要使学生在数学学习活动中体会到数学是那么生动、有趣、富有魅力，强化数学练习的趣味性十分重要。因此，新题型设计形式应灵活多样，生动活泼，不拘一格，除文字叙述外，可以配以表格、图画等形式呈现活化的情境。

3. 交互性

作业是教师与学生的对话，新题型若能把握好作业的“交互性”功能，其成效会明显上一个台阶。为了激发学生对数学学习的兴趣，提高课堂的效率，我们应强化作业的“交互性”，具有交互性的作业训练，可大大提高效率。由于及时反馈，不管是对正确答案的肯定，还是对错误答案的分析与提示，都能使学生们异常投入。

4. 开放性

练习的开放性能给不同层次的学生提供更多的参与的机会、成功的机会，能促进学生创新意识及创新能力的发展。教师应根据自己班级的实际情况，联系实际，精心设计开放性问题，使得问题解决有不同的方法或有多种不同的结果，使每个学生在尝试过程中都能获得成功，真正体现“人人都能学习数学、人人都能学习有用的数学以及不同的人学习不同的数学”的教育思想。

三、新题型设计要注意的几个问题

根据新题型的特点分析，在设计新题型时要注意以下几个问题：

1. 生活化

教师应该充分利用学生已有的生活经验引导学生把所学的知识应用到现实中去，以体会数学在现实生活中的应用价值。新题型设计要善于抓住时机，把生活问题提炼为数学问题，调动生活经验用于数学问题的创造性活动的积极性，以利于学生运用所学的知识解决实际问题，体会到数学的实用价值，体验数学知识来源于生活，又服务于生活的真谛。

数学练习的生活化是十分重要的，它的设计需要教师做一个有心人，善于发现生活中的数学，善于将生活中的数学与课堂上的数学有机结合。如学校、公园、商场、比赛都可以成为练习题的情境；股票行情统计图、出租车车费价格单据、超市合理的分类销售、铺瓷砖和刷墙面问题、“石头剪子布”等都可以成为练习题的内容。

数学练习的生活化包含两个方面：

一是内容的生活化。问题的内容应该是学生熟悉的内容，而且是现实生活中可能发生的。

例如，在教学用“归总”的策略解决问题后，根据学生的现实生活经验，设计练习题：六一儿童节，四年二班表演舞蹈《一颗星》，每人拿 2 颗星，够 10 人拿，如果要 20 人表演，每人拿多少颗星？这样的练习从学生的生活实际出发，能激发学生的求知欲，使他们自由展开想象的翅膀去探究问题、解决问题。在解决问题的过程中，学生不仅获得成功的体验，更重要的是面对现实问题，学生能够主动从数学的角度进行分析并探索解决的方案，这是数学教学中培养学生应用意识的根本所在。

再如，设计买书的情境问题：星期天，我和爸爸、妈妈一起去新华书店买书，新华书店人山人海，一上二楼有很多人都在看书，有坐着的，有站着的。我挑选了几本书，爸爸一共带了 200 元和一张可以打八折的优惠券，这几本书的价格分别是 12 元、12.5 元、15 元、10.5 元和 32 元，一共 82 元，打八折应付多少元？爸爸付了 100 元给营业员，营业员应找回多少元？今天用掉的钱是带来的钱的百分之几？像这类学生非常喜闻乐见的题目，学生做得有趣，同时又锻炼了数学思维。

二是设计问题时，加工要适度。情景与呈现的问题本身是有差别的，问题的设计总是有一个对原来素材去粗取精的加工过程。要使问题既具有生活味，又不失数学味，对问题的加工不应太粗糙，也不应太精细，可有多余条件，或使问题的结果具有开放性。例如，幼儿园小朋友有 24 个边长为 1 厘米的正方形，想拼成一个大的长方形，请你算一算，拼成的长方形的周长和面积分别是多少？

2. 挑战性

作业的设计不仅要注重对所学知识的复习巩固作用，而且要在学生作业的形式上、学生完成作业的心理上做文章，设计出一些有挑战性、学生乐于去完成的作业，促使学生积极主动地去完成。

“挑战性”问题指学生在课堂上要完成的一项学习任务或碰到的学习困难，它能引起学生深入的思考，激发学生强烈的思维活动。

例如，在学习过“三位数除以两位数初商偏大要调商”后，让学生回家搜集或编写 4～8 道同种类型的习题——这个作业可以从书、练习册上摘录，也可以借助计算器自己编写。要求：编出来的作业将交给你的同桌完成，必须是与今天所学内容相符合,第二天从中选出编得比较好的题目给全班做。在布置这样的作业时,虽然没有要求学生一定去完成多少重复的计算,但由于为了显示自己学习的成就,学生还是自发地、认真地进行了计算,这样的效果远比教师布置多少计算的任务要好。

再如,王小林每分钟打字 65 个,要打一份 3000 字的文章,45 分钟能打完吗?你能用什么不同的方法吗?这样的作业设计可以激发学生开拓思路,运用不同的方法解决问题。

3. 思想性

教育的目的是培养全面发展的人。基础教育阶段,孩子来到学校,是为了得到老师的引导,从而学会读书、学会思考、学会研究、学会创新、学会做人。而作业是教师在课堂教学之后用以巩固学生知识,培养学生能力的一种手段。随着素质教育的不断深化,它要求作业以"促进学生全面发展"为目的,以"广泛调动学生学习的主动性、创造性,有效巩固并拓展知识"为导向,因此新题型的设计要体现数学思想,指向思维训练和能力培养。

体现数学思想,这是设计小学数学新题型的基点所在。这也就是说,新题型的开发,决不能以牺牲数学本身的任务作为代价,相反的,体现重要的数学思想这才是新题型的核心。数感、符号感、空间观念、统计观念、推理意识、应用意识等,是新课程标准中所着重强调的,新题型应在这些方面予以强调和深化。一个新的题型,只有包含了丰富的数学思想,体现了数学的本质,反映了数学的特点,才能称得上是好的题型。

重视探索过程是新题型设计的关注重点。重视探索过程包含着双层含义:一方面,设计的题型要有利于让学生的思维充分显现;另一方面,要使我们设计的题型充满探索性,入口宽、方法多、思路广、拓展性强。从这个意义上讲,学生在解新题型时,学生的解题策略一定蕴含于具体的解题过程之中,只有将学生的思维过程充分暴露出来,我们才能读懂学生个性化的解题方法,并据此作出适当的判断与反应。所以,我们要敢于抛弃"标准化"题型的条条框框,应着重研究:在问题的探究过程中,解题者可以联系到什么样的数学思想方法,可以采取什么样的策略,可选用什么样的手段,可能对问题作出什么样的变式,可以对问题在哪些方面进行深化等等。

4. 多样化

作业练习是巩固所学知识，检查学生学习情况的一种必要的教学手段，由于学生间存在着种种差异，每个学生个体的学习方式、学习体验也不尽相同，所以对于同一事物，不同的学生都会以不同的方式，从不同的角度，用不同的语言来表达自己的学习体验，数学学科的特点也决定了学生个性的学习体验具有较强的主观色彩。因此，数学题型的形式必须具有多样性，要有多种形式的题型，如阅读理解题、实践操作题、专项题等；完成的形式也要多样，如自主型、合作型、实践型、调研型等；还要注意设计一些观察、分析、动手操作等实践性作业，甚至可以与综合实践活动课程结合起来，设计一些专题探究形式的研究性作业。

例如，阅读理解题：

公告

根据江苏省物价局《关于居民用电试行峰谷分时电价的通知》精神，决定在我市部分小区试行居民分时电价，现将有关事项告知如下：

居民分时电价峰谷时段及电价标准：

A. 时段划分：居民分时电价分为高峰和低谷时段。高峰时段：每日早 8 时至晚 21 时；低谷时段：每日晚 21 时至次日早 8 时。

B. 电价标准：高峰时段电价 0.55 元/千瓦时；低谷时段电价 0.30 元/千瓦时。如果不安装分时电表，电价为 0.52 元/千瓦时。

本次更换电表的费用由供电部门承担。

李强家在安装分时电表后，一个月的用电情况如下：高峰时段用电 140 千瓦时；低谷时段用电 45 千瓦时。

(1) 先估计一下，李强家安装分时电表比不安装分时电表需缴的电费是多了，还是少了？

(2) 请你帮李强家算一下，他家这个月要缴电费多少元？如果不安装分时电表要缴电费多少元？

(3) 通过上面的计算，说明你刚才的估计是________的(填“正确”或“不正确”)。你还想到了什么？

还可以增加小组合作形式的题型，让学生以小组形式合作讨论、进行实践活动，进行验证与探索。

例如，合作题：裁剪操作，一张长方形彩纸长 21 厘米，宽 15 厘米，先剪下一个最大的正方形，再从余下的纸上剪下一个最大的正方形。照此剪下去，直到余下的纸是正方形时为止，最终能获得几个正方形，边长分别是多少厘米？并在图中用虚线画出裁剪示意图。

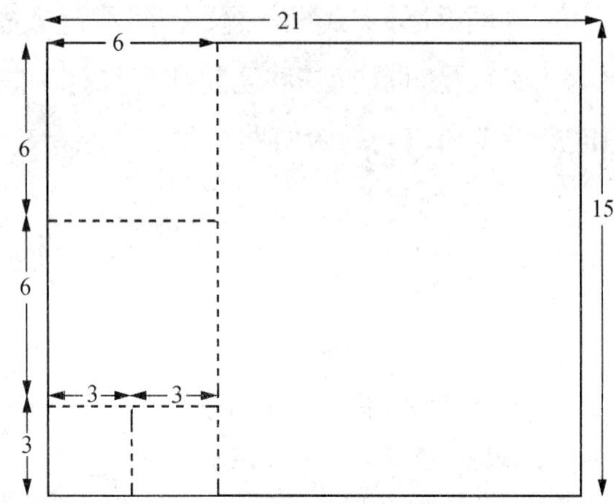

再如，某车队要把 56 吨的货物从 A 地运往 B 地，已知大卡车每次可运货 10 吨，需运费 200 元；小卡车每次可运货 4 吨，需运费 90 元。请设计几种不同的租车方案，选择你认为最优的一种，运费多少元？

新题型是新课程意识下的新事物，其内涵也远不止以上所述。新题型也是课程改革的配套产品，只有转变教学观念，加强教法和学法的改革创新，才能设计出好的新题型，并自如应对新题型的挑战。

如何让作业不成为“作孽”

上完一节数学课，学生就要完成相应的数学作业，而作业的来源就是学校统一订购的《练习与测试》和《补充习题》，这些都是每一位数学教师和学生习以为常的一件事。正因为平常，绝大多数数学教师不会经常地、特别地去关注这一工作。作为苏州市“十二五”规划课题“小学数学课堂练习与课后作业改革的研究”的实施者，我们对本地区数学老师作业布置现状进行了调查，通过分析，我们发现，数学作业布置存在着诸多的问题。作业的布置全班统一要求、统一难度、统一作业量，不让一个学困生错过一道难题。对于作业的内容、形式是否适合所有的学生，优等生是否“吃得饱”，学困生是否“吃不消”，作业的布置是否有效这些问题都考虑得不多。这样的做法造成教师忙于辅导后30%的学困生而忽略了前20%的优等生，也使后30%的学困生整天埋头于作业堆而心力疲惫，对数学学习越来越没有信心，最终导致数学成绩越来越差。其实，我们的老师也不希望成如此境地，也希望自己能从作业中脱身而出，让作业发挥出更大的作用，但却并不如愿。对于学生来说，作业成了“作孽”。

在小学数学的课堂教学中，课堂练习是小学数学教学的一个重要组成部分，是学生巩固新授知识、形成技能技巧、发展智力的重要手段，同时也是培养学生创新精神的重要途径。教师作为学生数学活动的组织者、引导者与合作者，在教学中除了要关注新授知识的设计，更要精心设计课堂练习，根据班级的实际、学生的差异，对教材习题作适当调整、组合、补充，让学生在有效的练习中掌握知识，形成技能，发展智力，不断得到发展，构建高效课

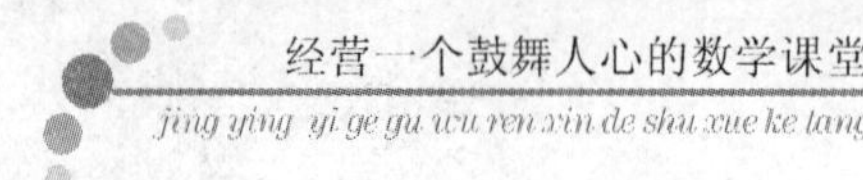

堂。下面就结合笔者自己的教学实践粗浅地谈一谈对于数学课堂练习设计的几点体会：

一、练习要目标明确，要有普适性

目标是导航，目标是方向。练习的目标就是本节课内容的教学目标，因此教师在编制练习题时，首先要明确教学目标和要求，而后再深思熟虑，瞄准教学目标编制出不同水平的练习题，逐步靠拢目标，最终达成目标。编制的习题既要让优等生吃得饱，又要让学困生能吃得了，使学生在完成练习后，都能在目标上有所靠近。

例如，苏教版五年级上册“小数乘小数”例 1 的学习，通过估计乘积后，教材重点组织学生探索了笔算的方法，在经历了两次探究活动以后，着重让学生比较两个因数的小数位数与乘积的小数位数之间的关系，发现规律，归纳出小数乘小数的计算方法。因此课堂教学目标之一就是要使学生通过自主探究，理解并掌握小数乘小数的计算方法，能正确地进行计算。因此课堂练习在设计时就要紧紧抓住位数之间的关系，使学生掌握计算方法。

(1) 根据 238×26＝6188，很快地写出下面各题的积。

23.8×26　　　　238×2.6　　　　2.38×0.26

23.8×2.6　　　　0.238×0.26

(2) 下面的计算对不对？把不对的改正过来。(课本练习第 2 题)

```
    2 5          1 6. 4
  × 3.5        ×    4. 5
  -----        ---------
  1 2 5           8 2 0
  7 5           6 5 6
  -----        ---------
  8 7.5        7. 3 8 0
```

(3) 笔算练习：9.8×1.3　　41.2×2.5　　0.04×6.25

(4) 拓展练习：(　　)×(　　)＝0.24

这样通过第(1)和第(2)两题的基本练习，帮助学生把小数点的位数关系弄清楚，既抓住了难点，又达到了训练的效果。第(3)题是实际计算中的基础性练习，旨在让学生在练习中进一步巩固、掌握积的小数位数，即在练习过程中，不再有小数位数的影响因子干扰，从而达到自觉确定位数的目标。第(4)题的拓展练习，让学生感受到先找到积是24的两个数，然后再确定因数的小数位数的解题思路，提高了思维的难度，开拓了练习的广度。

二、练习要重点突出，要有针对性

重点突出就是要设计的练习能突出课堂教学的重点和难点，能落实训练点，并做到训练到"点"、落实到"点"。练习的针对性就是要从教材内容和学生基础这两个方面去考虑，要克服不从客观实际出发的主观主义和形式主义的作法，做到有的放矢。练习的程度和数量也要针对不同学生的需要，以减轻学生因重复训练而带来的心理、生理负担，留下更多的时间让学生自由学习、发展，更好地发展其个性。

例如，教学"除数是小数的除法"时，这节课的重点和难点都是将除数转化为整数，被除数则相应地移动小数点的位置，然后按照除数是整数的小数除法计算法则去进行计算。因此，教学重点是"一看"(看除数是几位小数)，"二移"(移动除数的小数点，使除数成为整数，再相应地移动被除数的小数点位置)。因此在练习题的设计时先要进行这个方面的训练，列好竖式，不要求计算，先把除数转化成整数：

$0.9\overline{)3.6}$　　　　$3.2\overline{)1.28}$　　　　$0.04\overline{)5.2}$

这些练习是基于本节课的重点难点，而对于商中间有零、末尾有零等除法中容易出现错误的知识点训练暂时不必进行，以免冲淡了本节课的重点。

同时在教学过程中，特别是"试一试"的练习中，要着重发现学生作业存在的问题，在练习设计时要针对发现的问题，注意复习旧知识，巩固新知识。比如"除数是小数"的除法中，对除数转化成整数时，被除数的位数不够时添0的练习，学生可能有所遗忘，因此也要适当设计相关的练习，如上面的"5.2÷0.04"一题。

三、练习要层次分明，要有阶梯性

练习的层次分明，就是说在设计练习的题型时，要充分考虑到学生间所存在的差异，根据学生的心理特征、知识背景和所学知识的特点，练习设计要采用螺旋上升的设计方式，做到由易到难、有层次、有梯度，使不同的学生得到不同的发展。一般来讲，对于基础比较好的学生，在掌握了书本知识的基础上，要有针对性地布置一些有深度或综合性强的作业，充分挖掘其学习潜力，进一步发展其思维的深刻性和灵活性，提升其数学品质，增强其对数学学习的兴趣。对于基础一般的学生，除了掌握书本知识外，也要适当穿插一些稍有难度的题目，使其也能有所提高。而对于基础差的学生，则应布置基础性的知识，让其经常体会成功的喜悦，建立能学好数学的信心，增强学习数学的兴趣，从而提高他们的数学成绩。

如，在学习了“乘法的运算定律”后，设计如下一组层次性非常强的练习题。

用简便方法计算下列各题：

第一层次：基本题，与例题相仿。

$25\times19\times4$　　　　$36\times12+48\times12$

第二层次：变式题，与例题相比稍有变化。

$25\times35\times4\times2$　　　　$38\times11-38$

第三层次：综合题，结合旧知的复习。

36×125　　　　$43\times12\times4+48\times7\times8+48$

第四层次：拓展题，供学有余力的学生做。

98×102　　　　$36\times36+63\times28+45\times12$

这样，所有学生都能积极参与，根据自己的能力完成相应作业，体验到成功的欢乐，树立起数学学习的信心，从而学习更加主动与积极。

四、练习要程度适中，要有量力性

由于学生存在着个体差异，练习题不但要结合所学内容，而且要符合学生的年龄特点和接受能力，因此设计的练习一定要程度适中，程度适中包括三个方面：一是练习题的数量要适中，使大部分学生能当堂完成；二是练习题难易要适中，以中差生“吃得了”为准；三是要注意拓展的程度，既要注意发展学生的个性，又要注意面向全体学生，既让优等生“吃得饱”，又让中差生“消化”得了。

例如，“图形的周长”一课知识点多，涉及内容广泛，但练习的时间有限，因此在进行练习设计时既要考虑需要练习的知识要点，又要顾及作业时间，更要让不同的学生有不同的发展，因此可以设计练习如下：

（1）基本题：计算下面图形的周长。

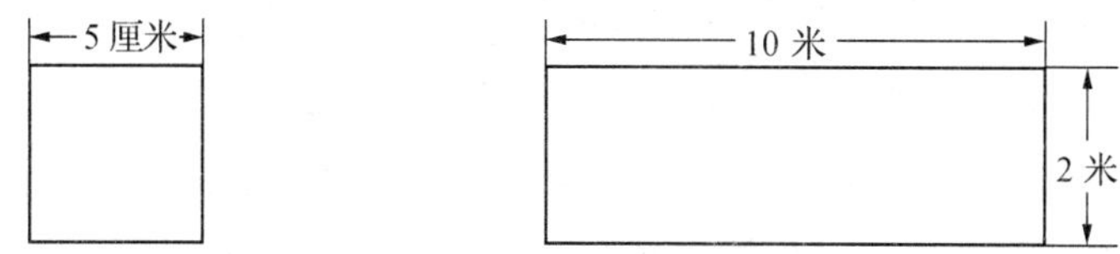

（2）变式题：量一量并计算下面图形的周长。

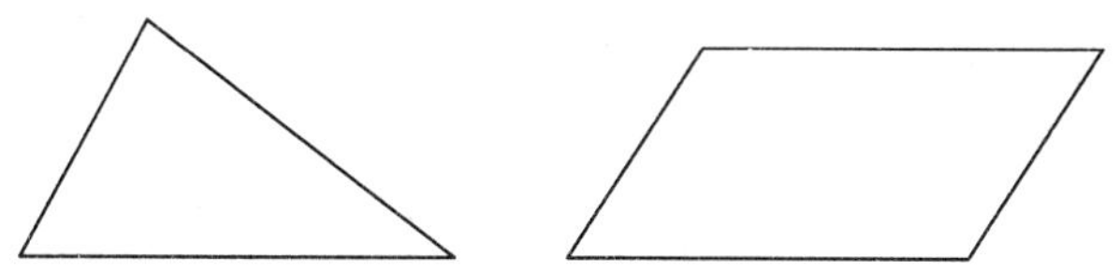

（3）综合题：

① 学校有一个长方形操场，长 160 米，宽 40 米，沿操场四周跑一圈是多少米？小明跑了 2 圈是多少米？小明的爸爸跑了 5 圈是多少米？

② 一个正方形抱枕，边长 50 厘米，四周缝上花边，要用多少厘米花边？

③ 用一根长 36 厘米的铁丝，围成一个最大的正方形，这个正方形的边长是多少厘米？

④ 一个长方形的周长是 18 米，它的长是 7 米，宽是几米？

（4）思考题：要计算下图的周长，你有什么好办法？

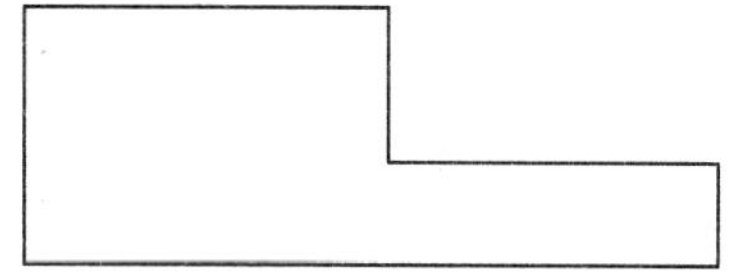

五、练习要形式多样，要有趣味性

练习设计的多样，就是要注意题型的多样化和练习方式的多样化。实际教学中，作业的内容单调，计算题唱主角，完成的方式单一，主要是书面形式、个人独立完成为多。这种毫无趣味、机械重复性的练习，不仅影响练习的效果，而且影响学生作业的积极性，制约学生创造力的发挥。因此课堂练习的设计不仅要在形式上多样化，也要在完成作业的方式上注意多样性和趣味性。除了常规的计算练习外，可以增加诸如选择、判断题等，在完成方式上除了书面作业外，还可以设计口头作业、操作性练习、合作性作业等。

例如，在学习“平行四边形、三角形、梯形面积”时，让学生在小组中合作，用不同的方法将平行四边形、三角形、梯形转化为已经会算的图形，体会转换策略和将未知图形转化为已知图形的过程，从而掌握转换的策略。学习“圆柱和圆锥”时，让学生回家剪下书本后的插页，做一个圆柱和一个圆锥，体会圆柱和圆锥的展开图，并结合复习“长方体和正方体的展开图”，为学习表面积打下基础。

让学生自己出题自己做是学生最喜欢的作业方式，特别是复习阶段，让学生仿照老师的样卷，出好一份复习卷。学生便能将本册教材中的知识复习、巩固，并归纳出要点，而且大部分学生会找一些以前经常出错的题目，或者对自己来说较难的题，既能锻炼自己，也能起到练习效果。

即使是书面练习，也要讲究趣味性，而题组练习最能激发兴趣、发展思维，使学生的知识得到巩固，能力得到提高。

例如，分数应用题题组：

【第一组】

小芳看一本 120 页的书，第一天看了全书的$\frac{1}{5}$，第二天看了全书的$\frac{1}{6}$。

(1) 两天一共看了多少页?

(2) 还剩多少页没有看?

(3) 第一天比第二天多看多少页?

【第二组】

(1) 小芳看一本书，第一天看了全书的$\frac{1}{5}$，正好看了 24 页，这本书共有多少页?

(2) 小芳看一本书，第一天看了全书的$\frac{1}{5}$，还剩 96 页没看，这本书共有多少页?

【第三组】

(1) 小芳看一本书，第一天看了全书的$\frac{1}{5}$，第二天看了全书的$\frac{1}{6}$，两天共看了44页，这本书共有多少页?

(2) 小芳看一本书，第一天看了全书的$\frac{1}{5}$，第二天看了全书的$\frac{1}{6}$，第一天比第二天多看4页，这本书共有多少页?

(3) 小芳看一本书，第一天看了全书的$\frac{1}{5}$，第二天看了全书的$\frac{1}{6}$，还剩76页，这本书共有多少页?

这种合作性、操作性、趣味性、条理性的练习，既能激发学生的求知欲望，培养学生做练习的兴趣，又能取得令人满意的练习效果，使学生在轻松、愉快的氛围中完成练习并进一步理解算理，积累数学经验。

新的课改把改善学生的学习方式、实施多样化的作业形式作为重要的突破口。教师要紧紧结合课改要求，依据教学内容，关注学生实际，在设计作业时突出普遍性、针对性、层次性、量力性和趣味性，让学生在教师精心设计的作业中体验到成功的喜悦，感受到数学的魅力。

例谈复式自动作业的层次设计

在复式课堂教学中，至少有二分之一的时间用于自动作业，而这些自动作业的时间，是在动静交替过程中分段分层进行的。因此在一堂课中根据动静划分的段次，研究复式同一年级自动作业各段内容及其层次，进而在整体上形成一个序列结构，这对优化复式自动作业的设计、充分发挥静时间的优势、提高课堂教学效率均有重要的意义。下面笔者以“商不变性质”为内容，以“两静夹一动”的三段结构为例子，谈谈笔者在二次静时间里是怎样根据教材内容的需要分段分层设计自动作业并形成一个序列的。

一、动前的静

动前的静作业，根据其所处的地位，具有以旧引新、预习新知识和自学效果检测的作用，因此可以分成三个层次来设计自动作业。

1. 复习旧知

复习旧知是个较为宽泛的概念，选择怎样的旧知层层推进，引渡新知，使学生达到学习新知的“最近发展区”？笔者认为复习的范围和口径必须步步紧扣教材的新概念、新知识、新方法的连接处和衔接点。这样不仅可以克服以往布置作业的随意性和无效性，而且可以节省时间，提高时效。因此第一层次的静时间的复习，笔者是这样考虑的：

(1) 填空。

①		
	10 =	
2×	100 =	
	1 000=	

②		
	10 =	
2000÷	100 =	
	1 000=	

8扩大10倍是(　　),扩大100倍是(　　);

8000缩小10倍是(　　),缩小100倍是(　　)。

(2) 观察下面两组题,看看每组两道题的被除数和除数有什么变化?算算它们的商各是多少?

2610÷30　　　　3430÷490

26100÷300　　　　343÷49

2. 预习新知

新知常常是由旧知识的发展延伸而来。上述练习尤其是(2)中的两题,为学生自己去接触新教材,预习新知识作好铺垫并接上了头。复习静时间的预习,是不在教师的当面指导下进行的,因此怎样使学生按照教材和教师的意图通过书面布置、图像展示、助手辅学等形式,有目标、有步骤地自学,并力求将教材初步学懂?这全凭教师有层次的设计,例如预习"商不变性质"这部分的内容,笔者是这样设计的:

(1) 认真自学课本(P32),看看四个算式中被除数和除数是怎样变化的?商有没有变?然后完成如下填空:

① 从上往下看,6和3同时____10倍、100倍、1 000倍,商还是____。

② 从下往上看,6 000和3 000同时______10倍、100倍、1 000倍,商还是________。

(2) 认真读懂书上的一段结语,然后填写如下填空:

在除法里,被除数和除数同时____或者同时____的倍数____。

3. 自学检测

"自学检测"是紧接在"预习新知"之后,进行自学效果反馈的自动作业测试题。其作用有如下几个：一是可以了解学生是否认真参加预习；二是可以检查预习新知识的范围和程度；三是便于动时间教学时，有针对性地进行调控和补偿。例如，“商不变性质”一课“自学检测”的内容笔者是这样安排的：

(1) 根据“商不变性质”，在下列算式的括号里填上合适的运算符号和数。

80÷20＝4

(80×10)÷(20 ____)＝4

(80　　)÷(20÷10)＝4

(2) 根据“12÷3＝4”，很快填上下列各题的商，并想想它们的道理。

120÷30　　　　24÷6

1200÷300　　　　240÷60

12000÷3 000　　　　2400÷600

二、动后的静

动后的静，根据其地位和性质，具有巩固和熟练新知识、新方法，并用这些新知识、新方法去判断和解决具体问题的作用，这是对教学效果的整体检验。本次自动作业，在动时间教师根据“动前的静”的复习、预习及自学检测逐项提问，逐层讲述理解“商不变性质”后，即可布置如下两个层次的作业。

1. 巩固新知

“巩固新知”的作业和练习，教材在内容的确定和程序的编排上都是比较慎重和严密的，可直接选用课本教材的习题。故这个层次的自动作业，在自我学习下完成“练习十一”中的 1、2、3 题。

2. 运用新知

运用新知解决实际问题是我们数学教学的根本目的，也是培养学生数学能力的重要手段，在选择和设计这类自动作业时，应注意如下几点：① 作业内容必须是教材的本质和重点；② 练习题目既可有基本性，又可有综合性。本层次自动作业，根据教材的特点着重出了如下的判断题，学生在判断对错的同时也要来改正错误项。

(1) 210÷30=(210÷10)÷(30÷10) ( )

(2) 210÷30=(210÷5)÷(30×5) ( )

(3) 210÷30=(210÷10)÷(30÷5) ( )

(4) 210÷30=(210÷5)÷(30÷5) ( )

(5) 600÷25=(600×4)÷(25×4) ( )

(6) 600÷25=(4×600)÷(4×25) ( )

复式自动作业的层次结构,同单式作业具有一定的共性,但也有其自身的特点和规律,只要我们不断探索和总结,还能找到更科学的设计。

小学数学课堂练习与课后作业的设计策略

课堂练习和课后作业是学生学习数学的一个必不可少的重要环节。但由于学校内部和学校外部综合因素的共同作用，学生课业负担过重已成为不争的事实。课业负担过重的原因是多方面的，但作业设计不合理、不科学，给学生造成不必要的时间、精力和兴趣等方面的浪费和挫伤无疑是一个直接的因素。特别是目前学校统一征订了《补充习题》《练习与测试》等，使得教师在作业设计与布置上更缺乏自主和创新。

课题组对全校师生进行了问卷调查，发现存在着诸多的问题：

一是作业布置“一刀切”现象普遍。从调查中我们了解到绝大多数的数学作业全班都是整齐划一，好、中、差学生都要完成相同的作业，期望达到同一目标，而忽视了学生的个性特点。这样容易使学困生“吃不消”，优等生“吃不饱”。只有少数几个数学教师会考虑学困生的学习状态，但也只是规定作业本中的最后几道拓展性的题目可以选择不做。在调查的20位数学教师中没有一位教师能经常自己设计分层作业。这使得作业的效率不高，也使学生处于十分被动的处境。

二是作业形式单一、重复机械、效率不高。从调查中我们看到，学生的数学作业基本上形式封闭、单一，绝大多数的作业都是书面作业，而且基本上都是计算或列式解答，书上的题目做完了就再做《补充习题》或《练习与测试》上的题目，给学生的印象：做数学作业就是解题，学生成了机械解题的“工具”。在大量、机械、重复的作业练习中，学生的好奇心、求知欲、创造性被大大压抑甚至扼杀。这与新课程所倡导的“一切为了学生的发展”显然是相悖的。学生对这些作业没爱好,有的甚至不完成,或者为应付检查而勉强完成,并产生了大量抄作业的现象。

三是作业布置随意性大。从调查中发现,教师不太了解每次作业的时间要多少,也不了解每次作业的难度有多大,特别是双休日的作业,教师随意从课外作业资料中拿来复印给学生。教师不做统计,就不知道做这些习题需要多少时间,适不适合学生,甚至有的教师喜欢搞类似“题海术”,追求面面俱到,多多益善,认为都做过了,学生就都会了,多做做没坏处。教师没去思考随意、超量的作业,会不会给学生加重负担,增加疲劳度,会不会导致学生厌恶甚至放弃完成作业。

四是课堂内作业时间少。调查发现,我们大多数教师布置作业的时间都放在下课或下课前几分钟,可以说是为布置而布置,看看我们的教案,每一课时的最后环节必有“布置作业”这一环节。但教师课上留给学生作业的时间少之又少,这样学生的课堂作业只能留到课外完成,既挤用了学生休息时间,又使部分学生的作业失去了真实性。

课题组针对作业布置中存在的诸多问题,提出的对策如下:

一、改革数学作业的内容

《标准》提出,通过小学数学的学习,要让“人人在数学上都得到发展,让不同的人在数学上得到不同的发展”。因此对于不同的人可以布置不同层次的作业,让数学作业目标多元,内容丰富,真正“履行”练习题的功能,达到训练目标。

1. 从教材中精选作业

作业是对教材内容的复习巩固、理解运用,因此在实施有效作业时必须在选题、编题上下功夫。

精选作业,我们分三步走:

(1) 根据内容适当删减课本练习题。认真解读教材的例题和习题,把例题和习题的目标弄清楚,尽量减少重复训练的内容。

例如,四年级上册“统计”中,例题是有关分段统计身高的,练习题也是统计身高的,因此可以大胆将练习中的一题删去,避免重复操作。

例题:

编号	身高/cm	编号	身高/cm	编号	身高/cm	编号	身高/cm
1	146	9	146	17	137	25	156
2	144	10	143	18	143	26	139
3	134	11	136	19	138	27	159
4	142	12	145	20	141	28	145
5	137	13	151	21	144	29	143
6	140	14	157	22	141	30	152
7	137	15	151	23	152	31	146
8	138	16	140	24	153	32	137

你能用画“正”字的方法整理上面这些数据吗?

身高/cm	人数
130~139	
140~149	
150~159	

“练一练”中的题是这样的:铁道部门规定,儿童身高在120厘米以下乘火车免票,120~150厘米之间享受半价票。你们班有多少人乘火车可以享受免票?有多少人需要购买全价票?

先在小组里了解每人的身高,并分段整理,再全班汇总。

姓名	身高/cm	姓名	身高/cm	姓名	身高/cm	姓名	身高/cm

______班同学身高情况统计表

年　月

身高/cm	合计	120 以下	120～150	150 以上
人数				

虽然“练一练”的题中还考察了收集数据的过程，但因为与例题存在较大的同质性，因此这里不妨换一个统计的项目。比如，统计空气质量问题：

苏州市空气质量指数

日期	污染指数	日期	污染指数	日期	污染指数
3 月 8 日	59	3 月 19 日	108	3 月 30 日	113
3 月 9 日	131	3 月 20 日	75	3 月 31 日	88
3 月 10 日	165	3 月 21 日	88	4 月 1 日	94
3 月 11 日	82	3 月 22 日	71	4 月 2 日	64
3 月 12 日	40	3 月 23 日	64	4 月 3 日	78
3 月 13 日	71	3 月 24 日	93	4 月 4 日	88
3 月 14 日	129	3 月 25 日	137	4 月 5 日	45
3 月 15 日	115	3 月 26 日	133	4 月 6 日	50
3 月 16 日	96	3 月 27 日	50		
3 月 17 日	128	3 月 28 日	70		
3 月 18 日	192	3 月 29 日	187		

苏州市 3 月 8 日—4 月 6 日空气质量情况统计表

污染指数	0～50	51～100	101～200	200 以上
空气质量等级	优	良	轻度污染	重度污染
天数				

这样选用原试用教材中的例子，把人们生活中普遍关心的空气质量作为统计的素材，既能增加学生的知识面，更能使学生进一步体会到数学的功用，再次激发学生学习数学的兴趣。

(2) 根据训练要求在原题的基础上增加习题。例如，在学习“两三位数乘一位数”时，课本“练一练”中有一组练习：

$$\begin{array}{r}3\\ \times 2\\ \hline\end{array}\qquad\begin{array}{r}23\\ \times\ \ 2\\ \hline\end{array}\qquad\begin{array}{r}123\\ \times\ \ \ 2\\ \hline\end{array}$$

教材的意图很明显，旨在通过三道题的练习，体会到“两三位数乘一位数”的计算方法以及对位顺序，重点在理解从个位乘起的计算法则。虽然三道题的训练目标能基本达到，但如果在末尾再加上一题：

$$\begin{array}{r}4123\\ \times\ \ \ \ 2\\ \hline\end{array}$$

这样更能让学生体会到“多位数乘一位数”其实法则都是一样的，既能为学生进一步探究提供经验，又拓宽了学生的视野，为今后的学习作了铺垫，更有助于学生从中发现规律，锻炼了推理能力。

(3) 改变练习呈现的方式。根据优化课堂教学的需要对教材进行适当的加工处理，科学地选择、重组练习内容，挖掘生活中的素材，把课本中的静态的练习题通过学生易于和乐于接受的形式，转化为学生能够亲自参加的动态的数学实践活动，让学生通过实验、观察、搜集资料、交流、讨论等方式理解知识点，使学生自然、有效地经历知识的生成过程，即改变练习题的呈现过程，寓趣味性于练习题。比如，在学习“分数的意义”后，一练习题为：下面哪些图形的涂色部分表示$\frac{1}{2}$？

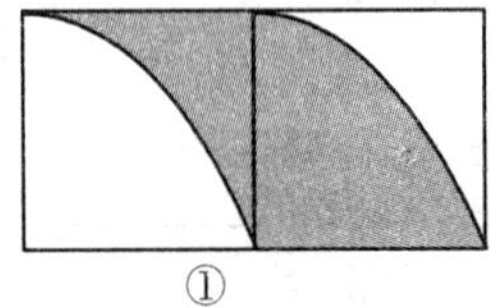
①

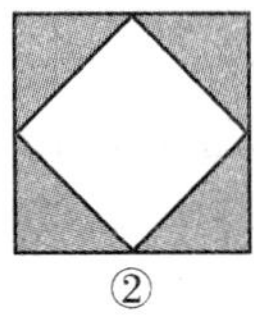
②

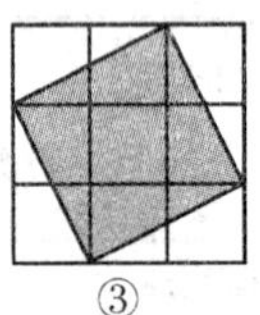
③

我们可将题干改为：先想一想，再画一画，下面哪些图形的涂色部分表示$\frac{1}{2}$？虽然只增添了“画一画”三个字，学生动手操作的意识却更强了。

2. 根据教学内容改编作业

(1) 变课本上的封闭题为开放题，培养学生的创造性思维。传统教学中给学生的作业经常是封闭的，答案是唯一的，其弊端就是束缚学生的发散性思维，使学生成为“高分低能”的“考试机器”。而开放性题目不仅答案有多种，而且解决问题的方法多样，能给予学生更广阔的思维空间，从而培养他们的创造性思维。因此，我们在课题研究过程中，要经常设计一些开放性的作业。

例如，二年级在学习了“图画解决问题”后，可以把简单的看图列式买门票变成开放题，改变题目要求：请你根据情境图列式。如果你和家人一起去，该怎么买票？（因为学生家人人数不统一，所以答案也是不唯一的）你还能提出什么数学问题？这样的作业体现了以学生为主体的理念。通过作业为学生提供自我反思的空间，着眼于学生的终身发展。

再如，在教学“角的认识”一课时，设计这样一道练习：用三根小棒，你能摆出哪些图形，数一数，有几个角？这道题的特点在于含有趣味性、实践性和开放性。这样的练习，既符合小学生的年龄特点，又可提高学生的学习兴趣。同时因为这是一道解题策略开放的练习，所以既可以培养学生全面思考问题的能力，又可以培养了学生的创新精神，而且使不同层次的学生都有所提高，人人都有收获。

（2）变枯燥的作业为趣味性作业，调动学生积极性。数学是枯燥的，为让学生乐意做作业，可以把枯燥的作业通过一定的情境或数学故事呈现。

例如，在学习“求长方形的周长”时，设计一个富有童趣的故事情境：

三四月份，花草进入养护期，熊爸爸需要将他的长方形花草地围上篱笆，篱笆应该围在哪里呢？如果花草地的长是 5 米、宽是 3 米，需要多长的篱笆？请小朋友们帮帮忙，应用所学的知识，算一算吧！

熊爸爸的这块花草地的一面是靠着墙的，篱笆还需要这样长吗？那实际需要多长呢？

一道枯燥的数学练习题通过这种富有情节的童趣故事的包装，就能更好地激发学生做作业的兴趣。

3. 根据教学内容拓展作业

在精选练习题后，学生的训练量减少，但要求不能降低，因此练习中要强化拓展性作业，根据教学内容加以拓展，特别是要让优等生能有新的收获，学困生能了解相关知识，开阔视野；或者能将相关联的知识联系起来，综合、灵活地应用相关知识解决问题。

例如，学习了“比例尺”后，双休日布置如下作业：量一量你的卧室的长和宽，以及一些家具的长和宽，然后以 1∶100 的比例尺画出你的卧室的平面图。这是一个运用所学数学知识解决生活中的实际问题的典型性作业，作业需要学生系统地掌握比例尺相关知识，以及长方形、正方形、圆形等图形的作图方法等。作业首先布置学生收集房间的有关资料，可以实际测量，也可以向自己的父母请教，然后完成平面图的绘制。在完成作图后，全班同学进行作业交流。后来我们发现，学生很喜欢做这样的作业，他们制作了精美的平面图，在交流的过程中总结了自己的收获和在作业中解决困难的心得体会。同学们在这样的作业中不仅提高了数学的知识水平，也感受到了数学作业的乐趣。

二、改革数学作业的形式

多元智能理论认为，人类的智能是多元的，因此我们的数学作业也随之变得多元，这样对于培养学生各方面的智能才能起到一定的帮助。在这一理论支撑下，课题组老师在设计数学作业时注意了多样化的原则，让作业成为现实的、有趣的、具有探索性的活动，学生在学习过程中操作实验、自主探索、大胆猜测、合作交流、积极思考，这样学生的数学作业形式由原来单一的练习与计算为主变成了形式多样的花式作业。

1. 游戏性作业

游戏是儿童的天性，因此为了激发学生的学习兴趣，课题组老师设计了富有童趣的游戏性作业，如数学游戏、与家长对话等，让学生在轻松的活动中掌握知识。

例如，在学习了“乘法口诀”后，为了让学生记住口诀，传统的作业总是横着背、竖着背，要背得滚瓜烂熟，学生背得也像唱歌一样，但到用时，还需要从头开始。而我们课题组老师设计了动动手指头背口诀的游戏：每个同学和另外一名同学或者与家长像猜拳一样，每人可以出一只手的一个指头，也可以出一双手的九个指头，甚至十个指头，然后把两人表示的数的积背出来。由于游戏中只知道自己的数，因此为了快速得出积，必须要把该组的乘法口诀过一遍。通过游戏,学生基本能很快地说出积是多少,达到了看到数字就能背出口诀的目的,学生兴趣也非常高。

再如,学习了"混合运算"以后,教材安排的"算 24 点",我们把它引入课堂中,作为作业连续做了一个多星期,学生在这样的探究性活动中兴趣盎然,很好地巩固了所学的知识。

2. 实践性作业

传统的习题基本上是"去生活化",是纯粹的数学题,而所谓的解决实际问题也不过是通过机械地辨别、模仿或可套用公式或相关的数学模型加以解决,不是真正意义上的"应用"题,缺乏与实际生活或与其他学科的联系。学生看不到数学问题的实际背景,不会主动通过数学思考,运用数学化的手段解决问题,这对学生建立积极的、健康的数学观,掌握数学建模方法,培养思维能力是极为不利的。因此我们课题组在作业设计时强调了要联系学生生活实际,解决学生生活中的常见问题,这样才能激发学生解决问题的欲望,才能体验到成功的乐趣。

例如,在学习了"比例"知识后,我们设计了这样的一道习题:学校的一根旗杆到底有多高?你有什么办法能测量?请同学们根据课上学到的知识,用最简单的方法求出答案。再如学习"圆的周长"后,量一量、算一算自己的自行车车轮或电动车车轮的周长,在前轮可以扎根红线来算算学校到家有多远等?学生在这样的亲历活动中,要观察、测量、比较、检查,他们所学的知识得到了运用,丰富的情感得到了体验,更重要的是促进了学生社会性的发展。

3. 探究性作业

有效的数学学习活动不是单纯地依赖模仿与记忆,同时还需要学生的动手实践、自主探索与合作交流,这样学生对数学知识、技能和数学思想才能真正理解和掌握,才能获得广泛的数学活动的经验。为此,在作业设计时,要根据教学的内容以及学生已具有的数学活动经验,设计一些以学生主动探索、实验、思考与合作为主的探索性作业,使学生在数学活动中成为一个问题的探索者。

例如，在复习立体图形时，设计了如下的探究作业：用一张长方形纸折成一个立体图形(尽可能多，但纸张不能重叠)。算一算它的侧面积和体积，想想它的底面积又该如何求得？与同学讨论，并比一比折过的图形，有什么发现？对学生而言，这是一个具有挑战性的探究活动。学生在完成相关问题后探究的欲火被点燃，“操作—思考—想象”的有机结合是学生认识图形、探索图形特征、发展空间观念的一条重要途径。在这样的实际操作过程中，操作与思考、思考与想象相结合，发展了学生的空间观念。

4. 综合性作业

综合性练习主要安排在两个方面，一是单项练习分层作业中的三星级题目(下文有述)，重在培养学生综合运用所学知识解决有一定思考价值的问题的能力，为拓展优秀学生设计；二是在进行单元复习时，单元复习的综合性作业重在对本单元的知识进行重新梳理，形成清晰的脉络，从而为学生构建完整的知识体系。在设计此类题时，要求教师对知识的横向、纵向联系和重难点知识以及对学生需要达到的目标和要求都应做到胸中有数，了如指掌。

课题组提出了让学生学会整理的思路，即在学完一个单元以后，让学生自己先回顾所学知识，用自己喜欢的方式进行搜集、整理、归纳，并通过讨论、交流、分析、比较等学习方式，感受到不同数学知识之间的内在联系以及异同，体会数学知识在不同的实际问题中的应用，使学生在实践、思考等自主学习的过程中达到巩固知识、培养能力、形成技能的效果。有时还可以针对梳理出的每一个知识点进行相应的举例，写出解题的提示、完整的解题过程和注意事项。比如在复习了简单统计后，笔者让学生根据本节的知识点和自己的实际情况，设计一道练习题。有一位学生设计了这样一道题：利用自己本学期的数学成绩与本班数学平均成绩的统计表，设计了以下问题：想一想可以用哪些统计图来分析、比较上面这些数据？你是怎样设计统计图的？从统计图反映的情况来看，你对自己这几次的数学成绩有什么评价，你进步了吗？你有什么想法要与同学说？通过这样的自主性作业，学生不仅对所学的知识进行了巩固，而且对知识进行了系统的整理和自主建构。

三、根据学生主体设计分层作业

1. 作业量的分层

作业量的分层是指我们可以根据学生的个体情况和对其发展要求的不同进行增减。对于学习能力强、智力发展好、知识掌握较快的学生可减少作业量，尤其减少那些重复计算、训练单一的作业；对于学习态度不够认真、知识掌握不够牢固的学生，适当增加举一反三的作业。这样，可以让学有余力的学生获取自由发展的时间，一般学生也能得到充分练习，使学生的学习能力得到提高，促进其良好的学习习惯的养成。

2. 作业难度的分层

针对学生数学能力有差异的客观事实，着重找准每类学生的最近发展区，根据学生层次差异把作业设计成难度不同的作业，让学生自主选择，从而使不同发展水平的学生都能较好地参与作业，享受到作业的快乐。对于基础好的学生，在其掌握了书本内容的基础上，有针对性地布置一些有深度或综合性强的作业，充分挖掘其学习潜力，进一步发展其思维的深刻性和灵活性，提升其数学品质，增强其对数学学习的兴趣；对于基础一般的学生，除了掌握书本知识外，也要适当穿插一些稍有难度的题目，使其也能有所提高；而对于基础差的学生，则应布置基础性的知识，让其经常体会作业成功的喜悦，建立能学数学的信心，增强学习数学的兴趣，从而提高他们的数学成绩。因此我们课题组提出了设计三星级练习题的要求。比如，学习“年、月、日”后，设计了以下三星作业，供学生自选完成：

一星(★)：填空(根据所学知识，完成一组比较基础的填空题)

一年有(　　)个月，其中大月有(　　)个月，每月有(　　)天，小月有(　　)个月，每月有(　　)天。

二星(★★)：制作一份月历。根据所学知识，制作今年二月、三月、四月、七月、九月的月历(教师提供每月第一天为星期几)。

三星(★★★)：查找有关“年、月、日”的资料，了解“年、月、日”的来源，了解平年、闰年的来历，完成一张数学知识小报。

再如,学习"加法的运算律"后,笔者就设计了一组层次性非常强的习题:

★:简便计算下列各题(基本题,与例题相仿)

55+346+45　　　36+25+64+75

★★:下列各题能简便计算的简便计算(综合题,新知适当结合旧知)

58+(92+142)+108　　　(68+76)+22+24　　　98+49+157

★★★:简便计算下列各题(发展题,知识的灵活运用)

999+99+9+3　　　11+13+15+…+25+27+29

学生可以根据自己的情况和能力选择其中的一题去做,让不同的学生有不同的发展,从而每个学生都能体验成功的快乐,激发学生对数学的兴趣。

3. 根据学生年龄分层

低年级以游戏性作业为主,中年级以实践性作业为主,高年级以综合性作业为主,这也是大家的共识。

当然作业设计的方法多样,但老师布置的作业总是由学生完成,因此以学生为本是作业设计之本。教师只有正确地理解作业的价值,更新教育观念,落实新课程理念,以学生的发展为本,加强作业的改革,实现"减负增效",才能实现真正的"人本回归"。

先分后数

——帮你理解分数的意义

什么是分数？分数是先分后数的数。先数一数把一个物体(或一个整体)平均分成了几份，分成的总份数就是分数的分母。再数一数表示其中的一份还是几份，它就是分数的分子。如果是一份，就是几分之一；如果是几份，那就是几分之几了。因此，要说明一个分数，关键是要数清楚平均分成的总份数，以及所表示的份数。

在平均分成的总份数相同的情况下，表示的份数越多，这个分数就越大，也就是分母相同，分子大的分数就大；如果一个物体，分成的总份数越多，每份就越小，也就是分子相同，分母越大，分数反而越小。

【问题 1】 在下面的正方形中，先分一分，再涂出$\frac{1}{2}$，你能用几种不同的方法？

【思路点睛】 要涂出$\frac{1}{2}$，我们先看分数$\frac{1}{2}$，$\frac{1}{2}$表示把一个物体平均分成 2 份，涂色 1 份，这样就能很快解决问题了。

问题还提出了能用几种不同的方法，其实就是要求我们用不同的方法把这个正方形平均分成 2 份，我们可以这样分：

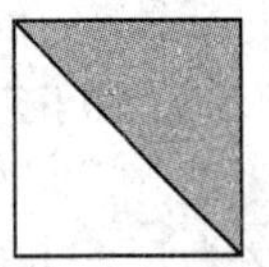 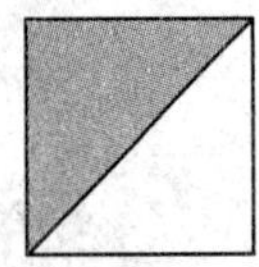 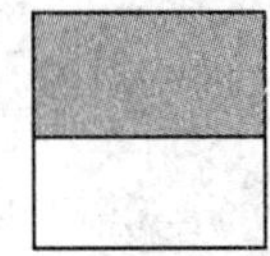 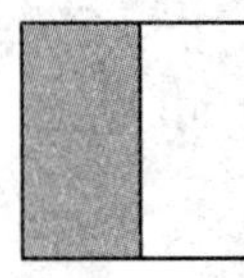 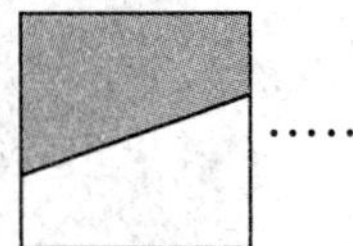 ……

【问题 2】 小明今天过生日，约了 7 个好朋友在草地上分蛋糕，小明把这个蛋糕进行了平均分，这时每人平均吃到了这个蛋糕的几分之几？这时小龙跑过来了，可是大家的蛋糕都吃了，只剩下小明自己没有吃，于是小明就把自己的那一块蛋糕又平均分成了 2 块，小龙高兴地接过蛋糕，连声感谢。你能知道小龙吃了这个蛋糕的几分之几吗？

【思路点睛】 要写出这两个分数，还是要先分后数，我们先看第一次，小明约了 7 个同学，小明把蛋糕平均分成了几份呢？8 份，那么每人只吃了其中的一份，所以这个分数应该是$\frac{1}{8}$。

第二次就复杂多了，要知道小龙吃了这个蛋糕的几分之几，先要看小明是把这个蛋糕平均分成了几份。先是分成了 8 份，然后小明是把自己的那一块平均分成 2 份的，小龙吃了其中的一份，如果你认为是平均分成了 9 份，那肯定是不对的，他肯定与其他 7 个小朋友不是同样多的，因为其他 7 个小朋友每人吃的应该是小龙的 2 倍，也就是 2 块小龙那样大的。因此我们也可以这样想：其他 7 个小朋友的蛋糕都平均分成 2 份，那么每一份就跟小龙同样多了。从这里我们可以想象，就是小明把蛋糕平均分成了 16 份，小龙吃了其中的一份，所以就是$\frac{1}{16}$。

【总结】 要正确地写出分数，关键是看清是把一个物体（或一个整体）平均分成了几份，把分成的总份数作为分母，再看表示其中的几份，把表示的份数作为分子。在判断的过程中，我们一定要知道只有平均分，才能用分数来表示。

（1）下面哪个图形中的阴影部分能用$\frac{3}{10}$来表示？

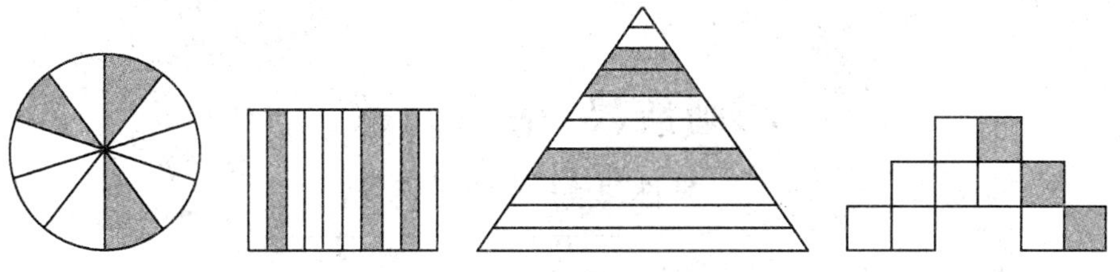

（2）$\frac{7}{8}$、$\frac{4}{8}$、$\frac{5}{6}$、$\frac{3}{8}$、$\frac{6}{8}$、$\frac{5}{12}$中，比$\frac{5}{8}$小的分数有哪些？大的呢？

（3）20 本数学书的厚度叠起来正好是 1 分米，一书数学书的厚度是多少分米？

（4）这是同学们非常熟悉的七巧板。

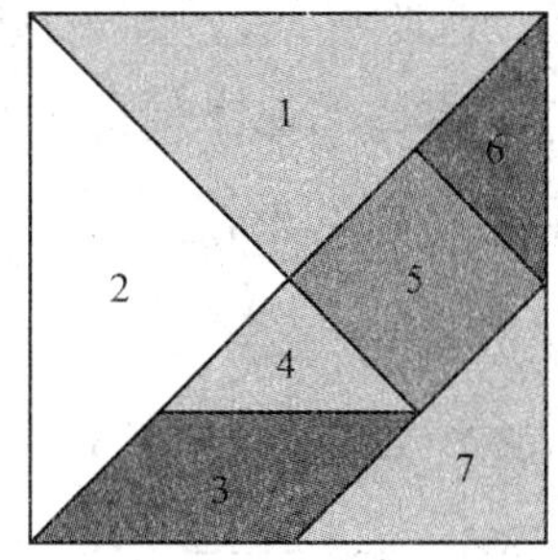

每种颜色的图形各占大正方形的几分之几？

（5）一根木头，第一次被木匠平均分成四份后，用去了一份，第二次这位木匠又将剩下的平均分成四份，又用去了一份，这一份是原来这根木头的几分之几？

巧画线段，解决问题

——帮你理解画图的策略

解决数学问题，先要弄清数量之间的关系。有些问题，不容易看出数量关系。如果我们能学会画线段图，就能通过线段图来帮助我们弄清数量之间的关系。这样不但容易解答，而且还不会产生错误。

【问题 1】 聪聪和瑶瑶一起吃薯条，她俩一共吃了 160 根薯条，聪聪吃的是瑶瑶的 3 倍，问聪聪、瑶瑶各吃了多少根薯条？

【思路点睛】 从题中我们可以知道，总数有 160 根，聪聪吃的是瑶瑶的 3 倍，用线段图可以表示为：

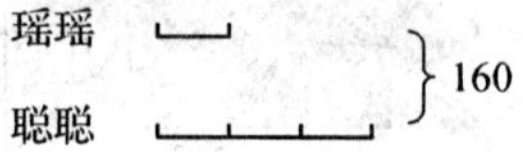

瑶瑶
聪聪
160

看了这幅线段图，我们很快就能明白，两人一共吃了 160 根，瑶瑶吃了其中的 1 份，聪聪吃了其中的 3 份，一共有 4 份，而 4 份正好是 160，所以列式为：

1＋3＝4

160÷4＝40(根)

40×3＝120(根)

综合算式为：

160÷(1＋3)

＝160÷4

＝40(根)

40×3＝120(根)

答：聪聪吃了 120 根薯条，瑶瑶吃了 40 根薯条。

看！画出线段图是不是能很快看出聪聪吃的、瑶瑶吃的以及与总量之间的关系？

【问题 2】 爸爸和敏敏一起喝一瓶饮料，爸爸喝的比敏敏多 600 毫升，正好是敏敏的 4 倍，这一瓶饮料原来有多少毫升？

【思路点睛】 读题我们发现，这里讲了爸爸喝的饮料与敏敏喝的饮料之间的关系，不过这里既有差的关系，也有倍的关系，我们也画线段图来看看。

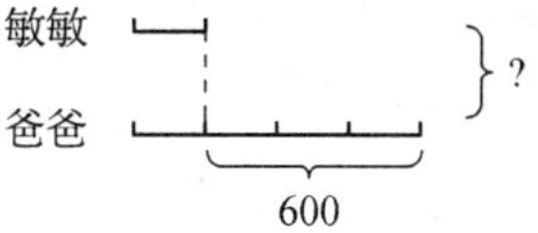

敏敏
爸爸
?
600

从图中我们可以非常直观地发现，爸爸比敏敏多喝的 600 毫升，正好是爸爸比敏敏多喝了的 3 份，那么 1 份就可以非常容易地知道了。1 份呢？也就是敏敏喝的量。所以列式为：

600÷(4－1)

＝600÷3

＝200(毫升)

200×4＝800(毫升)

200＋800＝1000(毫升)

答：这一瓶饮料原来有 1000 毫升。

其实从这幅线段图，我们还可以发现，一共的量共 5 份，所以在求出 1 份后，可以直接乘 5，可以更简单。即：

600÷(4－1)

＝600÷3

＝200(毫升)

200×5＝1000(毫升)

这一例题告诉我们，在画线段图前，要认真读懂题目的意思，才能正确画出线段图，而且同样的线段图可能还会有不同的发现。

【问题 3】 两根绳共长 46 米，从第一根上剪去 6 米后，第二根比第一根剩下的 2 倍还多 4 米。两根绳原来各长多少米？

【思路点睛】 这个问题似乎很复杂，我们不妨边读题目，边画线段图。

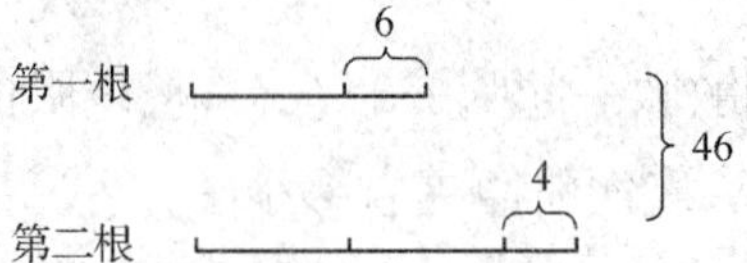

从画的线段图上我们可以发现：第一根剩下的看作1份，那么第二根就是2份多4米。如果把多余的去掉，就正好是3份。所以列式为：

46－6－4＝36(米)

36÷3＝12(米)

12＋6＝18(米)

12×2＋4＝28(米)

答：第一根长18米，第二根长28米。

【总结】 根据题意，巧用线段图表示题目中的数量关系，能使数量关系一目了然，从而正确列式解答。

画图是解决问题的一种策略，希望你能善用这种策略来帮助你思考和解决学习、生活中遇到的问题。

【每日思维操】

[星期一] 国庆长假，妈妈带着小玲到摩天轮公园玩，门票共花了120元钱，公园规定儿童票为半票，那么成人票和儿童票各多少元？

[星期二] 兄弟两人一起运一堆砖，共150块，哥哥运的比弟弟的2倍还多10块，哥哥和弟弟各运了多少块？

[星期三] 澄湖小学为灾区同学捐书，一年级捐240本，二年级捐的是一年级的2倍，三年级比二年级多捐120本，三个年级一共捐多少本？

[星期四] 开放题：有一个两位数，数位上的数字和是12，它们的数字差是4，这个两位数可能是几？

[星期五] 开放题：宋伯伯在果园里种植了一些苹果树和梨树，苹果树的棵数比梨树多4棵，________________，宋伯伯种的苹果树和梨树一共多少棵？

认识几分之几

——帮你理解单位“1”

什么是分数？简单地说就是分一分，再数一数。学习分数，主要掌握好两点：一是分，要看明白把什么物体或哪些物体平均分成了几份，分成的份数就是分数的分母；二是数，要数清楚有这样的几份，这样的几份就是分数的分子。比如，把一堆苹果平均分成 3 份，就是三分之几，有这样的 2 份，就是$\frac{2}{3}$；如果平均分成了 30 份，那么就是三十分之几，有这样的 2 份，就是$\frac{2}{30}$。

【问题 1】 请你看图填一填。

(1) 图形①占整个图形的(　　)。

(2) 图形②占整个图形的(　　)。

(3) 图形③占整个图形的(　　)。

(4) 图形①、②的和占整个图形的(　　)。

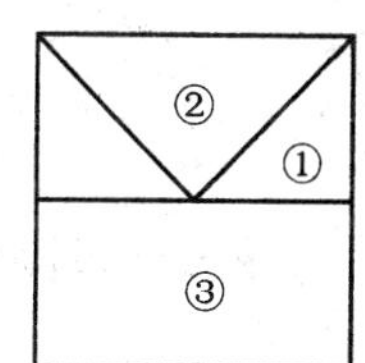

【思路点睛】 要填写这些分数，先要弄明白平均分成了几份，这是解决问题的关键。我们可以把一些隐藏的线画一画。

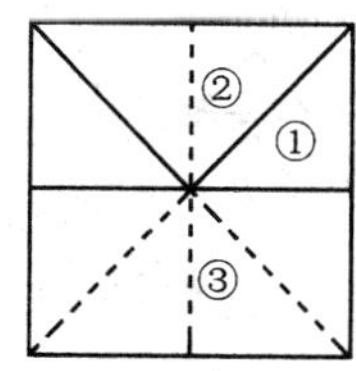

这样你就能非常方便地发现，把整个正方形平均分成了 8 份，图形①有 1 份，就是$\frac{1}{8}$；图形②有 2 份，就是$\frac{2}{8}$；图形③有 4 份，就是$\frac{4}{8}$；图形①和图形

②的和是 3 份，就是$\frac{3}{8}$。

当然图形②和图形③还有不同的分法。

图形②还可以这样分，把整个正方形平均分成 4 份，就是$\frac{1}{4}$。

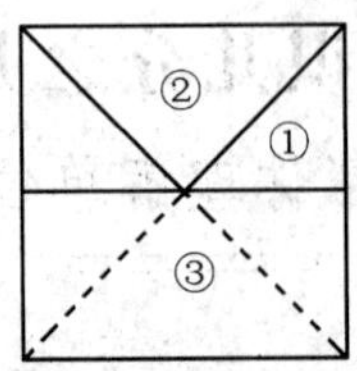

图形③可以这样分，把整个正方形平均分成 2 份，就是$\frac{1}{2}$。

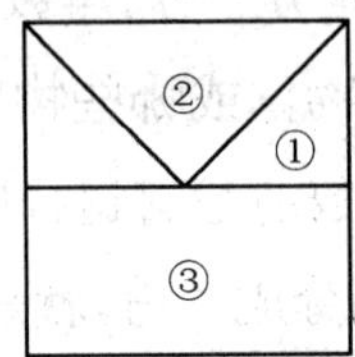

【问题 2】 画一画：露出的三角形占总数的$\frac{2}{3}$，请你画出纸片盖住的三角形。

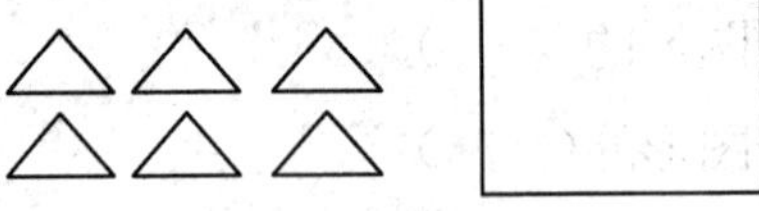

【思路点睛】 从分数$\frac{2}{3}$可以知道是把一些三角形平均分成了 3 份，露出的有 2 份。那么我们可以把露出的先平均分成 2 份，数一数每份是多少，再画出一份就能解决问题。

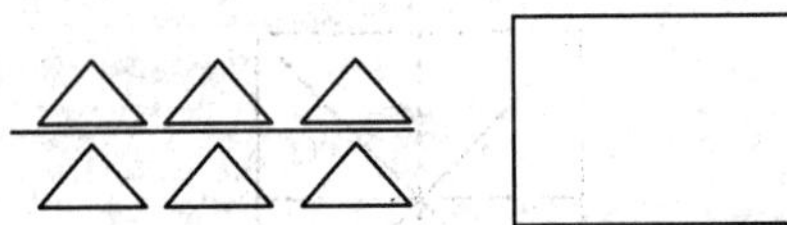

从图中可以知道，每份是 3 个，这样我们只要画出 3 个三角形就行了。

【总结】 解决有关分数的数学问题，关键是要看明白把什么平均分，分成了几份，表示的有这样的几份。

【每日思维操】

[星期一] 数一数,填一填。

○	□	○	△	★	★	○	△
△	★	□	○	□	○	△	★
□	□	○	★	○	△	△	○

在上图中,★的个数占总数的$\frac{(\quad)}{(\quad)}$,△的个数占总数的$\frac{(\quad)}{(\quad)}$,□的个数比○少了总数的$\frac{(\quad)}{(\quad)}$。

[星期二] 写出下面阴影部分表示的分数。

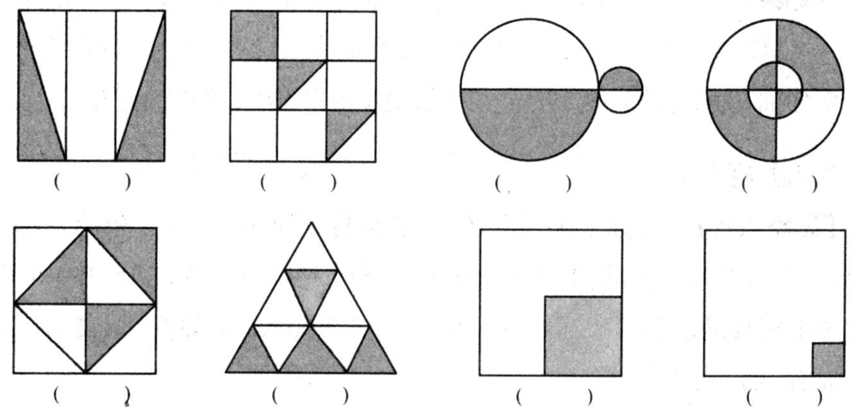

[星期三] 两条同样长的绳子,第一条剪去了 $\frac{1}{3}$,第二条剪去了 $\frac{1}{4}$,哪一根剩下的多?

[星期四] 把 10 米长的绳子平均剪成 5 段做跳绳,每根跳绳的长是这根绳子的$\frac{(\quad)}{(\quad)}$,每根跳绳长(　　)米。

[星期五] 两支铅笔,用了一段时间后,剩下的同样长,原来哪支铅笔长一些?简单写出你的理由。

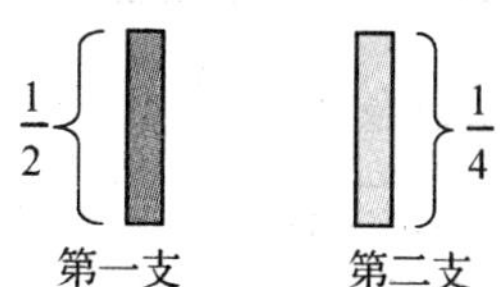

仔细观察、巧妙思考、精准定位

——小数乘除法练习

小数乘除法是五年级上册中最烦的一个内容，烦在哪呢？从学生的作业中发现，烦就烦在小数点不怎么听话，常常站错位置。那么怎样让小数点乖乖听话呢？仔细观察、巧妙思考、精准定位是解决小数乘除法问题的最好办法。

【问题 1】 算一算：$\overbrace{0.25\times0.25\times\cdots\times0.25}^{101个0.25}\times\overbrace{4\times4\times\cdots\times4}^{100个4}=$

【思路点睛】 看似无从下手，但仔细观察发现，0.25 和 4 相乘的结果是 1，那么可以这样想：把 100 个 4 与 100 个 0.25 分别相乘，得到 100 个 1，100 个 1 相乘仍是 1，这时还剩下一个 0.25，1 和 0.25 相乘得到 0.25，因此本题的结果是 0.25。

【问题 2】 填一填：____km ＝ <u>50</u> m ＝ ____dm ＝____cm

【思路点睛】 看似一道进率练习，其实考察的只是小数点的移动规律。从50 m开始向右，1 m＝10 dm，1 dm＝10 cm，就相当于 50×10 和 500×10（或者50×100），因此小数点只要向右移动。从 50 m 向左，1 km＝1000 m，就相当于 50÷1000，即小数点向左移动三位。

÷1000　　×10　　×10

<u>0.05</u> km ＝ <u>50</u> m ＝ <u>500</u> dm ＝ <u>5000</u> cm

填一填：

如果 $A=0.\underbrace{0\cdots0}_{99个0}36$，$B=0.\underbrace{0\cdots0}_{99个0}15$。

(1) $A+B=$____________________；

(2) $A\times B=$____________________；

(3) $A\div B=$____________________。

【思路点睛】 这题看似非常复杂，但我们只要想一想小数加减法和乘除法的计算方法，就不难解决这个问题。

小数加法只要数位对齐，那么 99 个 0 对齐 99 个 0，只要计算 36＋15 就行；

小数乘法只要看乘数中一共有几位小数，99 个 0 再加 36 就有 101 位小数，两个乘数共 202 位小数，计算 36×15＝540，前面还有 199 位(即 199 个 0)；

小数除法只要把除数扩大成整数，被除数也扩大相同的倍数，那么除数 B 要成为整数，小数点向右移动 101 位，变成 15，那么被除数也向右移动 101 位，变成 36，这样只要计算 36÷15 就行了。

【问题 3】 保护环境人人有责。上学期五年级学生组织了收集饮料瓶的活动，一个学期下来共收集了各类饮料瓶 570 只，放假前同学们准备卖到回收站去。如果每个袋子能装 50 个，需要多少个袋子？如果每个瓶子 0.12 元，用这些钱购买 12.5 元一副的羽毛球拍，能买几副？

【思路点睛】 这是我们日常生活中经常遇到的问题。解决问题的方法很简单，相信同学们都能完成，但在解决实际问题时，我们还得考虑实际情况，每袋装 50 个，用了 11 个袋子后还余下的 20 个还需要一个袋子，因此这里我们要用“进一法”取整数。

购买羽毛球拍同样也要取整数，但只能用“去尾法”，因为余下的钱不够买一副。

570÷50＝11(个)……20(只)≈12(个)

570×0.12＝68.4(元)

68.4÷12.5＝5.472(副)≈5(副)

【小结】 小数乘除法的计算只要掌握方法，仔细思考，巧妙定位，让小数点乖乖听话，就不烦了。

【每日思维操】

［星期一］小明为了测量 1 张 A4 纸的厚度，用 100 张 A4 纸叠起来，量得厚度是 1 厘米，那么 1 张 A4 纸的厚度大约是多少厘米？再想一想 1 万张、1 亿张厚多少？

［星期二］学校美术小组的一张购货单不小心被墨水弄脏了，你能帮忙把墨水弄脏地方的单价和总价重新填写清楚吗？

学校美术小组购货单

品名	数量	单位	单价	总价
毛笔	35	支	3.5	
画纸	200	张		
画布	8.5	米		106.25
合计				338.75

［星期三］为迎接文艺会演，学校采购了 600 米绸缎做演出服，如果每套需要 2.2 米，这些绸缎最多能做多少套演出服？王老师同时用 1000 元批发了 300 双袜子，算算每双袜子多少元？参加会演的车每辆最多能坐 45 人，参加演出的 205 名同学需要多少辆车？

［星期四］小明在计算一道小数加法时，错把一个加数的小数点漏了，算出的结果是 41.13，而正确的结果应该是 9.63，你能知道这个加数原来是多少吗？

［星期五］阿芳家里的厨房地面如图：

两边各做了宽 0.5 米的橱柜，如果橱柜底下不铺设地砖。请你帮忙算一下，铺地砖的面积是多少平方米？如果购买边长是 0.6 米的地砖，要多少块？

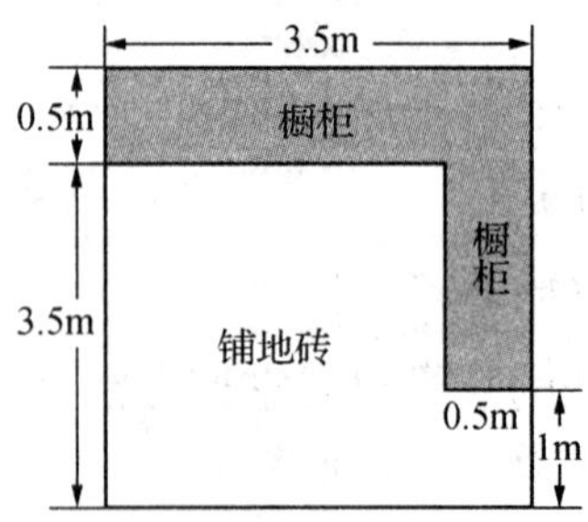

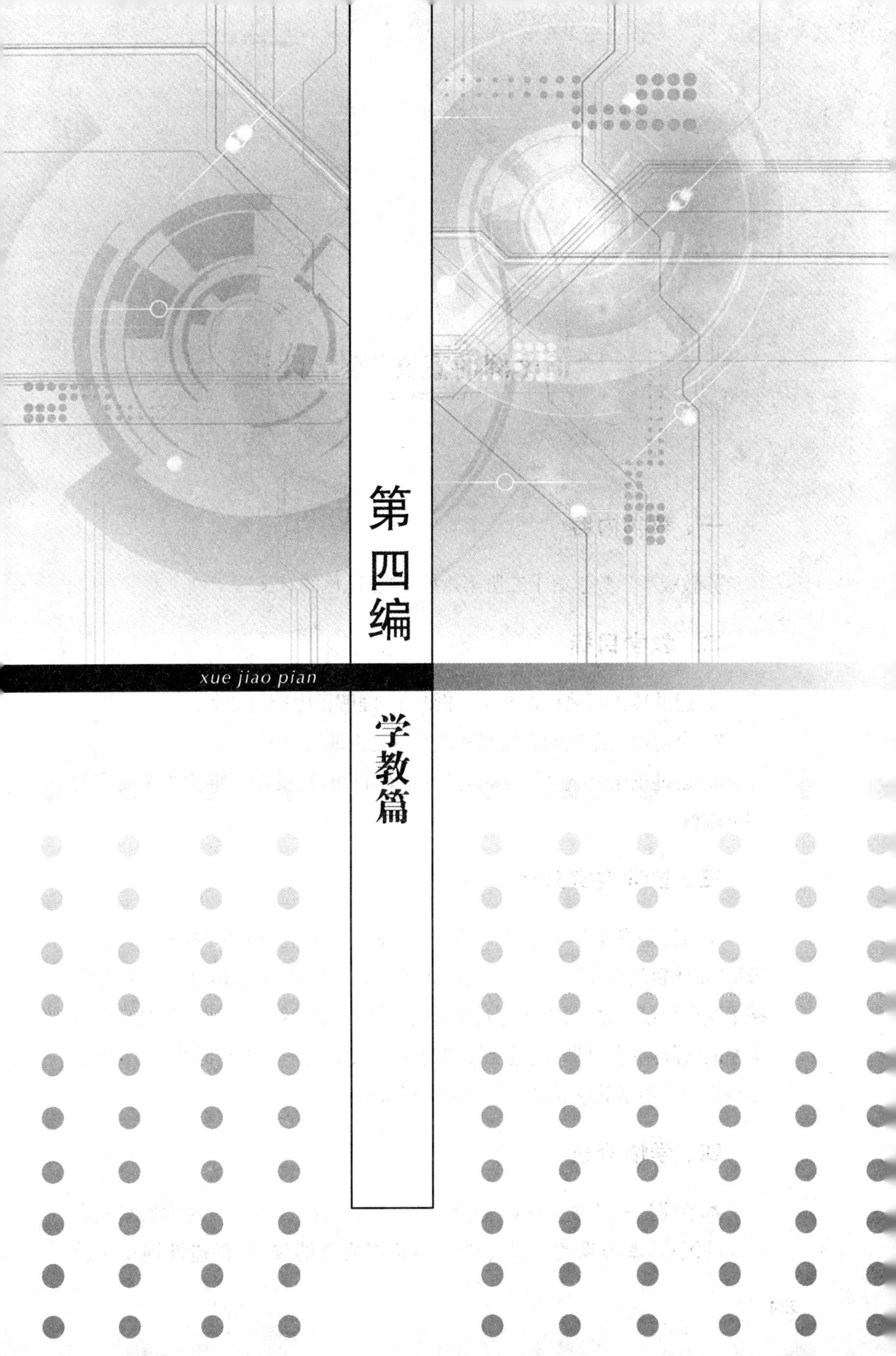
第四编
xue jiao pian
学教篇

“正比例的意义”教学设计

一、教学内容

苏教版小学数学第十二册第六单元“正比例的意义”。

二、教学目标

1. 通过具体问题认识成正比例的量，理解正比例的意义。

2. 会运用正比例的意义判断两种量是否成正比例。

3. 通过正比例概念的学习，渗透函数思想，接受辩证唯物主义观点的启蒙教育。

三、教学内容分析

本节课是在学生学习了“比和比例”的基础上进行教学的，着重使学生理解“正比例的意义”。正比例是比较重要的一种数量关系，学生理解并掌握了这种数量关系，可以加深对比例的理解，并能应用它解决一些含正比例关系的实际问题。同时通过正比例意义的教学进一步渗透函数思想，为学生今后学习中学数学、物理等学科打下基础。

四、学情分析

本节课是一节概念课，正比例的概念比较抽象，六年级的学生掌握有一定的困难，本节课的设计遵循学生认识概念的规律，创造性地使用教材，提供丰富的素材，从实例里抽象概念，再从概念回归到实例，让学生在辨析中巩固概念。

五、教学重、难点

重点：结合实际情境认识成正比例的量的特点，并能正确理解正比例的意义。

难点：能根据正比例的意义判断两种相关联的量是否成正比例。

六、教学过程

（一）导入

我们每天上学路上都看到汽车，一辆汽车在公路上行驶。

1 小时、2 小时、3 小时……媒体逐级出现

________ ________ ________ ________ ________

你发现了什么？（路程随着时间的增多而增多）

反过来呢？（路程随着时间的减少而减少）（我们发现了时间在增加，路程也在增加；反过来，时间减少，路程也减少）

还有吗？

（二）新知

1. 表格描述

很好，你发现了路程和时间的变化，我们把它转化成表格：

表 1

时间/小时	1	2	3	4	5
路程/千米	80	160	240	320	

这是我们刚才看到的两个量，路程这个量随着时间这个量的变化而变化，说明它们是有联系的，我们就把这样有联系的两个量叫做相关联的量。

这里的路程和时间就是相关联的两个量。

你还能举出像这样的两个相关联的量的例子吗？说说看。

其他同学帮忙判断一下，是不是相关联的两个量？

2. 继续观察

我们上学路上除了看到汽车,还能看到自行车,我们也来看看:

(出示自行车行驶的表格)

表 2

时间/小时	1	2	3	4	5
路程/千米	20	32	41	54	

1 小时、2 小时、3 小时……

你发现了什么?这里的路程和时间是相关联的量吗?

与刚才的汽车比较一下,有什么不同?

如果让你把 5 小时行的路程填一填,你会填吗?

同桌交流一下,有什么想法可以跟大家分享呢?

表 1 中:(1) 路程和时间的变化有规律;(2) 每增加 1 小时,路程就增加 80 千米;(3) 速度是一样的(不变的)。

强调:你发现了速度?速度在哪里呀?想一想什么是速度?

路程÷时间=速度,我们可以写成:

$$\frac{路程}{时间}=速度$$

而且速度是不变的,也就是说路程与时间的比值是不变的,我们数学上称之为“一定”。因为速度是不变的,所以 5 小时行驶的路程我们可以用 80 乘 5 得到 400 千米。

表 2 中:(1)速度是变化的,不是一定的;(2)速度变化是没有规律的;(3)填不出 5 小时行驶的路程。

【归纳】同样的两个相关联的量,有的变化是有规律的,有的变化是没有规律的,今天这节课我们就来研究变化有规律的相关联两个量的关系。

3. 试一试

下面我们再来看一个生活中最常见的例子。(出示总价与数量的表格)

表 3

数量/支	1	2	3	4	5	6	…
总价/元	0.4	0.8	1.2	1.6	2.0	2.4	…

口算填表，说说，你是怎么想的？

这里有哪两个量？是相关联的两个量吗？为什么？

变化有规律吗？是什么样的规律？（总价随着数量的变化而变化）

在总价与数量的变化中，什么没变？想一想，什么是单价？

$$\frac{总价}{数量}=单价（一定）$$

总价是随着数量的变化而变化的，而且总价与数量的比值，也就是单价一定。

在生活中，你还能举出这样的有两个相关联的量，而且比值一定的例子吗？

4. 揭示概念

同学们，在生活中确实还有很多像这样的例子。（出示概念，读一读）

有两种相关联的量，一种量随着另一种量的变化而变化，而且是有规律地变化的，这个规律就是这两种量的比值是一定的（不变的），那么这两种量之间的关系，数学上称它为成正比例关系，这样的两种量，叫做成正比例的量。

【说说】表 1 中，路程和速度是相关联的两种量，时间变化，路程也随着变化。当路程和时间的比值一定（也就是速度一定）时，路程和时间就是成正比例关系，路程和时间叫做成正比例的量。

表 3 中，总价和数量是相关联的两种量，数量变化，总价也随着变化。当总价和数量的比值一定（也就是单价一定）时，总价和数量就是成正比例关系，总价和数量叫做成正比例的量。

表 2 中，路程和速度是相关联的两种量，时间变化，路程也随着变化。但路程与时间的比值不一定，所以不成正比例，这里的路程和时间不是成正比例的量。

【回顾反思】从刚才的研究中,你认为成正比例关系的两个量,要符合哪些条件?

(同桌议论一下,交流汇总)

(1) 相关联的两个量;

(2) 随着变化:同时增加,同时缩小;

(3) 比值一定(不变)。

也就是说,两种量如果成正比例关系,必须是相关联的量,同时扩大,同时缩小,但相关联的量不一定成正比例,只有当相关联的两个量的比值一定时,它们才成正比例关系。

5. **字母表示式**

用了这么多文字来表述正比例关系,麻烦吗? 有没有什么简洁的方法呢?

用字母表示是一个好办法:如果用 x、y 分别表示两种相关联量,用 k 表示它们的比值,你认为怎样用字母来表示 x 和 y 成正比例关系?

$\frac{y}{x}=k$(一定) $\frac{x}{y}=k$(一定)可以吗?

这个式子表示什么意思? 你是怎么理解的?

x 和 y 是两个相关联的量,y 随着 x 的变化而变化,y 与 x 的比值 k 是一定(不变)的,y 和 x 是成正比例关系。

三、拓展深化

【过渡】通过刚才的分析,我们知道了判断两种量是不是成正比例关系的方法,下面我们来用新学的知识,闯闯关吧!

1. 张师傅生产零件的情况如下表:

表 4

时间/小时	1	2	4	6	8	…
生产零件数量/个	25	50	100	150	200	…

从表中你了解到有哪两个量? 表中的数量和时间成正比例吗? 为什么?

（选择几组对应的数量和时间，口算出比值，比较比值的大小，有什么发现？）

2. 做同一种服装，做的套数和用布的米数如下表：

表 5

服装数量/套	1	2	3	4	5	…
用布数量/米	2.2	4.4	6.6	8.8	11	…

表中有哪两个量？服装数量的套数与用布米数成正比例吗？为什么？（选择几组对应的米数与套数的比，口算出比值，有什么发现？）

3. 正方形

出示：先分别按 2∶1、3∶1 和 4∶1 的比画出正方形放大后的图形，再填写下表。

（1）说一说：图中的正方形按怎样的比放大，放大后的正方形的边长各是几厘米？

（2）画一画。

（3）算一算：算出每个图形的周长和面积，填在表中。

表 6

正方形边长/cm	1	2	3	4
正方形周长/cm	4	8	12	16
正方形面积/cm^2	1	4	9	16

（4）议一议：① 正方形的周长与边长成正比例关系吗？为什么？② 正方形的面积与边长成正比例关系吗？为什么？

小结：成正比例关系，必须是两种相关联的量，但两种相关联的量不一定成正比例关系，只有当两种相关联的量的比值一定时，才能成正比例。

4. 练一练：判断下面每题中的两种量是不是成正比例，并说明理由。

（1）苹果的单价一定，购买苹果的数量和总价；

（2）每小时织布米数一定，织布总米数和时间；

(3) 一个人的年龄和他的体重。

5. **满意度测评(如果有时间)。**

你对自己的表现满意吗？想好了吗？

满意的请举手，数一数有多少人满意？多少人比较满意？

(1) 六(5)班的总人数一定，满意的人数和比较满意的人数成正比例吗？为什么？

(2) 算一算满意率是多少？六(5)班的总人数一定，满意的人数和满意率成正比例吗？为什么？

四、课堂小结

今天我们学习了什么内容？

生活中还有许多成正比例的量，只要注意观察，用心思考，我们就会发现数学就在我们身边。

附：板书设计。

正比例

两种相关联的量 随着……变化 比值一定	$\frac{y}{x}=k$(一定)	$\frac{路程}{时间}=$速度(一定) $\frac{总价}{数量}=$单价(一定)

“圆的认识”教学设计

一、教学内容

九年义务教育六年制小学数学课本第十一册第 106 页～107 页，及“做一做”和“练习二十五”的 1、2、3、4、5 题。

二、教学要求

通过学习使学生认识圆，知道圆各部分的名称，掌握圆的特征，理解和掌握在同一个圆里半径和直径的关系，会用圆规画圆。

通过观察、操作、讨论、猜测等活动，培养学生的动手操作能力和抽象思维能力，会用所学的知识解决简单的实际问题。

注重习惯的训练，培养学生认真作业的习惯，并渗透辩证唯物主义认识论的观点。

三、教学重点

理解和掌握圆的特征，学会用圆规画圆的方法。

四、教学难点

归纳圆的特征。

五、教学过程

（一）导入

同学们喜欢拼图吗？现在老师想请你们这些设计师利用老师提供的一些平面图形设计一辆车子，看哪个小组设计得又快又好？（拿出信封中的纸片，可以有剩余不拼）。

这些车子都是用一些平面图形拼成的（多媒体出示），这些平面图形哪些是我们已经学过的？哪些是我们没有学过？它们之间有什么明显的区别？（圆是曲线图形）

你对圆已经有了哪些了解？实际生活中你还见到哪些物体的表面是圆的？（多媒体出示，教师举例说明）这节课我们继续来认识圆，学习“圆的认识”。

（二）新授

刚才你们在拼车子时老师发现你们都用圆作车轮，这里有什么奥秘吗？是不是只要轮子是圆的，就可以平稳地行驶呢？拿出你桌子上的车子试一试，为什么车轮是圆的，还不平稳呢？（车轴要装在圆心上）怎么找出这个中心呢？小组讨论一下。

请同学们拿出准备的纸圆，把这个圆对折，打开，看见了什么？再对折两次（教师示范），看看有几条折痕，你又发现了什么？（多媒体出示）把它描出来，再对折一下，猜一猜，每次的折痕会不会通过这个点？相交的这一点在圆的什么位置？用什么方法可以验证？（量一量）

既然这一点是圆的中心，而且又这么重要，我们给它取个名字叫——圆心。（多媒体出示）圆心一般用字母 O 表示。请在你的圆上找到圆心，并标上字母 O。（板书：圆心 O）你还能找出一个圆心吗？

刚才同学们在验证的过程中，已经多次测量了圆心到圆上的距离，现在请同学们观察这段距离，它有几个端点？分别在哪里？连接这两点的线段，就是圆心到圆上的距离，这段距离我们也给它个名字叫——半径。（多媒体出示）半径一般用字母 r 表示，在你的圆上画一条半径，并标上字母 r。（板书:半径 r)你还能画几条半径吗?(多媒体出示)说明了什么?(多媒体出示)(板书:有无数条)它们的长度又怎么样呢?(板书:长度都相等)你们小组内每个圆的半径都相等吗?小组间互相比一比,有什么发现?又说明了什么?(强调并板书:在同一个圆内)同时说明:圆的半径决定圆的大小。到这里你对车轮为什么是圆的,车轴为什么要装在圆心上的道理,明白了吗?

现在我们再来仔细观察刚才的折痕(多媒体出示),每条折痕都通过什么?它的两个端点分别在哪里?像这样,通过圆心,且两个端点在圆上的线段,我们把它叫做——直径。(多媒体出示)直径一般用字母 d 表示。在你的圆上画出一条直径,并标上字母 d。(板书:直径 d)你认为在这个圆中,像这样的线段有几条?它们的长度呢?(板书:有无数条,长度都相等)是不是所有圆的直径都相等呢?

完成“做一做”:

(1) 学生做;

(2)(多媒体出示)重点讨论图 1,观察后你有什么发现?谁来描述一下你们发现的规律?(多媒体出示,在同一个圆里,直径的长度是半径的 2 倍)

(3) 举例说明:直径是 8 厘米;半径是 2.5 厘米。

(4) 填表:“练习二十五”第 3 题。

根据上面学习的内容,你想不想自己画一个圆来研究一番?

要画一个圆,你们有哪些办法?小组讨论,看哪个小组的办法多。

如果要画一个半径是 3 厘米的圆,怎么画?

请同学们自学课本 108 页的内容,边阅读边尝试用圆规画圆,并讨论交流:用圆规画圆时要注意些什么?

教师归纳:一定圆心,二定半径,三画圆。(教师同时示范画圆)

学生练习画圆:自由画;画半径是 2.5 厘米的圆;画直径是 4 厘米的圆。

(三) 巩固练习

“练习二十五”第 5 题(实物投影)。教师归纳:直径最长。

(多媒体出示)根据这个道理,你们能找到这个圆的圆心,并量出它的直径长度吗?(方法有两种)

我听说你们学校要建一个直径是20米的大花坛，这个圆又该怎么画？（多媒体出示）

机动题：(1)有一张正方形纸，你能剪出一个最大的圆吗？(2)圆在生活中还有哪些用处？

（四）课堂小结

这节课我们学习了什么新知识？你还有什么疑问吗？

附：板书设计。

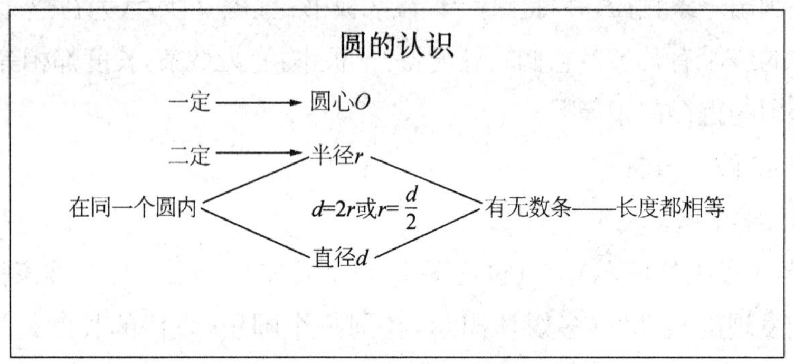

“圆的面积”教学设计

一、教学内容

九年义务教育六年制小学数学课本第十一册第115～116页及例3。

二、教学目标

利用学生已有的知识，推导出求圆面积的公式，并会用公式计算出圆的面积。

在推导圆面积的过程中，注意培养学生的分析推理能力和想象能力。

运用转化的思考方法，使学生受到辩证唯物主义观点的启蒙教育。

三、教学重点

会运用公式求圆的面积和解决有关圆面积的实际问题。

四、教学难点

圆的面积公式的推导过程和如何理解数学化归思想。

五、教学过程

（一）情景导入

同学们，数学知识不仅在我们的数学课本里有，而且在我们的生活中处处都有，不知你们注意过没有？今天我从湘城坐车赶来的时候，看到这样一幅情景:在一片碧绿的草地上,有几只羊被绳子拴在草地中,悠闲地吃着青草。看着看着,老师想到了我们今天要学习研究的内容,所以就把这个情景带到了课堂。同学们,你们能猜出一只羊所能吃到草的范围可能是个什么图形吗?(多媒体出示动画,导入题:一只羊被一根长3米的绳子拴在草地中,这只羊所能吃到草的最大面积是多少平方米?)

这只羊所能吃到草的范围是个圆形,那么要求它能吃到草的范围有多大,就是求这个圆的什么?也就是说,这个圆所占平面的大小就是这个圆的面积。我们以前学过的平面图形的面积就是指这个平面图形所占平面的大小,那么圆的面积就是指什么呢?那怎样求圆的面积呢?我们这节课就一起来研究圆的面积。(多媒体出示课题)

(二)铺垫

我们大家先回忆一下我们以前学会了求哪些图形的面积?平行四边形、三角形、梯形的面积公式是怎样推导出来的?(小组间互相议一议)

我们来看一看,平行四边形的面积公式是我们把平行四边形转化成长方形,然后推导出 $S=ah$。观察一下,长方形的长就是平行四边形的什么?宽呢?

三角形呢?是我们把三角形转化成了平行四边形后推导出来的,也看一下,平行四边形的底和高与三角形的底和高有什么关系?

梯形呢?我们也转化成了平行四边形,它的底和高又和梯形的底和高有什么关系?

这些图形的面积公式都是把所学的图形进行分割拼摆,转化成我们已经学过的图形,然后推导出来的,那么我们今天所要研究的圆的面积能不能也通过分割拼摆,把它转化成我们已经学过的图形,然后推导出求圆面积的公式呢?我们一起试一试,怎么样?

(三)新授

1. 猜一猜

(多媒体出示)圆的面积会跟圆的哪个条件有关?会是怎样的关系呢?

小组讨论:(提示)只有一个条件——半径,我们从半径入手。

2. 交流

预设 1:只有一个条件的,我们学过的正方形,就是边长乘边长,因此我们从半径乘半径入手,发现:半径乘半径,得到一个小的正方形,那么圆可以分成四个正方形,因此圆的面积比四个小正方形的面积和小。

预设 2:我们还可以通过垂直的两条直径的端点连起来,得到里面的一个正方形,它的面积是 2 个半径乘半径,但圆的面积比它大;

预设 3:我们也从半径乘半径的小正方形得到启发,圆的一条弧把正方形分成两部分,里面的比外面的大,大约三分之二,那么四个大概在三分之八左右。

老师归纳并形成共识:比 4 个半径的平方小,比 2 个半径的平方大。

3. 操作

请同学们拿出信封中的学具,注意其中一个是整圆,另外有 16 个是老师把一个与整圆一样大小的圆平均分成了十六份。现在请大家以小组为单位,合作研究,看能不能把这 16 个小块拼成近似于我们已经会求面积的图形?看哪个小组拼得又快又好。(多媒体播放音乐)

4. 交流

同学们拼得很认真。现在请大家说说看,你们拼成了哪些图形?……我真感到我们班的同学特别会动脑筋,竟然拼成了那么多的图形。(实物展示)学过的图形拼成了,那怎样推导出圆面积公式呢?

5. 公式推导

刚才巡视时发现大部分的同学拼的都是近似平行四边形,现在我们就以平行四边形为例,看能不能推导出求圆面积的公式。

(多媒体出示)这个拼成的平行四边形的面积与圆的面积有什么关系?(强调:平行四边形的面积就是圆的面积)圆的面积我们还不会求,那么这个近似平行四边形的面积会求吗?怎么求?请同学们仔细观察投影或自己拼成的近似平行四边形与整圆,你能发现这个近似的平行四边形的底就是圆的什么?高又是圆的什么?(小组讨论)这个平行四边形的底就是这个圆的周长的一半,它的高就是圆的半径。

又因为平行四边形的面积是等于底乘高，所以这个圆的面积就等于周长的一半乘半径，即：$\frac{1}{2}C\times r$，那么$\frac{1}{2}C$又等于什么呢？怎样用r表示？$\pi r\times r$为了计算方便，通常写成πr^2，也就是说圆的面积就等于πr^2，对吗？真聪明，圆面积的公式怎么样？(推导出来了)就是πr^2。

刚才我们拼成的都是近似的平行四边形，现在老师把这个圆平均分成了三十二等分，这样拼成的图形就会更接近于什么图形呢？看一下(多媒体动画)那么这个长方形的面积与圆的面积有什么关系？它的长和宽就是圆的什么，长方形的面积怎么求？圆的面积呢？同样也能推导出圆的面积公式是πr^2。

咱们班的同学确实了不起，用了不到二十分钟的时间就运用转化的方法，推导出了圆面积的计算公式，谁能完整地用字母表示圆面积的计算公式呢？一般用字母怎么表示面积？一起说：$S=\pi r^2$(多媒体出示)。

6. 深入理解公式

从这个公式看，要求圆的面积必须知道什么？如果知道的是圆的直径怎么办？

学习例3：那你们会用这个公式计算圆的面积吗？试试看。(一人板演)注意格式，用公式与不用公式的区别。(指导r^2的计算方法与步骤)

(四) 应用拓展

1. 基本题

下面有两道题都是求圆的面积，会求吗？算一算。如果已知直径怎么求圆的面积？(基本题：$r=2$分米　　$d=6$毫米)

2. 应用题

导入题：同学们掌握得很好，现在请同学们回到刚上课时的问题，要求这只羊所能吃到草的最大面积必须知道什么？如果这根绳子的长度是3米，这3米是指什么？(出示后，请学生算一算)

上个星期，我去了现代化农业示范园，看到那里有许多自动喷灌器，看见过吗？它一边旋转，一边喷水浇地。据说它的射程是15米，你能算出它能浇灌的面积有多大吗？

同学们真会动脑筋，老师家里有一口水井，想在它的圆形的井口上做一个井盖，你说我要去量什么呢？我也去量了，结果是直径为1米(多媒体出示题目)你能预测一下做一个井盖要多少铁皮吗？

太棒了！老师的邻居是个养蟹专业户，昨晚他来请教了一个问题，我还没想好，想请同学们帮忙，怎么样？(多媒体出示：老师的邻居老王有一个近似圆形的养蟹池，测得它的直径是40米，一般情况下每平方米水面可以收成蟹0.5千克，请你算一算，老王今年大约能收成蟹多少千克？得数保留整百千克)会求吗？

3. 开放题

下面我们来看这样两道题，先看第一道：

(多媒体出示图1)先小组讨论一下，怎么求？你认为添加一个什么条件才能求出阴影部分的面积？

(注意强调：圆的直径就是正方形的边长)

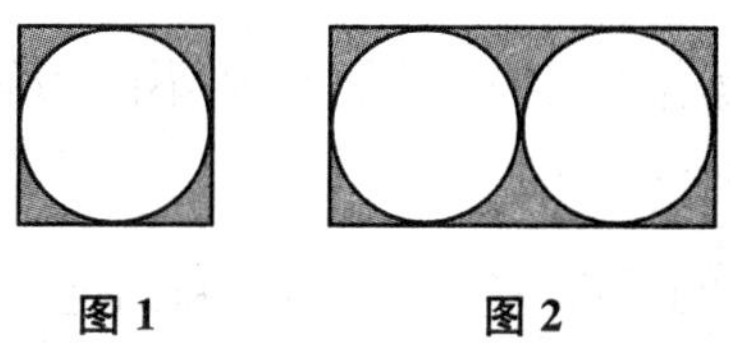

图1　　　　图2

(多媒体出示图2)这道题又该怎么求呢？小组讨论。

(五) 课堂小结

好了，这节课我们主要学习了哪些内容？小组内交流一下，再说说看。

我们学会了求圆的面积，它的公式是怎样推导出来的呢？通常情况下，要求圆的面积关键是要知道什么？

这节课我们着重以拼成的平行四边形为例推出了求面积的公式，其实转化成三角形、梯形也能推导出求圆的面积公式，希望同学们课后验证一下。

附：板书设计。

圆的面积 $S=\pi r^2$

“观察物体”教学设计

一、教学内容

苏教版小学数学第五册第 86～87 页内容。

二、教学目标

使学生通过观察、操作和比较，认识到从不同位置、不同角度观察物体所看到的形状可能是不一样的。

使学生能知道物体的正面、侧面和上面；能知道从一个角度观察长方体形状的物体，最多只能看到三个面；能指出从正面、侧面、上面看到的正方体、长方体的简单视图。

使学生经历观察物体的过程，丰富对现实空间的认识，体会直观思考的价值，发展初步的空间观念，提高解决问题的能力。

三、教学重点

使学生认识到从不同位置、不同角度观察物体所看到的形状可能是不一样的。

四、教学难点

发展学生的空间观念，提高学生解决问题的能力。

五、教学准备

课件、图书箱、正方体、长方体、捐款箱、相机。

六、教学过程

（一）课前谈话

同学们，今天有老师来我们班听课，哪位小朋友愿意上来作一下自我介绍？

（学生上台介绍）真大方！我们跟人打招呼就应这样正面对着别人，让别人能看到你的脸。

还有哪位小朋友愿意上来作一下自我介绍？

非常自信地面对着大家，真勇敢！你能转过身来面对我吗？现在小朋友看到的是他的哪个面？（侧面）能看到他的全部脸吗？如果再转过去，让他面对黑板，你们还能看到他的脸吗？

看来，从不同的角度、不同的方向看一个物体，所看到的景象是不一样的。

（二）导入部分

看图猜物。同学们都喜欢玩猜一猜的游戏，前些天老师给一个物体拍了几张照片，也想让大家猜一猜，大家愿意吗？

（课件出示图片1冰箱的上面图）这是从上面拍的样子，你能猜到它是什么物体吗？

（出示图片2冰箱的侧面图）老师还从侧面给它拍了一张照片，你能猜出是什么物体吗？

（出示图片3冰箱的正面图）再看第三张照片，这是老师从正面拍摄的照片，现在你知道老师拍的是什么物体了吗？

（提示课题）原来从不同的方向、不同的角度观察到的冰箱是不一样的。在日常生活中我们观察到的很多物体都有它的正面、侧面和上面，今天这节课我们就学习从不同位置、不同角度来观察物体。（板书课题：观察物体）了解它的正面、侧面和上面。

（三）新授部分

1. 观察图书箱

(1) 为了更好地研究，老师拿来了图书箱。(出示实物图书箱)我们来看这个图书箱，谁能来摸一摸、指一指这个图书箱的正面、侧面和上面？(适时指出)生活中通常把有明显标记的这个面叫做正面，左右两侧的面称为侧面，侧面有左侧面和右侧面之分，(教师边用手势演示边说)这边是图书箱的左侧面，这边是图书箱的右侧面。

(2) 现在老师把图书箱换个位置，这样放(转动)，你还能找到它的正面、侧面和上面吗？谁来指一指？(学生指出)

(3) 归纳：是啊，不管图书箱怎么放，有标记的一个面我们总叫它正面，上面就是上面的面，正面两边的两个面叫侧面。

2. 比一比

同学们学得非常认真，我们来比一比，看谁掌握得更好。

(1) 老师指一个面，快速抢答是什么面？

(2) 观察一下课桌，找一找课桌的正面、左侧面、右侧面、上面。

3. 再次观察图书箱

把图书箱左右分别写上“新光木器厂”和“大(3)班”。

(1) 这个图书箱是我从幼儿园借来的，你们知道是借的哪个班的吗？

(先请右边同学回答。再对左边的同学说)还是你们说吧！

(故意竖起大拇指)真棒！你们猜对了。

(2) 这个图书箱是哪个厂生产的？

(故意激左边的同学)你们怎么啦？刚才还夸你们的，现在怎么不行啦？

(及时引导)有答案？你猜答案写在哪个面上？(学生猜测在右侧面上有字)

(问右边的同学)是这样的吗？(在得到肯定答复的同时，把右侧面转过来给大家看)

(紧接着追问左边的同学)你们能看到右侧面吗？请你们再猜猜他们是

怎么知道借的是大(3)班的图书箱?

(在学生回答的同时把右侧面也转过来给大家看)

(对中间学生说)刚才你们为什么两个问题都无法回答?你们看到的是图书箱的哪个面呢?

(3) 现在大家坐在座位上,能看到上面吗?怎样才能看到上面呢?

(4) 小结:从刚才的小游戏中,我们可以感受到在不同的位置观察,可能看到不同的面。(板书)

(课件出示图书柜)我们再来看一看这个图书柜,指一指它的正面、侧面和上面。(这时老师和一个学生分别去看这个图书柜)你能找到右面的图分别是谁看到的吗?再连线。

4. 观察长方体

(1) 看!老师今天还给同学们带来了一个小礼物——长方体,你能说出它的正面是什么颜色吗?

为什么会有不同的答案呢?

总结:像这样没有明显标志的物体,我们一般把正对着大家的一面称为正面,然后根据正面来确定左侧面和右侧面。

现在就请同学们一起来观察老师的长方体,说说正面是什么颜色,上面呢?左侧面呢?右侧面呢?

(2) 老师转动长方体,再观察一遍。

(3) 体会一次最多只能看到三个面:

刚才我们在观察这个长方体的时候,同学们都很认真,回答也很响亮,特别是有些同学为了回答老师的问题,把头伸得老长老长,还想跑过去,为什么呀?

如果坐在你自己的位置上,头不歪,你能看到几个面?现在请同学们观察自己小组内的长方体,注意听好要求:① 找一个最佳位置定好,然后不歪头,不转动,你最多能看到几个面?② 如果你觉得不合适,换一个位置再观察。③ 注意纪律,看哪一组的纪律最好。(学生观察)

交流,归纳:从不同位置观察长方体,一次最多能看到三个面。

5. 拍照游戏

今天老师还特意带来了相机，我想给图书箱拍三张不同的照片，你们愿意帮忙吗？

听清拍照要求：三张照片分别能看到1个面、2个面、3个面。

先想一想，也可以同桌相互议一议，分别应该在哪个位置拍照。

（展示拍照成果并评价）

（四）练习部分

过渡：小朋友们真聪明，才一会儿工夫就学会了这么多有关观察物体的知识？下面我们再来探讨一些生活中观察时遇到的问题：

（1）这是一个正方体，观察一下，正方体的正面是什么图形？

（老师将正方体收起来，让学生猜猜正方体的上面、侧面会是什么图形）观察自己的正方体，从正面、侧面、上面看看，回答得对吗？还有其他几个面呢？你有什么发现？

（2）如果将两个相同的正方体横着并排摆，从正面、侧面、上面看分别是什么图形？你能猜出来吗？

（3）如果将两个相同的正方体竖着放，从正面、侧面和上面看到的又是什么图形？

（五）小结部分

今天我们学了什么内容？你有什么收获？

大家课后还可以找一些物体，比如铅笔盒等，从不同的位置观察一下，然后与别人交流一下。

说到这里，老师还想让大家欣赏一下北京奥运会上，记者是怎样从不同的角度拍摄精彩画面给观众的（出示鸟巢图片、郭晶晶跳水视频片断、郭吴双人跳水视频片断、肖钦鞍马视频片断、何雯娜蹦床视频片断等）。

“分段统计”教学设计

一、教学内容

苏教版小学数学第七册第 42 页例 2。

二、教学要求

使学生经历整理、分析数据的统计过程，并能用画“正”字法整理数据，会填写简单的统计表，初步学会对一组数据进行分段整理和统计。

通过整理、分析数据，使学生意识到统计是日常生活中解决问题的一种方法，培养学生自觉运用统计知识解决生活实际问题的能力，提高统计能力。

通过收集、整理、分析数据的过程，培养学生自觉的统计意识，积累统计经验，发展统计观念，激发学生热爱生活的积极情感。

三、教学准备

多媒体课件，统计资料等。

四、教学过程

（一）创设情景

同学们好，上课之前我们先来认识一下。我们班有多少学生？多少男生？多少女生？你们是怎么知道的？（初步感受统计）最近，学校正忙着训练我们学校的鼓号队，准备去参加表演赛。今天我把鼓号队的一些信息给带来了，想请咱们班的同学参谋一下，出出点子，大家愿意吗？

我们先看看鼓号队（出示图片）。经过一段时间的刻苦训练，他们已经演奏得很不错了，我们也来欣赏一下（放出旗曲音乐）。怎么样？不错吧，你觉得我们这支队伍获奖的可能性大吗？有什么需要改进的吗？（学生口答）

这位小朋友说得真有道理，他的想法正好跟我们的少先队辅导员想的一样。我们也正准备给他们每人订购一套鼓号队队服呢！

【设计意图】

通过情境谈话，用事关学生生活实际的情境引导学生思考，提取生活经验，并从经历发现问题开始，提出数学问题。使学生体会到生活中有许多数学问题，增强了问题意识，激发了解决问题的欲望，为教学“分段整理数据”做好铺垫。

（二）探索新知

要订鼓号队队服就要选定款式，这本《辅导员》杂志上为我们介绍了好多款式的鼓号队队服，考虑到气候的因素，我们选中了这一款（出示图片），怎么样？漂亮吗？

大家有没有发现，这款服装共有三个型号（出示图片，逐个点击，放大），型号旁的S是什么意思呀？

（让学生自主阅读征订说明，再交流，板书）

S是小号，适合身高120～129 cm的同学穿；

M是中号，适合身高130～139 cm的同学穿；

L是大号，适合身高140～149 cm的同学穿。

我们鼓号队共有40名同学，每种型号的服装各要订购多少套呢？你能知道吗？怎样才能知道呢？（学生交流）

这位小朋友说得真好，要统计不同身高的人数才能知道，也就是要先测量每名队员的身高。

【设计意图】

通过自主阅读，培养学生自主学习习惯，并根据需要了解信息中的有用因素，为分析、解决问题找寻需要的信息和条件。

老师已经把鼓号队队员的身高信息带来了(多媒体出示)。

有了这张身高记录单，你能很快知道每种型号的队服各订购几套了吗？

你有办法知道吗？(让学生想想)和你旁边的同学说说你的办法。(教师参与)对，要知道小号、中号、大号服装各要订多少套，也就是要知道身高在120～129cm的同学有多少人，身高在130～139cm的同学有多少人，身高在140～149 cm的同学有多少人。

那么，就是要把队员们的身高分成三段(板书：分段)，再进行整理(板书：整理)。

【设计意图】

进一步提供信息，激发探究的欲望，并逐步把学生引导到对学生身高统计的"圈套"中。

我们以前学过了很多的整理方法，你们准备用什么方法很快地整理出这三段身高的人数呢？(让学生说说)

(重点介绍画"正"字的方法)如果身高是136cm该怎么画"正"字呢？124cm呢？

归纳：整理的方法很多，我们可用画"正"字等方法来整理。

(板书：画"正"字等方法来整理)

下面我们拿出表1、表2，4个人一组，一个同学报数，一个同学记录，另外两个同学分别看好这两位同学不要报错、写错，选择你们喜欢的方法进行整理，比比哪组整理得又对又快。

我看了一下，我们班大部分同学是用画"正"字的方法来整理的，我们一起来看看用这种方法整理后的结果。(多媒体出示表1、表2)

【设计意图】

分段画"正"字的方法与上节课学习的分类统计有所区别，因此稍加点拨就行。这里要重点关注的是统计中不能出错，因此小组合作的分工与协调尤为重要，所以让4人小组合理分工，并特别提醒“看好”不能错。这样每个学生都有任务，都参与到统计中。

接下来，我们就根据刚才整理的结果，一起来填这张鼓号队队员身高统计表。

谁来说说，该怎么填呢？

身高120～129 cm的同学有9人，你是怎样知道的？

身高130～139 cm的同学有22人，你又是怎样知道的？

身高140～149 cm的同学呢？

“合计”是什么意思呢？该怎样填呢？你们觉得他说的对吗？“合计”就是把三段身高的人数加起来，我们一起来算算：9＋22＋9＝？

有一组小朋友填了41，对吗？怎么不对呢？

哦，是这样，当合计数与我们的总数不相同时，就说明我们的统计发生了错误，就要重新进行统计。所以，小朋友在统计时一定要细心，得出结果之后还要与总数对比一下，看是否相同，这样才能保证我们的统计正确。

【设计意图】

填表的过程很容易，但教师这里故意提出有组小朋友填了合计41人，并讨论为什么错，旨在让学生统计时一要细心，二要养成检查的习惯。

（分析结果并归纳方法）

现在你能知道每种型号的服装各要订多少套了吧？（学生说，教师板书）

我们是怎样知道小、中、大服装各自的套数的呢？

我们可以把这些队员的身高按三种型号进行分段，用画“正”字等方法进行整理，这样的方法我们称为“分段整理数据”（板书）。

在分段整理过程中，你觉得要注意些什么？或者有什么收获？

【设计意图】

分析结果，让学生体会到成功的快乐，并通过回顾分段画“正”字统计的过程，再现解决问题的策略，积累解决问题的经验。

（三）实践应用

小朋友，其实在学习和生活中，我们经常用到“分段整理”的方法，这不体育老师有些数据也想请同学们帮忙呢！

（1）出示“练习七”第2题。

老师想知道这些同学中优、良、中、差的分别有几个，你能很快看出来吗？有什么办法可以帮助我呢？

对，可以用分段统计。

看表格，体育老师想要分几段统计？是哪几个段？

小组继续合作，4人一组，刚才记录和报数的同学交换一下进行统计。

【设计意图】

由于课本安排的“练一练”也是按身高分段，相似性太大，感觉没有提高的作用，因此直接上学生统计练习中的内容，在形式上有所变化，便于吸引学生的兴趣。但基本思路完全是相同的，因此老师不作具体的提醒，只在分几个段，是哪几个段上提醒一下，让学生直接操作。同时在小组分工时让学生互换分工，这样就可以尽量地让每一个同学都能经历一次动手统计的过程。

（2）汇报交流结果，说说你们是怎样统计的？

（3）讨论题后问题：问题1可直接让学生回答。

问题2　先让学生猜一猜，并说说是怎么猜的，再交流思考的方法。（预设一是估计的方法：从50以上的有3人，40以上的有10人，估计应该在40多一点；预设二是排序的方法，从最多的开始排到第10名）教师予以评价，并肯定用估计的方法。

分段统计不仅仅能帮助我们解决这些小问题，还能帮助解决国家、城市管理等大问题呢！

（1）小朋友都知道，清新的空气有利于人们的身体健康，生活在被污染的空气中，人们的健康会受到影响。那么，你知道是怎样来区分空气质量的好坏的吗？

空气质量的好坏是通过空气质量指数来评定的。你知道什么是空气污染吗？你在哪里见过？细心的小朋友有没有发现在天气预报中就有“空气质量指数”。

“空气质量指数”是评价空气质量的指标，它通过分级来说明空气污染的程度和空气质量的状况。下表是空气质量指数划分标准(多媒体出示)：

空气质量指数	空气质量状况
0～50	优
51～100	良
101～150	轻度污染
151～200	中度污染
201～300	重度污染
＞300	严重污染

看了这张空气级别划分标准，你能了解到哪些知识？(略作介绍)

(2) 出示苏州市 2014 年 4 月份城市空气质量日报：

日期	空气质量指数	日期	空气质量指数	日期	空气质量指数
1	120	11	75	21	83
2	58	12	72	22	111
3	90	13	61	23	42
4	50	14	55	24	53
5	61	15	45	25	55
6	59	16	45	26	33
7	74	17	63	27	44
8	55	18	184	28	127
9	60	19	114	29	143
10	63	20	179	30	65

你能很快看出有多少天的空气质量比较好，多少天的空气质量需要改善吗？有什么办法吗？

对，我们也可以用分段整理的方法来统计。

让学生拿出老师给大家准备的表格，4 人一组，继续进行统计。

【设计意图】

考虑到教材提供的例子比较单一，反复练习会使学生厌烦，因此参考原试用教材的例子，把人们生活中普遍关心的空气质量作为统计的素材，既能增加学生的知识面，更能使学生进一步体会数学的功用，学会解决社会生活中的实际问题，再次激发学生数学的兴趣。

(3) 交流结果。

空气质量状况“优”的天数有几天，“良”的天数有几天……(让学生说)

如果把这些天数相加应该等于多少呢，我们来检验一下。

看了这些数据，你觉得苏州市的空气质量情况如何？为什么？作为一个苏州的市民，你觉得能为改善苏州的环境做些什么？

说明苏州的空气质量总体还是可以的，大部分日子的空气质量状况“良”，有一小部分还需要改善。保护环境，人人有责，我们小学生要从小做起，从我做起。如果你想了解更多的环保知识，同学们可以浏览“中国环境资源网”。

小朋友，了解了我们苏州这个城市的空气质量状况，你觉得生活在这样的城市里满意吗？

那么，你对自己在这节课上的表现满意吗？如果 100 分是满分的话，你准备给自己打几分呢？

请大家实事求是地把对自己的评价成绩写在刚才的表格旁(让三位学生举例说说)。

大家对自己的学习表现作了评价，小朋友想不想了解全班同学自我评价的分布状况呢？那么我们也把同学们的自我评价统计一下好吗？

【设计意图】

为了更好地让学生体会到数学在生活中的运用，在课尾设计了课堂满意度的测试，既回顾总结了统计的过程，使课堂教学达到了高潮，更使学生进一步提高了学习数学的兴趣。

请小朋友报成绩，老师输入电脑。

我们怎样可以知道呢？(分段整理)

如果我们把 90～100 分评为“满意”，60～89 分评为“基本满意”，60 分以下评为“不满意”，你们准备用什么方法整理？（用画“正”字的方法）对，我们可以采用画“正”字的方法整理。你还有什么方法？

在特殊情况下，我们可以用更简便的方法。比如，我们可以采用举手、站起来数一数等。

随着科学技术的发展，电脑在我们生活中被广泛运用。我们用电脑进行统计，可以使统计速度更快，统计结果更精确。细心的小朋友可能已发现，老师在输入数据时，下面已经将统计结果显示出来了，神气不？

所以小朋友要学好统计，用好统计，来方便我们解决生活中的问题。

（四）介绍统计知识

“分段统计”在生活中的用处可大啦。（出示一组统计图片，并略作介绍）例如：

十周岁儿童的身高对比；

十周岁儿童的体重对比；

成人心跳次数的分段诊断；

血压的分段。

小朋友，看来统计就在我们身边，统计给我们的学习和生活带来了方便。

【教后反思】

《标准》指出，数学教学是数学活动的教学，是师生之间、学生之间交往互动与共同发展的过程。教师教和学生学，在师生互教互学中形成一个学习共同体。因此整节课主要以小组合作的操作活动为主体，在活动中相互学习、相互体会。本节课的分段整理内容比较简单，但重在让学生经历整理数据的过程。因此：

（1）重视激活学生的生活经验。本课的导入，是以给鼓号队队员做队服为情景，使学生能想到要按身高数据分段整理，感受分段整理的必要性。然后引导学生自主分段整理数据，让学生经历了统计的全过程，感受到统计与身边的人和事是息息相关的。特别是课尾的课堂满意度测评，更贴近学生的生活，学生的兴趣更高，学习的积极性再次被激发。

(2) 注重让每个学生都经历统计的过程。本课中主要经历了三次小组统计的过程,前两次虽规定了分工,但相互换岗,第三次则不作规定,学生有了前两次的经验,应该会很好地合作,这样可以使每一个学生都经历动手操作统计的过程,真正做到了人人参与。

(3) 重视引导学生进行数据的分析。数据统计的过程包括数据的收集、整理、制表、分析和结论五个环节,其中分析数据是重要的环节,也是课程标准中强调的内容。在"1 分钟仰卧起坐"题中,引导学生分析题后问题和怎样估计第十名的成绩等;在"空气质量"题中,着重让学生说说"看了这些数据,你觉得苏州市的空气质量情况如何? 为什么? 作为一个苏州的市民,你觉得能为改善苏州的环境做些什么?"学生的分析是推己及人,丰富多彩的,是符合孩子心理实际的。

“对称”教学设计

一、教学内容

苏教版小学数学第八册第八单元 62～63 页。

二、教学目标

进一步理解轴对称图形、对称轴的概念；能通过折、画的方法找出轴对称图形的对称轴。

培养学生动手操作能力、分析推理能力和语言表达能力；培养学生对信息进行采集、筛选、整理和利用的基本能力。

通过观察、讨论、创作，使学生充分感知数学美，激发学生爱数学的情感；通过小组协作和专题研究活动，培养学生合作学习的意识和研究探索的精神。

三、教学准备

多媒体课件、剪刀、纸质材料等。

四、教学过程

（一）情境导入

同学们，你们喜欢小白兔吗？今天老师给大家带来了一幅非常漂亮的小白兔的图片，请大家欣赏一下。（一幅小白兔的图片，只是右边的眼睛下

移了许多,不对称)

哎呀,不好意思。刚才过来时,撞了一下,这小白兔的眼睛掉下来了?

你能让它恢复原状吗?

(学生看后交流,并上台移好)

追问:你为什么要把右边的眼睛移到这个位置呢?你是怎么想的?说说你的理由。(小白兔的脸是左右对称的)

(当学生说出对称时抓住什么是对称)像这样沿着一条直线对称的图形叫什么图形?

【设计理念】

利用学生生活中经常遇见的现象,精心制作的一幅轴对称图形被移位了,并提出让学生恢复(整容),学生的学习兴趣浓厚,并通过讨论为什么这样移动时,把学生的兴趣吸引到数学中,数学寓于生活之中,生活中处处有数学理念充分显现在这一情境中,同时情境为学生的进一步思考作了铺垫。

(二)新知探究

自己做一个轴对称图形。拿出学习袋中的白纸,先对折一下,然后随便剪一个什么图形,再展开,并观察,你有什么发现?

(将学生剪成的图形展示在黑板前)同学们在这么短的时间里剪出了这么多漂亮的图形,真不简单。那谁能够说说这些图形有什么共同点吗?

一个图形沿着一条直线对折以后能完全重合的图形是轴对称图形,对折后都有这么一条折痕,那么这条对折的折痕所在的直线又叫什么呢?

我们今大就来研究对称轴……

【设计理念】

因为本课的教学重点是要让学生学会找、画轴对称图形的对称轴,要找准、画好对称轴,必须明确什么是对称轴,但这是一个抽象的概念,如何让学生理解?设计让学生在折剪的活动中发现一条折痕,并进一步明确对折后完全重合,避免了下定义式的概念教学方法,学生在动手活动中发现并明确了对称轴的含义。

这是一个长方形,大家看一下,这个长方形是轴对称图形吗?你能通过折或其他方法找出它的对称轴吗?拿出自己学习袋中的长方形试一试。

(小组合作讨论,研究发现长方形的对称轴)

(学生上台交流)你是怎么找到的?有什么不同的折法吗?你找到的是这个长方形的对称轴吗?为什么?还有不同的折法吗?

从刚才同学们的不同折法中你有什么发现?长方形有几条对称轴?你们都找到了吗?

我们已经找到了对称轴,你知道对称轴是怎么画的吗?

(介绍点画线的画法,教师示范在长方形里画出一条对称轴)

在你的长方形上画一画。说说在画对称轴时要注意什么?

【设计理念】

由于有了前面的对折、剪纸的经验,找长方形的对称轴,教师半放手,让学生探究,学生很快能发现一条对折后的折痕(对称轴)。同时通过小组内交流学生又发现由于不同的折法,竟然有两条对称轴。这是学生自主探索发现的过程,也是知识的再现过程。找对称轴的对折方法学生在探究过程中,经历了信息的收集、分析、归纳、交流、验证的过程,感受到了数学的思考过程的严密性与条理性,以及数学结论的确定性。

这是一个正方形,我们也来研究一下它的对称轴。

(小组合作)你们找到的对称轴在哪里?找到了几条?画一画,再在小组内交流一下。

学生汇报:正方形有四条对称轴。

【设计理念】

有了长方形的探索经验,正方形放手让学生以小组合作交流为主,学生在交流中基本上都发现了正方形的对称轴。

刚才同学们都是通过折的方法找到了长方形和正方形的对称轴,如果不能对折,比如课桌面、老师手中的卡片,你能找到它的对称轴吗?

小组探究,我们可以用测量的方法来找出对边的中点,连接中点。

用同样的方法,我们可以画出另一条对称轴,试画出书上长方形的对称轴。

【设计理念】

刚才都是通过折的方法找对称轴，但生活中很少有这么简单的现象。相反像桌面、卡片之类的长方形却随处可见，它的对称轴怎样找呢？由此产生了新的认知冲突，把学生学习的欲望再次调动起来。

（三）实践与探究

小博士研究小组：现在我们每个小组都是小博士研究小组的成员，我们一起来研究几个问题，并完成研究报告。

问题1：（完成第1题）小组合作研究我们以前学过的平面图形哪些是轴对称图形，哪些不是？是轴对称图形的找出各自的对称轴，各有几条？填写研究报告：

三角形			平行四边形		梯形	
一般	等腰	等边	对边相等	四边相等	一般	等腰

学生汇报研究成果：是不是轴对称图形？是轴对称图形的分别有几条？在哪里？你是怎么找到的？

这里要强调可以用数方格的方法找对称轴。

【设计理念】

这是基本的练习，主要是要学生能找出认识图形的对称轴，设计以学生小组活动为主，但也不是简单地找对称轴，其中另一个重要方面是怎么找到的，这里涉及数方格的方法，同时将要求提升到归纳填表，把前面学过的图形内容作了一次总结，可谓是将前后知识贯穿起来。

问题2：（完成第2题）这些美丽的图形都是轴对称图形吗？你能画出轴对称图形的对称轴吗？

（1）先在书上独立完成。

（2）小组交流：是轴对称图形吗？有几条对称轴？

第4幅图教具演示：对折后不能完全重合。

【设计理念】

有了前面的小组活动的练习，这一题已经相对比较简单，但第4幅图，可能学生会有争议，这是中心对称图形，教师用教具演示，很有必要。

问题3:(完成第4题)下面的图形都是轴对称图形，先折一折或画一画，它们各有几条对称轴？比较这些图形的特点，你有什么发现？

正多边形的边数	3	4	5	6	…
对称轴条数					

学生汇报发现的规律。

教师顺势追问:如果用字母 n 表示正多边形的边数，那么它有对称轴几条？

【设计理念】

这里的亮点就是:如果用字母 n 表示……不仅仅是规律的总结归纳，更是函数思想的渗透。

（四）解决问题

刚才我们找了许多图形的对称轴，也知道了找对称轴的方法，那么找对称轴有什么用呢？能为我们解决什么问题呢？我们来看下面的问题。

问题1:这是轴对称图形的一半，根据对称轴所在的位置，你能猜出它的另一半是什么图形吗？(出示第3题)用手比画一下。

你能画出另一半吗？

小组内交流，再全班交流:找到关键的点;在对称轴的另一侧找到对称的点;连接点。

画出下面每个图形的另一半，使它成为一个轴对称图形。

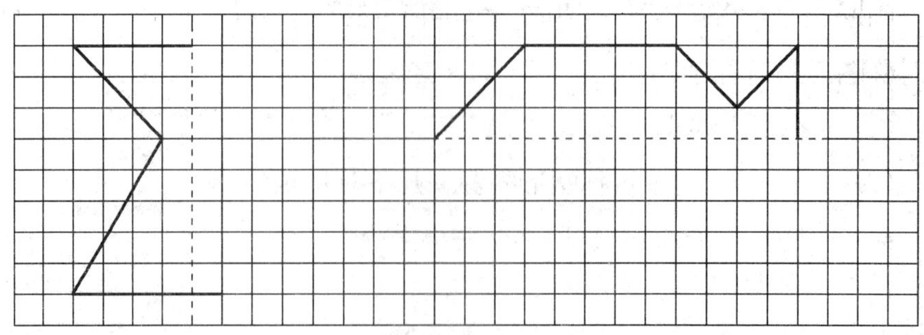

【设计理念】

先让学生猜、比画，再画出另一半。紧紧抓住了学生的好奇心理，学生完成后，小组及全班的交流，使学生明白了自己的不足，并掌握了方法。

问题2：这是我珍藏了多年的一张图片，可惜左边的一部分坏了，你有办法修复吗？

先让学生讨论。指导学生在电脑上使用复制、粘贴、翻转等手段。（操作演示）

【设计理念】

这样的设计，把数学与计算机学习综合起来，真正体现出了大综合的韵味。

问题3：剪双喜字。（放一段结婚录像，主要突出双喜字）大家都看到过结婚的场面吧？结婚时的双喜字你知道是怎么剪的吗？（强调：双喜是轴对称图形，可以对折，再对折）

（媒体演示）

【设计理念】

生活中常见的双喜，竟然是这样剪出来的，学生一定很有兴趣，收获也颇大了，真正是利用了轴对称图形的特点，解决了生活中的实际问题。

（五）欣赏与思考

“对称”在我们的生活现实中到处存在，只要我们细心观察一定会有发现。下面我们来欣赏几幅具有对称性的图案或实物照片，想想它的对称轴在哪里？

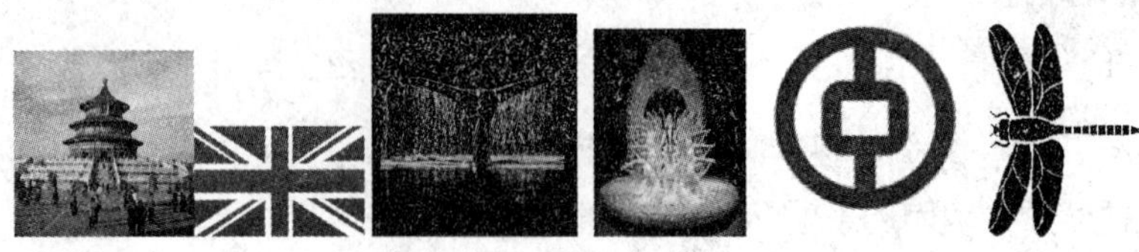

一条线段是轴对称图形吗？它的对称轴在哪里？两个点呢？你能找到它的对称轴？

【设计理念】

通过对生活中常见的对称现象的欣赏，对学生进行人文与情感教育，同时体现“对称”在生活中的应用的普遍性，还为下面的设计作了很好的诱导。

线段与点的对称轴，又一次引起了知识的冲突。

（六）设计

刚才我们欣赏了许多轴对称图形，那么你能运用学过的知识，创作一幅轴对称图形吗？

请同学们展开丰富的想象，画一幅吧！

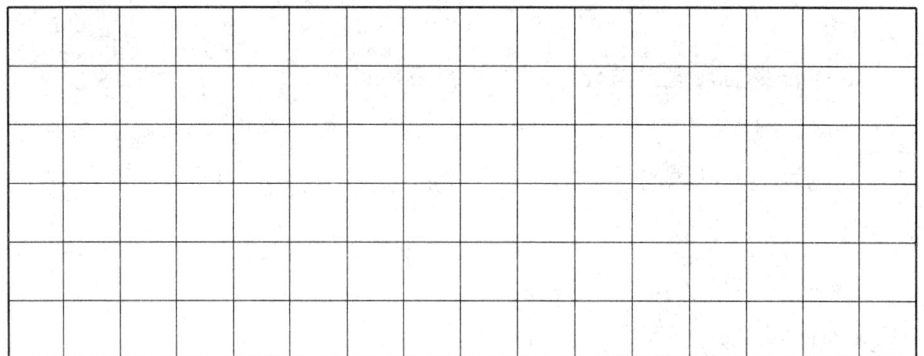

（七）课堂小结

轴对称图形非常美丽，被广泛运用于服装、家具、建筑、交通、商标等各方面的设计中。老师希望大家能运用今天所学的知识，把我们的教室装扮得更漂亮。

“倍数和因数”教学设计

一、教学内容

苏教版小学数学第八册第 70～72 页的例题和“试一试”，第 72～73 页“想想做做”第 1～4 题。

二、教学目标

让学生通过操作，利用乘法算式，认识倍数和因数的意义，理解倍数和因数的关系，掌握找一个数的因数和倍数的方法，发现一个数的倍数、因数的某些特征。

让学生体会一个数的倍数与因数之间相互依存的关系，发展学生的数感，培养学生观察、分析、抽象能力，并在找一个数的倍数和因数的过程中，培养学生思维的有序性。

使学生感悟数学知识内在联系的逻辑美，增强学生学习数学的兴趣。

三、教学重点和难点

重点：理解倍数与因数的意义及相互依存关系；掌握找一个数的倍数和因数的方法。

难点：理解倍数与因数的相互依存关系；找全一个数的所有因数。

四、教学具准备

多媒体课件、12个小正方形。

五、教学过程设计

(一) 引入新知

(谈话激趣)用12个同样的小正方形,你能把它们拼成一个长方形吗?有几种不同的拼法?小组里比一比。

小组活动:动手操作。

老师组织学生展示不同的拼法,并要求学生用乘法表示不同的拼法。

根据学生的汇报,多媒体出示:

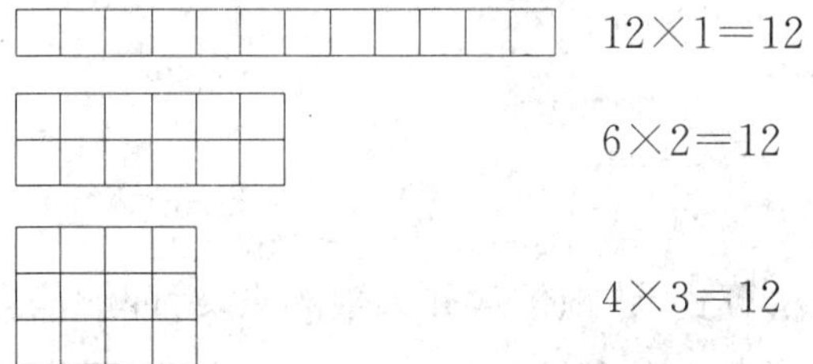

12×1=12

6×2=12

4×3=12

小结:刚才我们用12个小正方形,正好可以拼成每排4个,共3排;每排6个,共2排;每排12个,共1排的长方形。那么这些乘法算式中的每个数之间有什么关系呢?接下去,我们一起来研究。

(二) 探究新知

认识倍数和因数的意义:结合4×3=12,说明倍数和因数的意义。

出示4×3=12,12是4的倍数,12也是3的倍数,4和3都是12的因数。

(学生读一读)

(学生试一试)出示:根据下面的算式,说一说哪一个数是哪一个数的倍数,哪一个数是哪一个数的因数。

3×7=21　　1×19=19　　4×4=16　　42÷6=7

(学生练一练,巩固对倍数与因数的意义的认识)

下面各数中，哪一个数是哪一个数的倍数，哪一个数是哪一个数的因数？

24 和 8　　5 和 40　　13 和 1　　7 和 7　　5 和 25

填一填：6 ×（　　）= 18　　20÷（　　）=（　　）

（小结归纳，揭示课题）

小结：我们在研究倍数和因数时，所说的数一般是指不是 0 的自然数。倍数和因数是相互依存的，当我们说甲数是乙数的倍数时，那么，乙数必定是甲数的因数。

探索找一个数的因数和倍数的方法。

1. 探索找一个数的因数的方法

谈话：刚才，我们知道了 6×3=18，6 和 3 都是 18 的因数。那么，18 除了 6 和 3 外，还有别的因数吗？你还能找一找吗？怎么找？能找出多少个呢？

（学生独立思考后，小组讨论）

组织学生集体交流：A. 找到了 18 的哪些因数；B. 找因数的方法是……

出示学生所想的合理的方法，学生可能有的方法有：

2×9=18，2 和 9 都是 18 的因数；18÷1=18，18 和 1 都是 18 的因数……

提问：怎样才能既不重复又不遗漏呢？

（学生小组讨论研究，然后集体交流）

（归纳方法，并规范写法）

说明：为了不重复不遗漏，可以按顺序，一组一组地写出 18 的所有因数。

出示：18 的因数有 1，2，3，6，9，18。

（探索一个数的因数的特点）

出示试一试：

10÷(　　)=(　　) 10的因数有：	(　　)×(　　)=16 16的因数有：	35的因数

(组织学生观察、比较、分析)

提出问题：一个数的因数中，观察最大的一个和最小的一个，你发现了什么？

(组织学生交流，归纳总结)

出示：一个数的因数的个数是有限的，最小的是1，最大的是它本身。

2. 探索找一个数的倍数的方法

谈话：你知道3的倍数有哪些？

(学生独立思考，小组内交流各自的思考过程)

(学生集体交流，汇报找一个数的倍数的方法)

适时提问1：你能从小到大按顺序地说出3的倍数吗？

(指名口答，结合学生口答，出示板书)

提问2：你能把3的倍数全部说完吗？可以怎样表示3的倍数呢？

小结并规范写法：3的倍数有3,6,9,12,15……

(学生试一试)

出示：5的倍数有______________；8的倍数有________________

(探索一个数的倍数的特点)

引导观察3、5、8的倍数：一个数的倍数有什么特点呢？

(学生在小组内进行比较、分析、讨论，然后集体交流)

小结归纳：一个数的倍数的个数是无限的；一个数的倍数中最小的是它本身，最大的倍数不存在。

(三) 实践应用

1. 知识运用

教科书72页“想想做做”第2题。

学生独立完成后提问：表中的“应付元数”都是4的倍数吗？

教科书“想想做做”第3题。

学生独立完成后，提问：表中“排数”都是24的因数吗？“每排的人数”呢？

2. 能力拓展

(1) 判断。

① 2×6=12，2和6是因数，12是倍数。(　　)

② 6÷4=1……2，6是4的倍数。(　　)

③ 45最大的因数是它本身，45最小的倍数也是它本身，所以45最大的因数与最小的倍数都是45。(　　)

④ 一个数的因数总比这个数的倍数小。(　　)

⑤ 把一些故事书分给学生，故事书的总本数一定是学生人数的倍数。(　　)

(2) 节日到了，学校运进了一些盆花，准备摆放在每个教室走廊里，如果每个教室摆放2盆，正好摆完；如果每个教室摆放3盆，也正好摆完。学校运来的花可能有多少盆？你是怎样想的？

(学生独立思考后，小组内讨论)

集体交流时，主要引导学生初步感悟：学校运来的花的盆数既是2的倍数，又是3的倍数。

第四章

"商的不变规律"教学设计

一、教学内容

苏教版小学数学第八册第 26 页"商的不变规律"。

二、教学目标

理解和掌握"商的不变规律",并能运用这一规律口算相关的除法;

培养学生观察、分析能力和合作探究的意识与解决问题的初步能力;

使学生在观察、比较、猜想、概括、验证等学习活动过程中,体验成功;

通过体会"变"与"不变"的数学现象,渗透初步的辩证唯物主义思想启蒙教育。

三、教学重点

理解"商的不变规律"。

四、教学难点

发现并归纳"商的不变规律"的过程。

五、设计思路

现象分析,初步感知;比较观察,概括规律;举例验证,加深理解;解决问题,运用规律。

六、教学过程

（一）激趣设疑，提出问题

1. 激趣设疑

(1) 情境导入(文化用品店门口，四位同学手中拿着相同的笔记本，在议论……)。

甲：我买了 4 本笔记本，用了 12 元。

乙：我买了 2 本笔记本，用了 6 元。

丙：我花了 9 元钱，买了 3 本笔记本。

丁：我用了 18 元钱，买了 6 本笔记本。

从四位同学交流的信息中你有什么问题或有什么发现吗？

(2) 分析计算，初步感知。

你能分别算出每位同学所买笔记本的单价吗？

老师根据学生回答，相机出示算式：

12÷4=3

6 ÷2=3

9 ÷3=3

18÷6=3

(3) 比较、观察这些算式，你发现了什么？

根据学生发现，老师归纳要点：被除数和除数都变化了，而商没有变。

2. 提出问题

这 4 道算式中被除数和除数不同，但计算的结果都一样，这里面一定有什么规律，是吧？下面我们一起来合作研究，如果要使商不变，被除数和除数的变化有什么规律。

（二）合作探究，发现规律

1. 小组活动

小组讨论打算用什么方法来寻找被除数和除数的变化规律。

小组汇报,并在老师和同学的启发下完善其想法。

小组用各自的方法对算式进行比较,看看有什么发现,并及时运用发现的规律验证是否正确。

2. 汇报交流

根据学生回答,可能出现的情况有两种:

被除数和除数增加(或减少)不同的数。

被除数和除数同时乘(或除以)相同的数。

老师根据不同的情况引导学生进行分析、比较,最后得出初步结论,并强调"同时""相同"。

3. 举例验证

学生举例:被除数和除数同时扩大或缩小相同倍数,验证商是否不变。

交流验证的结果。

老师举例:如果被除数和除数同时乘或除以 0 呢?

4. 学生归纳规律

(三) 运用规律,解决问题

1. 口算

3900÷300　　　　450÷50　　　　1350÷25

要求学生口算后,说说是怎么想的?要调动学生已有的经验,并引导学生运用商不变规律解释算法,第 2 题要鼓励学生用不同方法进行口算,最后一题要引导学生如何将除数转化成整百数,学习化繁为简解决问题的策略。

2. 判断

1200÷30=12÷3=4,对吗?说说你的理由。

小结:在计算被除数和除数末尾有 0 的除法时,商不变规律能让我们的计算变得既简单又快捷,但在计算时要注意被除数和除数要同时乘或除以相同的数(0 除外)。

(四) 扩展应用

(1) 在○里填适当的运算符号,在□里填合适的数。

210÷30=(210÷10)÷(30○□)

600÷25=(600×4)÷(25○□)

(2) 你想怎样填?

200÷50=(200○□)÷(50○□)

有多少种不同的填法?

小明为了把除数化成整百数,是这样填的:在后面的○里填"+",□里填上"50",那么前面的○、□ 分别怎样填?说说你这样填的理由。

(五) 课堂小结

这一节课我们研究和发现了什么?你有什么收获?还有什么问题吗?

附:板书设计。

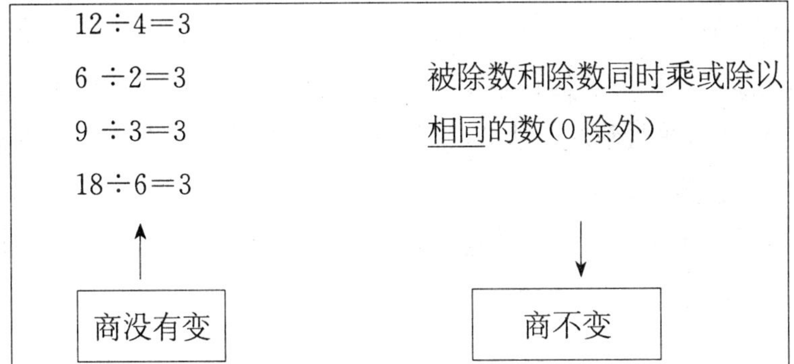

“统计——平均数”教学设计

一、教学内容

苏教版小学数学第六册第92～94页。

二、教学目标

通过实例，初步建立平均数的基本思想(即移多补少的统计思想)，理解平均数的实际意义。

经历用多样化的方法估计平均数的过程；理解和掌握简单的求平均数的方法，能运用求平均数的方法解决一些实际问题，并从中体会到可以从多方面获得一些数学信息。

培养学生与他人交流自己思维过程和结果的能力，进一步培养学生自主探究、合作学习的意识和能力。

三、教学过程

(一) 导入

同学们玩过套圈游戏吗？

(出示两个小组同学进行的套圈比赛成绩的统计图)从这两幅统计图上，你了解到哪些信息？

同学们一定想知道，谁获得了胜利，是男生队获胜，还是女生队获胜？说说你的理由，行吗？不公平，那怎么办呀？

（二）探究

看来要找一个更好的标准量来进行比较。今天这节课我们就来研究这方面的内容。

怎样来进行比较，你们有什么办法吗？

小组商量一下，找出一个最公正的方法。

说说你们小组讨论的结果。你认为两队的人数不相等情况下，怎样比较？

引出男生和女生平均每人套中多少个。怎样才能知道平均每人套中的个数呢？你有什么办法吗？

小组内研究，或者看着黑板上的图，或者用学具摆一摆，摆出男生和女生平均每人套中的个数，还可以在作业纸上试着写一写，算一算。

下面我们请一个同学来向大家介绍一下他们的方法。（边说边移）同时要引导学生观察，引出：移多补少。

女生呢？

通过刚才的移多补少，我们发现了是男生队获胜，还是女生队获胜？

还有其他办法吗？你们是通过什么办法知道的呀？能把算式写出来吗？

我们用计算的方法，算出了男生队和女生队平均每人套中的个数，我们也知道了哪个队获胜。

这就是我们这节课学习研究的——平均数。

利用平均数，在两队人数不相等的情况下，我们比较出了哪组套圈套得准一些。同学们想出了把多的移到少的地方，也就是移多补少法，还想到了用计算的方法求出了平均数。我们在求平均数时是先计算什么，再计算平均数的呀？（板书：总数÷人数先合　后分）

（三）巩固练习

第1题，小丽的书桌上有三个笔筒……该怎么移动呢？你是用什么方法解决的呀？在计算时先算什么？再算什么呢？

第2题，小丽还有三条丝带，老师想知道这三条丝带的平均长度。能移吗？你能先估一估，这三条丝带的平均长度可能是多少？给你三个答案（A. 14 B. 18 C. 24），你会选谁呢？为什么？

经过验证，18厘米是这三条丝带的平均长度。请你把验证的过程说给大家听听。从刚才的练习中，你有什么发现？（平均数一定是在最大数和最小数之间）

学生读题：学校篮球队队员的平均身高是160厘米，李强的身高是155厘米，可能吗？为什么？

（四）课堂小结

这节课我们学会了什么本领？

老师想了解一下，今天你对自己在这节课上的表现是否满意，请你打一个分数，10分为最满意。你会给自己打几分？想好了，再举手。

根据5～7位学生的分数，算算平均分。

（五）作业

小组合作完成第4题。

附：板书设计。

平均数

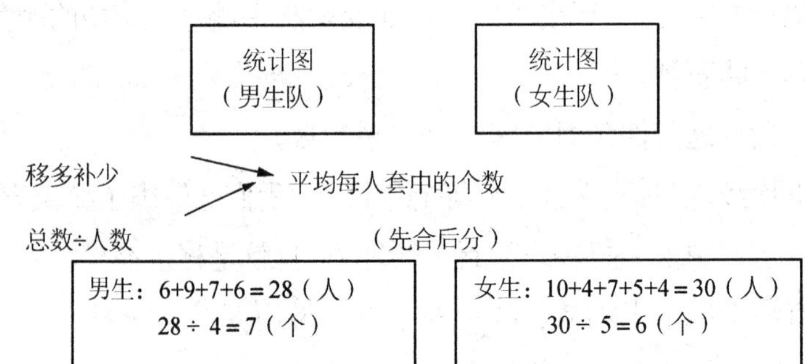

“圆的认识”说课设计

一、说课内容

九年义务教育六年制小学数学第十一册第 106～108 页，以及“做一做”和“练习二十五”中的 1～5 题。

二、说说对教材的理解

本段教材“圆的认识”是在学生学过了直线图形的认识、周长和面积计算，以及圆的初步认识的基础上进行教学的，同时为进一步学习圆的周长和面积奠定重要的基础。

三、说说本课的教学目标

根据数学新大纲、新课程体系的要求和本课时的教学内容以及学生的认知规律，从认知、智能、情感三个层面制订本课的教学目标为：

突出以学生为主体的教育思想，通过学习，使学生认识圆，知道圆的各部分的名称，掌握圆的特征；理解和掌握在同一个圆内半径和直径的关系；会用圆规画圆。

采取以思维为核心的学习策略，通过观察、操作、交流、讨论、猜测等活动，培养学生的动手操作能力和抽象、概括、归纳等思维的能力；会运用所学的知识解决简单的实际问题。

注重学生习惯训练，培养学生认真作业的习惯；渗透辩证唯物主义观点。

四、说说本课时的教学重点和难点

本课的重点:理解和掌握圆的特征,学会用圆规画圆。

本课的难点:归纳出圆的特征和用圆规画圆。

五、说说采用的主要教学方法

根据教材的安排和学生的认知特征,我始终贯彻“激趣导学,以学促思”,恰当、巧妙地运用媒体手段,启发学生自主探索,并经历知识的获取过程,逐步培养学生的学习兴趣、学习能力和学习方法。

1. 创设情境,激发兴趣

用《方方和圆圆》的故事导入后,让学生讨论为什么车轮要做成圆的,而不能是三角形、正方形……在多媒体出示这些学过的平面图形后,请同学们比较:圆与我们已经学过的三角形、正方形、长方形等有什么明显的不同?着重要使学生明白:圆是一种曲线图形。

2. 组织讨论,自主探索

小组利用圆形物剪下一个圆,边操作边讨论圆有哪些特征。

3. 归纳总结,揭示规律

通过学生充分的讨论后,师生共同归纳出圆的特征,并认识圆心、圆的半径、直径和它们的作用以及在同一个圆内,半径和直径的关系。

4. 动手操作,学习画圆

通过自学尝试,体会画一个圆的要领。

六、说说学法指导

《标准》指出:“小学数学要使学生既长知识,又长智慧,在加强基础知识教学的同时,要把发展智力、培养能力贯穿于教学的始终。”因此本课着重进行以下学习能力的培养:

培养学生的动手操作能力:通过剪圆、折圆、画圆等手段,使学生在操作中认识圆的特征,知道圆内直径与半径的关系等相关知识。

培养学生的抽象思维和归纳概括的能力：通过讨论操作，逐步归纳出圆的特征，即圆是曲线图形，圆心到圆上的距离都相等，并认识直径、半径及两者的关系。

培养学生运用知识解决实际问题的能力：通过画圆、量圆，使学生进一步掌握确定圆心，及量球形物体的直径等的方法。

七、说说教学程序

根据"教师为导，学生为主，训练为线，思维核心"的指导思想，结合本课时的教学内容和学生的认知规律，我准备按以下四个环节进行指导：

第一环节：铺垫孕伏，故事导入。从故事《方方和圆圆》入手，谈车轮的形状，复习并认识到已经学过的正方形、三角形、长方形、平行四边形、梯形等都是直线图形，而圆是曲线图形，同时产生疑问：为什么车轮必须是圆的？圆究竟有哪些特征？

第二环节：动手操作，探究新知。我准备分三步进行：

第一步，组织课堂讨论，引导自主探索。先利用圆形物体画一个圆，剪下来，然后小组操作。

让学生对折，再对折，多折几下，看能发现什么。（交汇于一点）

让学生用有刻度的尺量一量中心点到圆周上的距离，多量几条，看能发现什么。（同样长）

同样用有刻度的尺量一量折痕的长度，多量几条，问学生能发现什么；让学生比较它与圆心到圆上的折痕，问学生的发现。

通过测量，让学生明白为什么车轮是圆的。

第二步，归纳总结，提示规律。通过学生的争论，师生共同分析，归纳出圆的特征，并认识、理解了相关概念：折痕的交点是圆心；圆心到圆上距离叫半径；通过圆心，且两端都在圆上的距离叫直径；在同一个圆内，直径是半径的 2 倍，半径是直径的$\frac{1}{2}$等。

第三步，尝试操作，学习画圆。

认识圆规，并尝试画圆，体会画圆的要领，然后讨论画圆的体会。

学习画圆的方法，边读课本，边演示边板书：a. 半径（决定圆的大小）；b. 定圆心（定圆的位置）；c. 旋转一周。体会画圆时圆规两脚的距离不能变，有铁针的一脚不能动；

再学习画一个圆；

在练习本上画一半径是 2 厘米的圆。

第三环节：巧设练习，巩固发展。练习的设计按三个层次，基本题、综合题、开放题，使学生进一步巩固新知。

第一层次：基本练习——完成“做一做”。

“练习二十五”第(1)～(4)题。

第二层次：综合训练——判断题。

半径是直径的一半。（　　）

圆心到圆上的距离叫半径。（　　）

圆内的线段叫直径。（　　）

“练习二十五”第(5)题。

第三层次：开放练习—— 有一张圆形纸片，圆中有一条线段，请你想办法判断一下，这条线段是不是该圆的半径。

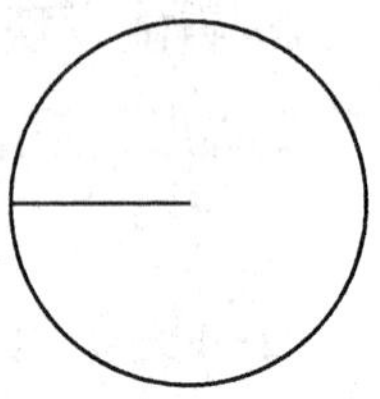

第四环节：课堂小结，回味无穷。让学生讨论本节课学到了哪些新知识，圆有哪些特征，在生活中，人们还怎样利用了圆的特征。

“认识几分之一”说课练习

尊敬的各位专家，下午好！

今天我说课的内容是小学数学苏教版三年级下册第八单元“认识分数”的第一课时。本节课是在学生认识一个物体的几分之一和几分之几的基础上进行教学的。学好这部分内容，能使学生进一步感受和理解分数的意义，同时为后面认识一些物体的几分之几及解决求一个整体的几分之一或几分之几是多少的实际问题奠定基础。

教材安排了一道例题及相应的“想一想”“想想做做”。例题首先创设4只小猴分一盘桃的现实情境，根据4只小猴平均分4个桃，提出每只小猴分得这些桃的几分之几的问题。利用学生已有的经验，理解把4个桃看作一个整体，让学生从分数的角度来研究和认识每只小猴分得这盘桃的四分之一。然后安排“想一想”，把4个桃平均分成2份，提出每份是这些桃的几分之几的问题，让学生思考。这里每份是2个桃，通过图形直观表现平均分的份数和要表示这样一份的关系，抽象得出每份是这些桃的“$\frac{1}{2}$”。“想想做做”着重让学生通过操作、观察、思考，加深对一些物体的几分之一的认识，进一步体会、理解几分之一的实际意义。

基于以上分析，我制定如下教学目标：

使学生结合具体情境进一步认识分数，知道把一些物体看作一个整体平均分成若干份，其中的一份或几份可以用分数表示；使学生经历用分数表示一些物体的几分之一的知识获取过程，从中培养学生的观察、操作、概括、推理等初步的逻辑思维能力；在解决实际问题的过程中，体会数学与生活的密切联系，感受数学学习的乐趣。

因此，我认为本节课的重点是：让学生探索和发现把一些物体看作一个整体平均分成若干份，其中的一份就表示这些物体的几分之一，能正确表示出一些物体的几分之一。教学难点是：理解把一些物体看作整体来平均分，能够将个数与份数区别开来。

根据本节课的教学目标和我班学生的实际情况，我将本节课的教学内容预设为如下三个环节：

第一环节：创设情境，引出问题。

多媒体呈现猴妈妈分桃的情境，猴妈妈拿了一个桃子，准备分给 4 只小猴，为了公平起见，应该怎么分呢？引出平均分。然后让学生思考每只小猴平均分得这个桃子的几分之几？

通过猴妈妈分一个桃的情境，唤醒学生已经学过的把一个物体平均分成几份，用分数表示其中的一份这个旧知，为下面探究新知作铺垫。

第二环节：自主探索，认识分数。分四个层次：

第一层次，认识四分之一的含义。多媒体出示教材例题图，请学生观察并思考“每只小猴分得这盘桃的几分之几”，同桌相互说一说。让学生利用自己喜欢的方式动手分一分，可以借助学具来分，用画图来分等等，并说一说是怎样想的。在此基础上组织全班交流，展示学生的操作，并让他们说说你是怎样想的。老师加以演示并板书，重点突出把 4 个桃看作一个整体（单位“1”），平均分成 4 份，每份是这盘桃的四分之一。

第二层次，认识二分之一的含义。请学生思考“如果把这一盘桃平均分给 2 只小猴，每只小猴分得这盘桃的几分之几”，同桌相互说一说是怎样想的，全班交流，老师加以演示和板书。学生说一说二分之一的含义，并请学生说说二分之一表示什么。

第三层次，反思小结。请学生观察四分之一和二分之一的相同点和不同点。在学生充分交流的基础上教师归纳小结：都是把一盘桃看作一个整体，平均分成若干份，每一份是这盘桃的几分之一。不同点只是一个是平均分成四份，一个是平均分成两份。

此环节通过学生动手操作、合作交流的自主学习活动，初步体会到把一些物体平均分成几份，这样的一份可以用几分之一来表示，从而加深了对几分之一的含义的理解，为进一步认识和理解分数的意义作好铺垫。

第三环节：联系实际，深化认识。分三个层次：

第一层次，基础练习。我安排了三道题目，“想想做做”第1、2、3题，使学生经历从实物组成的整体到几何体组成的整体，再到用图组成的整体的过程，逐步认识和理解一些物体的几分之一用分数如何表示。

第二层次，综合练习。我准备安排拿小棒的实践活动，先组织学生分小组拿小棒，各组小棒数量不等，由学生平均分，找出其中的$\frac{1}{2}$。交流、讨论其中一份的个数，并组织学生针对不同结论进行讨论，思考“为什么都是$\frac{1}{2}$，所对应的个数却不同”。

然后，引导学生找出其中的$\frac{1}{2}$比较，研究每份的数量差别。让学生在具体的操作情境中，巩固对几分之一的理解。

这个活动让学生通过动手实践、小组合作，运用本课所学知识来解决实际问题，进一步巩固、加深对几分之一的认识，体会份数与个数的区别。

第三层次，开放练习。我准备安排一个学生排队的游戏，要求其中女同学人数是总人数的$\frac{1}{3}$。教师先引导学生小组交流思考过程，寻求解决方案，然后组织反馈，交流不同的排队方案。

这个开放性练习，目的是全面巩固本课知识，激发学生的创新思维，使学生感受数学与生活的联系，体会学习数学的价值。

最后，教师全课总结。

以上的三个环节是我对本节课的预设，在实际的教学中根据实际情况还要做适当的调整。

这就是我对“认识几分之一”一课的说课，不当之处恳请各位专家批评指正。

附 录

“复式课堂教学‘低耗高效’研究”实验报告

（吴县市“九五”规划课题）

一、课题的提出

复式教学是社会主义教育体系中的一个重要组成部分，当然随着规模办学和教育现代化的全面实施，复式教学越来越少。但是，我国幅员辽阔，加上人口出生比例下降，这就决定了复式教学的长期性，因此仍有其重要地位。抓好复式教学，对学生思想道德、科学文化、身体心理、审美和劳动素质的形成和发展有着极其重要的作用。

长期以来，复式教学在应试教育的影响下，耗时多效率低，学生进入社会后，基础知识贫乏，基本能力低下。因此，转变教学思想，减轻学生负担，提高复式课堂教学的质量和效率，已成为一项迫切而重要的任务。为此，我校从 1995 年开始了为期三年多的复式课堂教学“低耗高效”教改实验。

二、实验的过程和方法

（一）明确实验的定义

复式课堂教学“低耗高效”实验是针对目前复式班中存在的“高耗低效”提出来的，其内涵包括：

(1) 教师在充分发挥主导作用的前提下，精心组织和优化设计教法，提高课堂 40 分钟的效率。

(2) 学生在充分发挥主体作用的学习过程中，会学、善学，学得扎实，学得主动，在规定时间内提高效率。

（二）确定实验的假设

"低耗高效"是针对当前"高耗低效"的，以贯彻两全方针为依据，开展本实验有助于转变应试教学观念，切实克服"高耗低效"弊端，减轻学生负担，提高课堂效率，促进学生综合素质的全面提高。

本实验以科学的现代教学理论、现代课堂教学思想和整体优化原理为指导，开展本实验能探索和求得复式教学"低耗高效"的有效途径和方法，优化课堂教学，提高课堂效率。

（三）确定实验的内容和措施

复式课堂教学"低耗高效"实验以备课、上课、作业处理和学生考评等作为研究的环节，以课堂教学为基本途径，将课堂教学中的静态作业、动态过程、教学方法、教学手段、教学结构、时间安排、教学反馈评价等作为实验研究的主要内容。

本实验把课堂教学作为研究的主体，将采用以下三种措施作为课堂教学实验的主要因子，组成一个优化的互相联系的实验操作整体。

精心设计自动作业，提高静态时间效率。实验以静态过程作为研究的主体，明确静为动作铺垫，静是动的延伸，静是为巩固新知。

精心组织动态过程，提高动态时间质量。实验以动态过程为研究的主体，明确动为新知起点作点拨，为新知起疏导作用，为静起辅助作用。

加强信息反馈，及时、全面了解信息，掌握学习过程，控制动态过程。

（四）确定实验对象和组织形式

实验对象以东片王行、河底两校为主，其中王行为实验班，河底为对照班，采取前后测等组织设计。

（五）明确实验的观察指标和测量统计方法

观察指标：按知识系统分为，① 语文：音、字、词、句、篇；② 数学：概念、计算、应用能力等。按能力系统分为听、说、读、写、算、分析推理能力。

测量方法：书面检测和口头检测相结合，课堂即时检测和实验效果检测相结合。

统计处理：定量和定性相结合。

三、实验的结果

根据实验假设，对实验效果分教师和学生两方面进行检验。

（一）教师改进了教学，提高了效率

把握重点，突出重点，讲在精处，改变了以往上了一个年级忘了另一个年级，只好下课补一补的高耗繁琐的做法。

改进手段，提高效度，充分发挥电教优势，利用幻灯片、录音等，提高课堂教学效率。

（二）学生基础知识扎实，基本能力增强

语文音、字、词、句、篇基础知识测试情况表

班级	前测				后测			
	人数	平均分	标准差	显著性差异	人数	平均分	标准差	显著性差异
实验班	17	$x=78.4$	$s=7.8$	$P>0.05$	15	$x=89.8$	$s=9.4$	$P<0.05$
对照班	16	$x=79.2$	$s=9.5$		15	$x=80.6$	$s=10.3$	

数学概念、计算、测试情况表

班级	前测				后测			
	人数	平均分	标准差	显著性差异	人数	平均分	标准差	显著性差异
实验班	17	$x=72.5$	$s=7.1$	$P>0.05$	15	$x=88.8$	$s=9.6$	$P<0.05$
对照班	16	$x=80.1$	$s=9.4$		15	$x=81.4$	$s=10.9$	

能力测试情况表（朗读、习作、应用题）

类别	班级	前测							
		优	%	良	%	中	%	差	%
朗读	实验班	2	11.8	5	29.4	7	41.2	3	17.6
	对照班	2	12.5	4	25.0	8	50.0	2	2.5
习作	实验班	1	5.9	4	23.5	9	52.9	3	7.6
	对照班	1	6.3	4	25.0	7	43.8	4	5.0
应用题	实验班	1	5.9	3	17.6	8	47.1	5	9.4
	对照班	1	6.3	4	25.0	7	43.8	4	5.0
类别	班级	后测							
		优	%	良	%	中	%	差	%
朗读	实验班	5	29.4	4	23.5	7	41.2	1	5.9
	对照班	3	18.8	4	25	7	43.8	2	12.5
习作	实验班	3	17.6	7	41.2	5	29.4	2	11.8
	对照班	1	6.3	5	31.3	6	37.5	4	25.0
应用题	实验班	4	23.5	8	47.1	4	23.5	1	5.9
	对照班	2	12.5	3	18.8	7	43.5	4	25.0

学生的课业负担减轻，综合能力得到提高。实验班学生在中心校组织的各类数学、作文等竞赛中有5人次获奖，在《数学报》竞赛中还获得了团体二等奖。从调查和检测结果来看，实验班学生无论在双基方面还是在能力方面都明显高于对照班，达到了实验的假定目标，在很多方面还高出中心小学的单式班。表明本实验中为提高课堂教学效率所采取的措施和方法是行之有效的。

小学数学课堂教学改革的新探索

（吴县市“十五”规划课题中期报告）

现代科技的发展和社会的进步给教育战线提出了一个培养“创新型”人才的新课题。世界各国都十分重视创新型人才的培养，因为在未来的世纪，没有创新能力，就只能跟在别人后面爬行，甚至可能失去生存的权利。为了适应教育改革与发展的新形势，我校于 2000 年 9 月实施“农村小学数学课堂教学创新教学实验”课题研究，至今已有两个年头，通过改革课堂教学，以培养学生创新学习的能力，为学生的终身学习奠定基础。我们主要是从以下几个方面做的：

一、创造性地运用教材，着眼于指导学生进行创新学习的教学设计

我国著名教育家叶圣陶先生曾经说过：“教材只能作为教课的依据，要教得好，使学生受益，还要靠教师的善于运用。”这句话告诉我们，教材不是圣书，它只是提供了最基本的教学内容，简明的例题，极其扼要的说明和一些有针对性的习题。由于学生情况、教师素质、教学条件等方面的限制，教师对教材的使用不可能完全相同，所以应从实际出发，灵活运用教材。

1. 改变数学教材的编排顺序

例如，第三册中“2～5 的乘法口诀”，教材是从“2 的乘法口诀”讲起的，我们则从“5 的乘法口诀”讲起，因为“5 的乘法口诀”句数多，便于学生掌握

规律后，自己去总结推导“1～4 的乘法口诀”。这样符合学生的认知规律，使学生较好地学会了总结乘法口诀的方法，为学习“6～9 的乘法口诀”打下了坚实的基础。

2. 扩大例题的思维空间

把例题尽可能变成结合学生生活实际，适合学生探讨研究的素材。例如“成反比例的量”一节，把原来长篇讲解的内容改为只呈现几个成反比例的实例，让学生用学习“正比例的量”的思维方法去分析数量关系，自己找出规律，进而得出结论。

二、给学生自主学习的时间、空间和氛围，引导学生多想、多说、多做，感受成功的愉悦

“头脑不是一个被填满的容器，而是一个被点燃的火把。”点燃学生智慧的火把，首先要创设学生主动思考的氛围。课堂教学已不再仅仅是传授知识、训练技能的过程，而是激发学习兴趣、教会学习方法、培养创新意识的过程。因此，课堂上教师要注重创设良好的学习氛围，多给学生一点时间和空间，尽量让他们多想、多说、多做，有充分表现自我的机会。

例如，教学“口算加减法”时，教师出示例题，鼓励学生人人争当小小数学家，创设自己的解题方法，谁的解法好就以谁的名字命名，学生想出多种方法。再如教学“工程问题”，一开始，教师就联系苏嘉杭高速公路建设(学校附近正在建设苏嘉杭高速)，创设了这样的情境：今天我们一起来研究修高速公路的数学问题。如果让你来当总指挥，你打算怎么办？问题一提出，学生们兴趣盎然，思维的闸门被打开了，争先恐后地说出了自己的打算，一个比一个全面，还真有总指挥的超前意识和胆略。教师抓住时机出示例题，让学生以小组为单位共同讨论，并列出算式。

这样的课堂是和谐、民主、蓬勃向上的，教师创设的问题情境，能唤起学生学习的兴趣，激发学生的思维，学生在愉快的情境中增长知识，开阔眼界，开发智力，体验到成功的快乐。

三、以“小组学习”为核心组织教学,引导学生主动参与教学过程,启发诱思,鼓励合作,共同发展

国外的研究表明,教师的视野覆盖范围一般不超过 25 人,超过这个范围,教师的视野关注就会“顾此失彼”,超过的人数越多,顾不到的学生也越多,其结果,能力有限的教师只能抓两头带中间,即比较多地关注好与差的学生,中间的学生则只能“牺牲”了,这是群体教学中一种司空见惯的现象。根据美国心理学家布鲁姆的测定:群体教育中只能有 20%的学生达到优良水平,而个体教育可使 90%的人达到优良。为此我们积极探索班级、小组、个人多种学习方式相结合的组织形式。学生经过较好的培养,便能充分发挥个人在小组中的学习潜力和管理才能。小组中的骨干成员不但能把同学很好地组织在一起,还能把握所讨论问题的方向和深度,大大提高了教学效率。

例如,教学“圆的认识”时,教师先让学生在小组里借助一些简单的工具(图钉、线绳等)合作画圆。用这套工具画圆很简单,但真正画起来,一个人难以完成,需要小组中的四人互相帮助,密切配合,克服困难,掌握技巧,才能画出他们认为理想的圆。然后在讨论圆的半径、直径的特点,圆心、半径的作用时,各小组学生有感而发,有话可说,表现出异常的积极性。这样的设计,活动时间长,活动空间扩大,合作性强,学生体会深刻,提高了学生投入学习的主动性和积极性,有利于培养学生合作学习的精神和创新意识,同时激发了学生学习数学的情感。

四、实施“问题教学”,引导学生善于发现问题,提出问题,产生新思维,培养创新意识和个性

著名科学家李政道说过:“什么叫学问?是要学怎么问,就是学会思考。”问题是教学的心脏,问题是思维的方向。一切科学发现,始于发现问题,始于问题激发出来的探索活动。问题是思维的启动器,问题有助于激活学生的创新思维。爱因斯坦说过:“提出一个问题,比解决一个问题更重要。”传统的教学活动是教师提出问题,学生回答教师提出的问题,而且学生的思维从不敢超越教师的问题范围,只能被动地接受知识。这在很大程度

上是扼杀了学生的天赋，阻碍了学生思维的发展，因此，必须改变这种模式。课堂上的提问可以是师生互问，也可以是生生互问，让学生在提问、交流、争辩的过程中主动获取知识，培养学生的问题意识。

例如，教学“8 加几”时，一个小朋友选择了用小棒摆 8 加 5，老师启发其他学生给这个小朋友提问题。

生 1：你为什么从 5 根里拿出 2 根放到 8 根里？

生 2：为什么要凑十？

生 3：为什么拿 2 根，不拿 3 根？

生 4：你为什么从 5 根里拿，不从 8 根里拿凑十？

……

引导学生提出问题，培养问题意识，可以把零散的知识加以概括，有利于学生知识体系的构建。

五、引导学生学会自主学习，学会构建知识体系，不断夯实创新学习的认识基础

过去上复习课，教师整理、讲解知识点，学生做题练习，这样不仅收不到良好的效果，更加重学生的作业负担，复习效率低下。我们经过两年的实验，实现师生角色转换，知识的脉络由学生分小组合作整理。

例如，复习“平面图形的周长和面积”时，一个小组是这样整理的(图 1)：

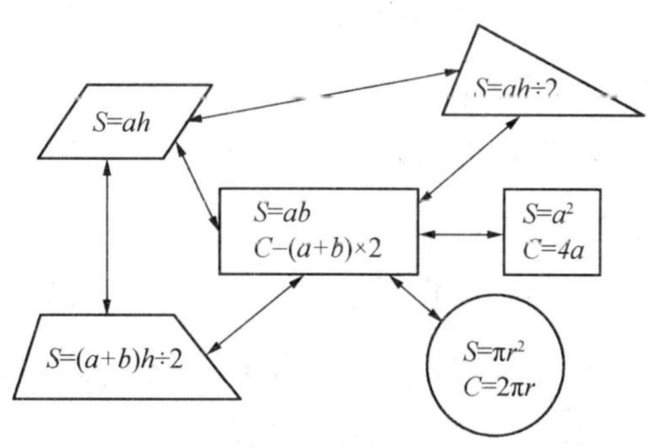

图 1

这样整理简单明了，形象地表示出各类图形之间的联系，构建出完整的知识体系。这是集体智慧的结晶，是小组学习的结果。再如复习分数应用

题时，一个小组用一棵枝繁叶茂的大树图来表示(图 2)：

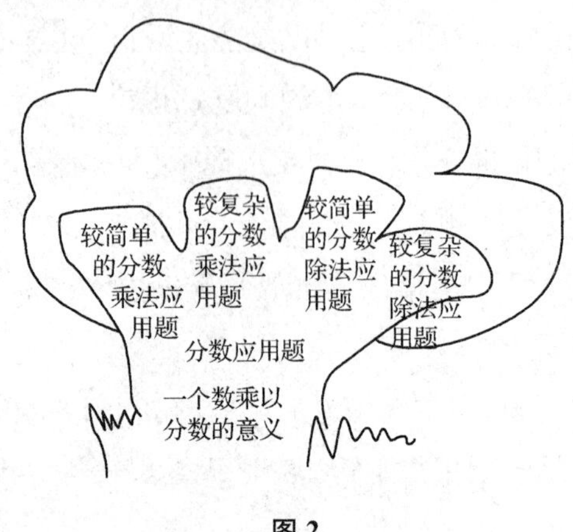

图 2

实践告诉我们，学生创新的潜力很大，课堂上一旦将学习的主体地位还给学生，他们就会迸发出智慧的火花，开动脑筋，别出心裁，以各种各样的形式将学过的知识梳理总结，形成网络。

六、引导学生在“做中学”，培养学生学以致用的意识和实践能力

抽象的数学知识只有和现实生活紧密地联系起来，才是活的知识，才有生命力，才能体现知识学习的价值。数学知识来源于生活实际，必须回到实际，服务于生产、生活，才能体现学科内容的意义，它才是活的、能够运用的。因此要重视学生的数学应用意识的培养，使学生能灵活运用所学的基础知识和所掌握的基本技能解决生活、生产中的实际问题。

例如，教学“归一应用题”时，我们从生活实际入手，自行设计一张贴近实际的商业发票，师生模拟购买商品，填写发票，让学生说说填发票时是怎样想的。实际上填写发票的过程，就是解答归一应用题的过程。这样的设计密切联系生活实际，不仅激发学生学习的兴趣，而且通过填写发票 ，让学生感受到数学来源于生活，培养学生数学的应用意识。再如教学“利息”时，学生同桌合作，一个做银行职员，一个做顾客，模拟存款、取款过程。这样不仅使学生巩固了利息的计算相关方面的知识，还学会了填写存款、取款凭条，培养了学生应用所学知识解决生活实际问题的能力。

七、引导学生从课内学习延伸到课外学习，培养学生获取新信息的能力和自学能力

21 世纪人类社会进入全新的信息时代，有的知识让学生自己去查阅或进行社会调查，把数学学习由课内延伸到课外，不仅开阔学生的知识视野，丰富知识，而且能够培养学生自主探求知识的能力，提高学生搜集和处理信息的能力。

例如，教学“百分数的应用——利息”时，课前，教师布置学生向家长或去银行了解储蓄的有关知识，并搜集定期、活期存款凭条；又如，教学“十进制计数法”时，有关数的产生与发展，让学生课外查阅资料，获取知识。

课堂上从学生的汇报可以看出，学生探索的热情很高，了解到的知识面也很广。这样的设计，不仅对书本知识进行了补充和拓展，而且在调查实践中培养了学生主动探求知识的能力。学生自己去查阅资料和社会调查是一种很好的学习方法。

通过两年多的实验，已经收到了明显的效果，主要为：

一是转变了教师的观念。教师在教学活动中，真正把学习的主体地位还给了学生，师生角色发生转变，做到不唯书，不盲从，灵活处理教材，克服了传统教育的弊端，改革了传统教学模式。

二是提出了新的教学结构。

新授课：创设情境—小组学习—全班交流—质疑问难—总结概括—巩固应用与拓展，即教师通过创设情境，架起现实生活与数学学习、具体问题与抽象概念之间联系的桥梁。学生在小组内探索、交流，达成共识，并向全班汇报，培养了学生创新学习的意识，这是问题解决的核心环节。

复习课：看书—整理—交流—总结梳理—综合练习，即学习小组或学生个体通过看书，梳理一个单元或一部分内容，找准知识间的联系与区别，以文字叙述、图表、实物或其他表现形式，形成知识网络，并向全班同学介绍自己的整理意图、表现形式、整理内容，这个过程要求是全员参与的过程。教师与学生之间、学生与学生之间、小组与小组之间相互提问，相互质疑、相互

辩论、相互评价，完成对知识体系的构建。

三是提高了学生的成绩。我们对四、五、六年级学生的期末成绩进行了质量分析，优秀率统计结果如下：

年级/人	项目	两年前/%	现在/%	增幅/%
四年级(66)	概念	74.4	81.1	+6.70
	计算	79.2	85.2	+6.00
	应用题	78.9	85.0	+6.1
五年级(56)	概念	75.0	80.3	+5.3
	口算	81.0	88.1	+7.1
	应用题	71.4	81.5	+10.1
六年级(78)	概念	73.7	87.5	+13.8
	口算	85.5	91.7	+6.2
	计算	76.3	82.5	+6.2
	应用题	75.0	81.5	+6.5

从表中我们惊喜地发现，实验后学生的数学成绩有了大幅度的提高，特别是概念部分的优秀率平均提高了近8.6%。这得益于概念教学由原来的教师讲授、学生记忆，改变为教师提供素材，学生小组研究、探索、总结出概念，因而收到了良好的效果。

四是提高了学生的创新意识，发展了创新思维，促进了创新能力的发展。

课堂教学改革提高了学生创新学习的意识，发展了学生的创新思维，培养了学生合作学习的能力、提出问题和解决问题的能力、知识构建能力、实践能力、获取信息和处理信息的能力以及自学能力。

当然，实验取得了一些成就，但也存在一些不足，还有待于在今后的一年里不断改进，以取得更好的效果，使实验圆满成功。

“农村完小数学课堂创新教学实验”结题报告

（吴县市“十一五”规划课题）

一、课题的提出

实施素质教育重点是要改变教育观念，改变传统的教育手段，尤其要以培养学生的创新意识和创造精神为主。教育部在《面向21世纪教育振兴行动计划》中明确提出，创新意识和能力的培养是素质教育的重点。但传统的课堂教学有如下特征：

教学目标的单一性，即以完成知识性任务，作为课堂教学的中心或唯一目的。教学目标设定中最具体的是认识性目标，浅者要求达到讲清知识，深者要求达到发展能力。其他的任务或抽象，或附带，并无真正地位。

钻研教材和设计教学过程，是教师备课的中心任务。可能也提出研究学生的任务，但研究的重点，也是放在学生能否掌握教材重点、难点，依然是以教材为中心来认识学生。教学过程的设计除了根据课程进行的程序外，重点是按教材逻辑设计一系列问题或相关练习。这些练习在教师心目中甚至在教案上都已有明确答案。

上课是执行教案的过程，教师的教和学生的学在课堂上最理想的进程是完成教案。教师期望的是学生能按教案设想作出回答，教师的任务就是努力引导学生，直至得出预定答案。学生在课堂上实际扮演着配合教师完成教案的角色。课堂成了演出“教案剧”的舞台，教师是主角，学习好的学生是“配角”，大多数学生只是不起眼的“群众演员”，很多情况下只是“观众”与“听众”。

以上就是传统的课堂教学模式的大框架。这一模式对学生如何生动、活泼、主动地发展这一目的关注不够，学生的主体地位并未在课堂教学中得到真正落实。教材是统编的，大纲是唯一的，教学进度是固定的，作业是根据考试的需要安排设计的。教师的这种“主导”完全代替了学生的“主体”。学生作为知识的“容器”、教师的“配角”，其情感、意志、合作能力、行为习惯、交往及创新的意识与能力等均未能得到发展。

在知识经济时代，国力的竞争实质上是创新能力的竞争，是创新型人才的竞争，而创新型人才的培养，呼唤有活力的、创新的教育。

二、实验的过程和方法

（一）组织学习，转变观念

教师素质是实施素质教育的关键，因为教师是素质教育的具体实施者。教师整体素质的高低，直接影响着教育效果。教师的素质高，学生的创新意识和创新能力就高；反之，就会影响甚至扼杀学生的创新精神。2000年10月，我们就召开了全校数学“创新课堂教学”研讨会，学习了“创新课堂教学”的有关理论，使参与实验者明确了开展“创新课堂教学”的深远意义，布置了实验相关问题，并要求全体教师在观念上做到三个转变：一是教学目的观，从“获取知识”转变为“发展能力”；二是教学机制观，从“以教师为中心”转变为“以学生为中心”；三是教学方法观，从“教学生学会”转变为“教学生会学”。

（二）以人为本，提出“两主”

所谓“两主”，是指学生的主体地位和学生的主动发展。以人为本，就是以学生为本，即教学要以学生的发展为中心，教什么和如何教都要适应学生的发展；教学过程中要充分尊重和发挥学生的主体地位和作用，使学生能够自主、主动地发展。基于以上认识，我们从总体上提出四点要求：一是认真学习有关“两主”的素质教育理论，力求使每一位教师都确立课堂教学的“两主”意识；二是反复研究教材和学生特点，力求每一节课的设计都符合“两主”的基本要求；三是大力创设实施“两主”课堂教学的环境，力求使每一个学生都能达到主动发展的教学目标；四是积极构建适合“两主”课堂教学需要的教学管理体系，力求使每班都具备良好的“两主”教学氛围。

实施“两主”课堂教学，首先要做到尊重学生的主体地位：

(1) 尊重学生的主体地位，包含尊重学生在课堂教学中的学习兴趣，尊重学生的学习选择，尊重学生的学习要求，尊重学生的提问权利，尊重学生对课堂教学的评价权利。

(2) 尊重学生的主体地位的情感基础是“爱生”。爱生的本质内容，首先是爱护学生素质的全面发展，爱护学生在素质全面发展过程中表现出来的兴趣、爱好，爱护学生在发展过程中的思维方式、思维特点，爱护学生在发展过程中的个性特点等等。

(3) 对学生的尊重应体现于为学生提供热情的、高质量的服务。所以，教师应认真研究学生，认真研究教材，认真选择最佳途径和最佳方法，切实提供适合于学生主动发展的教学。

其次，要树立有利于学生主动发展的几个观念：

(1) 有利于学生主动发展的“时间观念”。学生的主动发展，需要有一定的课堂教学时间作保证。课堂教学时间本质上应归学生所有。教师必须十分珍惜课堂上的每一分钟，努力增加学生主动发展的时间。教师应把课堂上的每一分钟都尽可能多地交给学生。凡是学生自己能够学会的，一定要让学生自己去学。

(2) 有利于学生主动发展的“活动观念”。学生的主动发展，只有通过学生自身的感知和实践活动才能实现。课堂上，教师应该尽可能多地启动学生的各种感官，引导和启发学生尽可能多地用眼看、用耳听、用手做、用嘴说、用脑想。教师应尽力指导学生协调活动，培养学生的实践能力。

(3) 有利于学生主动发展的“提问观念”。主动质疑问难是学生主动发展的一种重要表现。课堂上，教师应该尽可能多地鼓励学生提问，既要鼓励学生向教师提问，实行生问师答，又要鼓励学生之间相互提问，实行生问生答，还要鼓励学生对自己提问，实行自问自答。

(4) 有利于学生主动发展的“创新观念”。在课堂上，学生进入“创新”境界是主动发展的最高境界。教师应千方百计地激发学生创新的火花,呵护学生创新的萌芽,鼓励学生创新的勇气,容忍学生在创新中出现的错误。

(5) 有利于学生主动发展的“个性观念”。教师应认识到,学生不是用一个模子铸出来的机器零件,学生是一个个活生生的、有血有肉的、个性和情趣各异的人。

在班级授课制的条件下,虽然照顾学生的个性发展需要高超的教学艺术,但也是教师经过努力能够做到的。

(三) 全面改革课堂教学,实施“创新学习”实验

1. 在教学目标上,加强数学思想方法的渗透

传统的教学存在着削弱“过程”、偏重“结果”的现象。这不利于启迪学生的积极思维,更不利于学生个性发展。加强知识发生过程的教学,是学生领会知识发展过程,体会数学基本方法的最佳途径。

例如,低年级在学习了“9 加几”后,对“8、7、6、5、4、3、2 加几”的教学,以及高年级在学习了分数乘法应用题后,对较复杂的分数乘法应用题、分数除法应用题、百分数应用题、按比例分配应用题的教学,不但要引导学生运用旧知识和已有经验学习新知识,更重要的是让学生体会到“化归”的数学思想方法。

又如,对于平面图形的面积计算的教学,平行四边形的面积计算公式是运用割补法将其转化成长方形而推导出来的,三角形的面积计算公式又是将两个完全相同的三角形拼成一个平行四边形而推导出来的。教学时,不应只重视公式的记忆和具体的计算,更应该引导学生利用“转化”的数学思想方法,根据已有知识和经验解决新问题,培养学生的好奇心以及寻根问底、勇于探索的品质。

2. 在教材处理上,鼓励教师大胆创新

教材是落实《标准》、完成教学任务的主要载体,也是教师进行课堂教学的主要依据。现行教材根据儿童的认知规律,深入浅出、循序渐进地构建严密的知识体系,周密地照顾到不同地区的实际情况。但面对 21 世纪的挑战和创新学习的要求，其不足之处是显而易见的。因此，我们鼓励教师创造性地处理教材：

（1）适当调整教材中的有关内容和顺序。现行教材采用螺旋式的方式编排，部分知识间隔时间太长，重复的内容太多，如分数的知识，整数、小数、分数四则运算，分数、百分数应用题等。对此，我们进行了适当的压缩与合并。

（2）删除繁难、重复的知识，改编脱离生活实际的知识。如在计算教学中，特别是小数除法部分，数目太大，计算太难；在应用题教学中，部分题目步骤太多，难度较大；统计图的制作要求偏高，练习的题量多、难度大等。对此，我们在教学中降低要求，删减部分内容后，将重点放在方法的掌握和数学思想的渗透上。另外，我们还联系实际，丰富教材内容。例如，在“元、角、分的认识”中，一些物品的价格不符合实际，我们进行了改编，又增加了新版50元和100元的币种。

（3）改变知识的呈现形式，把适合讲授的内容，变为适合学生探究学习和实践操作的形式。长期以来的理论与实践相脱离的传统数学教学，导致学生的数学意识淡薄，认为数学只是机械计算的书本知识，枯燥无味。将教材中的例题和习题改变呈现方式后，不但能培养学生的数学意识，让学生重新认识数学，更能让学生对数学产生兴趣，从而学好数学。例如，学习圆周率时，让学生准备大小不等的圆形物体，通过测量计算得出结论；讲授“利息”时，让学生到银行去调查；学习比例的知识后，让学生帮助父母到果园里配制农药，或到室外测量旗杆、建筑物的高；学习圆柱体的表面积后，让学生观察和研究制作水桶、茶叶筒等物品大约需要多少铁皮等。

3. *在教学组织上，创设教学情境，让每一个学生都能获得成功的愉悦*

数学的抽象性使得许多学生畏惧数学。为了让学生从“厌学”转化为“乐学”，教师必须创设一种良好的教学情境，让每一个学生通过一定的努力，在自己已有的基础上都能获得成功。在教学过程中，通过课堂提问和分组讨论，建立起师与生之间、生与生之间和谐友爱的关系。在这个过程中，处处、时时、人人都能受到赞赏和鼓励，让每一个学生都能获得成功，享受成功的快乐，从而培养学生的自信和自尊。同时要以学生小组的“探究学习”

为主。学生遇到问题，力求让他们自己揭示知识的内在联系和发生发展过程，并独立解决问题。这样不仅把学生放在了主体地位上，同时也使学生获得主动发展。这一过程要多发挥学习小组的多种功能。如发挥小组的主体功能，培养学生乐学、会学、善学的良好习惯；发挥小组的互动功能，使优生的才能得以施展，中等生得到锻炼，学困生得到帮助；运用小组的交互机制，培养学生的参与、合作、竞争意识，形成良好的心理素质。通过开展小组合作学习，为学生创设人人参与的环境，培养人人善问的习惯，激发人人求知的欲望，给予人人成功的机会，使学生勇于提问，善于质疑，能在教师的引导下自觉、专心、自主、刻苦地学习，创造性地完成学习任务。

4. 在练习设计上，鼓励教师大胆改革

练习是“沟通知识与能力的桥梁”。它是加深理解和巩固所学知识的重要手段，也是教师了解学生情况以及调控教学进程的重要途径。传统的练习统一内容、统一要求，学生被动地、机械地接受教师布置的练习，严重束缚了学生个性的发展。因此，为了科学地设计练习内容，我们鼓励教师做到如下几点：

一是突出练习的趣味性。兴趣是最好的老师，它是学生学习过程中的“内驱力”。因此，要注意练习的趣味性，使学生感受到学习的乐趣，体验到成功的喜悦，从而进入最佳的学习状态。

二是明确练习的层次性。注意由易到难，由简到繁，分层安排，分别要求。这样就能做到面向全体，因材施教。

三是体现练习的实践性。学以致用，练习的目的不仅仅是巩固所学知识，更重要的是引导学生运用所学知识去解决实际问题，在活用知识的同时，培养学生的数学意识。

四是教师布置练习与学生自我设计练习相结合。教师设计练习时，主要抓共性，抓重点难点，突出少而精；让学生自己设计练习时，对不同的学生要有不同的要求，一般学生可立足基础，对智力好的学生则要求注重练习的趣味性和智力性。自我设计的题目可在小组中交流完成，每个小组再选出“精品”在全班交流。这样，学生由被动接受变为主动探究，学习兴趣大增。

三、实验的成果

经过三年多的实验，师生的变化令人鼓舞：

(1) 教师的观念有了转变，树立了“两主”教育观。

(2) 教师的素质有了提高。教师钻研教材、创造性地备课，驾驭课堂、沟通学生的能力等都有了明显提高。

(3) 学生的综合素质得到发展，发现问题、探索知识、动手实践、与人合作的能力有了提高；数学意识和创新意识得到加强。

下面是对照班与实验班学生的发展情况调查表，结果如下：

班级	项目	两年前		现在	
		及格率	优秀率	及格率	优秀率
四年级	基础知识	100%	89.2%	100%	98%
	计算	96%	77%	100%	83%
	应用题	93%	84%	100%	97%
	操作	100%	98%	100%	100%
五年级	基础知识	98%	82%	100%	94%
	计算	98%	57.1%	100%	90.2%
	应用题	94%	53.6%	98%	90.1%
	操作	98%	80%	100%	92%
六年级	基础知识	96%	93.5%	100%	96.8%
	计算	92%	75.8%	100%	89.2%
	应用题	94%	88.7%	99.2%	92.6%
	操作	98%	82%	100%	90%

(1) 提高了学习成绩。我们对四、五、六年级学生本学期期末成绩进行了质量分析，惊喜地看到了学生的学习成绩较两年前有了大幅度的提高。

(2) 增强了学生学习数学的兴趣和感情。我们经过实践和探索，构建了“创新课堂教学”的基本模式：创设情境—讨论探索—抽象概括—巩固提高—质疑求新。课堂上，同学们经过小组交流，探索研究，畅所欲言，体会到了合作成功的喜悦，增强了学好数学的信心。这种课堂教学模式改变了往日沉闷、枯燥的状况，数学也成了学生最喜欢的学科之一。“创新课堂教学”模式深受学生的喜爱，我们向近 100 名参与实验的学生做了问卷调查，喜欢上数学课的人数占 98.3％；数学课上喜欢小组学习这种组织形式的人数占 95％；数学课上愿意动手操作、独立探索解决问题的人数占 92.6％；数学课上认为小组学习对自己帮助大的人数占 99％；认为现在的数学课提高了自己各方面素质的人数占 92.6％。“创新课堂教学”实验培养了学生学习数学的兴趣，提高了教学质量，因而也深受学生家长的欢迎。

“新课程下的小学数学课堂教学评价研究”结题报告

（相城区“十一五”规划课题；相城区教育科学研究室重点课题）

2006年秋，我们的“新课程下的课堂教学评价研究”在区教育科学研究室和学校相关部门的指导下，通过了立项申请，已进行了三年的实验，取得初步成果。

一、课题选题、研究的意义

国家教育部2001年6月正式颁布的《基础教育课程改革纲要（试行）》中明确指出“改变课程评价过分强调甄别与选拔的功能，发挥评价促进学生发展、教师提高和改进教学实践的功能”；要“建立促进教师不断提高的评价体系”。课堂教学是基础教育课程改革的主阵地，课堂教学评价方式的改革将直接影响到基础教育课程改革各个方面。

我们在教研活动、评课选优等中开展课堂教学评价时，经常会感到教师在评课时存在着“三重三轻”的现象：

1. 重教师轻学生

评价重在评教师教的行为，而忽略课堂中学生学习的情况，这是导致多年来“学生主体”难以在课堂中真正落实的重要原因。

2. 重评定轻讨论

传统评课的着眼点在“评”，而不是在“议”，出于切身利益的考虑，教师们往往绕开焦点，相互恭维，形成一种“你好我好大家好”的不良教研风气。

3. 重结果轻过程

传统评课关注教学效果而忽视教师在上课过程中自身的成长，包括思想认识的发展、教育观念的转变以及教学过程的感悟等。

由于课堂教学评价始终贯穿于教学实践活动的全过程，不仅具有鲜明的导向性和激励性，更具有突出的发现、判断、提升三重价值。通过评价，可以发现教师在课堂教学中某个教学活动或教学行为的价值；通过评价，可以了解实际教与学的状况，获取必要的课堂活动信息，并在一定理念指导下处理信息，从而对师生在课堂中的行为与活动的优劣及其程度作出判断，为改进课堂教学提供反馈信息。通过评价，可以推动教师专业化成长，促进课堂教学质量不断提高。特别是随着二期课改的推进和《相城区青年教师成长指导意见》的进一步落实，以及校本教研制度的逐步完善，开展听评课活动已成为校本教研中最普遍的、常态的教研形式之一，也是研究课堂教与学行之有效的重要方法和途径，而开展课堂教学评价研究也因其现实意义和价值普遍受到关注。

研究本课题旨在利用发展性评价的原则，对课堂有效教学进行正确的评价和诊断，通过评价结果所提供的信息，引导教师自觉地进行教学反思，不断地改进课堂教学的质量，促进教师和学生的共同发展。一方面可以通过评价来提供信息，使教师和学生了解到，教与学存在的优势和问题的所在，促使教师和学生进一步发扬优点，弥补缺失，促进课堂教学改革和提高课堂教学质量。另一方面，使教师对照评价标准不断地进行自我评价，来反思自己的课堂教学活动，促使教师不断地调整教学观念，调整教学行为，完善和提高自身的教学素质，努力提高课堂教学的质量。

二、课题的研究方法

课题研究以系统论、信息论为指导，以行动研究法为主，以文献法、观察法、个案研究法、经验总结法为辅，来展开全方位的研究。

行动研究法，既是本课题的一种主要的研究方法，更是贯穿课题研究始终的一项研究策略，本课题通过“三阶段两反思”的模式来研究教师的教育行为。因此，在整个研究过程中，教师既是被研究者，同时也是研究者。

三、课题的研究成果分析

成果一:通过研究,我们得到两个基本结论。

(1) 课程改革背景下影响课堂教学的因素主要有:学生、教师、教学内容、教学环境等。

(2) 无论是过去还是现在,评价机制对教师行为都有着重要的导向和激励作用。课程改革背景下课堂教学评价指标体系的构建,必须充分体现新课程理念,必须在突出导向功能,在评价教师"教"的同时,更要重视评价学生的"学",还要统筹考虑影响课堂教学的各种因素。随着课题的深入研究出现了可喜的变化,实验教师由原来只关注教师的"教",逐渐有了关注学生"学"的意识,从评价的维度上来看,从关注知识的本位到关注学生的情感、态度和价值观的生成。

成果二:编写了课程改革背景下课堂教学评价表。

成果三:实施新的评价标准后教师专业化发展水平有较大提高。

成果四:课题组成员发表、获奖有关教育教学论文 9 篇。

四、课题的初步成果

通过三年多扎扎实实的实验,我们看到了很多可喜的变化,初步取得了一些成效。

(1) 课题实验促进了教师专业成长,促进了学生学习状态的改变,使课堂呈现出师生互动、生生互动的和谐局面。

① 教师的教学观念发生了转变,促进了教师的专业成长——教师教学行为的转变。

通过课题实验,我们实验教师不仅仅是掌握了一些基本的研究方法,更多的是更新了教育观念,使评价从只重视考试结果向关注知识技能、数学思考、解决问题、情感态度全方位的发展转变。使我们的教育目标要求从只重视分数向重视学生的发展转变。通过理论学习,实验教师的分析判断能力得以提高,思维方式更加灵活,辨别和评价能力日渐成熟。

② 学生的学习状态发生了转变,使情感、态度和价值观的形成落到实

处——真正地促进学生的发展。

在新的评价体系下，学生不再是被动地接受教师的评价，而是以主人翁的身份参与评价，学生不再是被动地学习，不再是仅仅接受知识，而是身心和谐的发展，这对学生的终身发展是真正有益的。

(2) 教师的教研、教学水平逐步上升，形成了初步的研究成果。

课题组成员围绕“发展性评价”问题开展研究，完成阶段研究报告，进行了多次课题研讨活动，撰写了一系列有一定价值的总结、经验材料或论文，形成了一套比较完善的评价体系表。

五、课题研究还存在的问题及进一步研究的建议

(1) 参与研究的人员还较少且年级跨度大，教师水平也不平衡，组内成员构成不稳定，这些都给研究带来了一定的消极影响。

(2) 在课题研究的过程中，能注意对案例收集和评价分析，但缺少理论提升，形成的高质量论文比较少。

今后，我们要对本课题所涉及问题做进一步的研究，吸引更多的教师来参与本课题的后续研究，并应用研究成果引领教师进行课堂教学反思，以促进教师的专业化发展。

[附]

"十一五"课题新课程下的课堂教学评价表

执教者 学校 班级 课题

评价项目		符合程度		
		好	中	差
数学目标	(1) 符合课程标准和学生年龄特征教育规律			
	(2) 三个维度的整合明确、具体、可行			
学习条件	(3) 科学地处理学习资源,体现课程的生成性			
	(4) 学具、教具(多媒体)运用科学、合理、实在			
组织引导	(5) 创设生动、有趣、利于学生学习的数学活动			
	(6) 进行有效的调控,引导得当			
	(7) 既面向全体,又关注每个个体			
	(8) 表扬与激励恰到好处			
学生活动	(9) 学生主动进行探究,善于发现问题			
	(10) 能进行合作学习,有效地倾听与交流			
	(11) 能进行合理地操作、实验并积极思考问题			
	(12) 主动参与学习活动,积极发言,勇于质疑			
	(13) 师生平等、和谐、融洽,课堂民主、活泼			
	(14) 独立完成作业,感受数学的严谨性			
教学效果	(15) 知识与技能的掌握达到预期的目的			
	(16) 能进行有效的思考,思维能力得到提高			
	(17) 解决问题的意识、策略和创新精神得到发展			
	(18) 情感、态度及价值观的教育恰当			
最具特色方面				
需要改进方面				
评价等级	优	良	中	差

“小学数学课堂练习与课后作业改革的研究”结题报告

（苏州市“十二五”规划课题）

一、课题的提出

课堂练习和课后作业是学生学习数学的一个必不可少的重要环节。但由于传统的数学作业内容、形式单一，作业设计不合理、不科学，给学生造成了不必要的时间、精力等方面的浪费和兴趣的挫伤，无法使学生主动地、积极地、创造性地进行学习。特别是目前不少学校征订了《补充习题》《练习与测试》等，使得教师在作业设计上更缺乏自主和创新。

根据课题组的调查问卷发现，目前作业中存在着诸多的问题，主要有：

一是作业布置“一刀切”现象普遍。大部分教师布置作业时，要求学生在一定的时间内完成同一的内容，期望达到同一的目标，忽视学生的个性特点。在调查的 20 位数学教师中没有一位教师能经常设计分层作业。

二是作业形式单一、重复机械、效率不高。学生的数学作业基本上形式封闭、单一，绝大多数的作业都是书面作业，而且基本上都是计算或列式解答，书上的题目做完了就再做作业本或补充卷上的题目。在大量、机械、重复的作业练习中，学生的好奇心、求知欲、创造性被大大压抑甚至扼杀。

三是作业布置随意性大。对于学生的作业完成情况，绝大多数的数学教师不做或偶尔做估计，教师不了解每次作业的时间要多长，也不了解每次作业的难度有多难。特别是双休日的作业，教师随意从课外作业资料中拿来复印给学生。

四是课堂内作业时间少。大多数教师布置作业的时间都放在下课或下课前几分钟，课上留给学生作业的时间少之又少，这样学生的课堂作业只能留到课外完成，既挤用了学生休息时间，又使部分学生的作业失去了真实性。

二、课题研究的理论依据

本课题依据新课程理念、教育心理学、建构主义理论、有效教学理论、多元智能理论等理论进行研究。

《标准》中明确指出："义务教育阶段的数学课程应突出体现基础性、普及性和发展性，使数学教育面向全体学生，人人都能获得良好的数学教育，不同的人在数学上得到不同的发展。"因此，数学作业的布置也应体现这一基本理念，兼顾基础知识的巩固与能力的发展双重目标，赋予作业新的生命活力，培养学生兴趣，发展学生能力，以适应学生发展的需要。

建构主义理论认为，学习不是知识由教师向学生的传递，而是学生建构自己的知识的过程。学习者的学习是主动的，他不是被动的信息接收者，而是通过对外部信息的选择和加工主动建构信息的意义，这种建构不可能由其他人替代完成。基于此，教师在数学新课程作业设计及应用时要重视和学生共同探索、交流、质疑，引导学生自主完成作业，帮助学生不断丰富、调整和建构清晰、完整的认知结构，获得系统的数学知识，更全面地提高学生的数学素养。

多元智力理论认为，智力是"在一定的社会文化背景下，个体用以解决自己面临的真正难题和生产及创造出社会所需的有效产品的能力"，因此要尊重儿童的差异性，因材施教，充分发挥儿童的个性特长，重视儿童的全面发展，"扬长补短"，开发儿童的潜能优势。

三、课题研究的目标

探索理论与实践相结合的课堂练习与课后作业改革的标准，设计有效作业的策略、方法和途径，实施有效作业的措施，确保作业的有效性，提高数学教学质量。通过探索练习与作业的形式，切实减轻学生课业负担，促成学生喜欢做数学作业的态度，树立终身学习意识，提高数学素养。并促成团队成员进一步树立先进的课程观、教学观，同时也促使团队成员进一步改进教学方法，丰富教学手段，努力使每一名成员成为有目标、有策略、有行动、有成效的专业化发展型教师。

四、课题研究的内容

对本校小学生数学作业的设计、布置的现状进行调查分析。

研究小学生有效的数学作业设计范式和配置原则及要求，精选和设计作业内容。

五、课题研究的方法

1. 文献研究法

广泛收集、阅读、研究有关“小学数学课堂练习设计有效性”的教育教学文章和新课程的理论专著，并灵活地运用于课题研究之中，使研究建立在坚实的理论基础和丰富的实践背景上。

2. 调查研究法

以问卷、访谈、听课等形式对实验班和对比班的学生学习态度、学习习惯、学习方式、学习能力、学习效果等方面进行调查，从而掌握实验第一手材料，进而分析实验操作的得失。

3. 个案研究法

以听课、检查、交往等形式对学生学习态度、学习习惯、学习方式、学习能力、学习效果等方面进行调查，进而分析实验操作的得失。

4. 经验总结法。

用科学的经验总结法，总结研究成果，用论文的形式汇报科研成果。

六、课题研究的具体做法

（一）改革数学作业的内容

《标准》指出，通过小学数学的学习，要让不同的学生在数学上得到不同的发展。因此对于不同的学生可以布置不同层次的作业，让数学作业目标多元，内容丰富，真正"履行"练习题的功能，达到训练目标。

1. 从教材中精选作业

作业是对教材内容的复习巩固、理解运用，因此在实施有效作业时必须在选题、编题上下功夫。

精选作业，我们分三步走：

(1) 根据内容适当删减课本练习题。认真解读教材的例题和习题，把例题和习题的目标弄清楚，尽量减少重复训练的内容。比如四年级上册"统计"中，例题是分段统计身高的，练习题也是统计身高的，因此大胆将练习中的一题删去，避免重复操作。

(2) 根据训练要求在原题的基础上增加习题。例如，在学习"两三位数乘一位数"时，课本"练一练"中有一组练习，前三道题的训练目标能基本达到，但如果在末尾再加上一题：

$$\begin{array}{r} 4\,1\,2\,3 \\ \times \quad\quad\; 2 \\ \hline \end{array}$$

这样更能让学生体会到多位数乘一位数其实法则都是一样的，既能为学生进一步探究提供经验，又拓宽了学生的视野，为今后的学习作了铺垫，更有助于学生从中发现规律，培养了学生的推理能力。

(3) 改变练习呈现的方式。根据优化课堂教学的需要对教材进行适当的加工处理，科学地选择、重组练习内容，把课本中的静态的练习题通过学生易于和乐于接受的信息，转化为学生能够亲自参加的动态的数学实践活动，让学生通过实验、观察、搜集、交流、讨论等方式理解知识点，使学生自然、有效地经历知识的生成过程，即改变练习题的呈现方式，寓趣味性于练习题。比如在学习分数的意义后，一练习题为：下面哪些图形的涂色部分表示$\frac{1}{4}$？

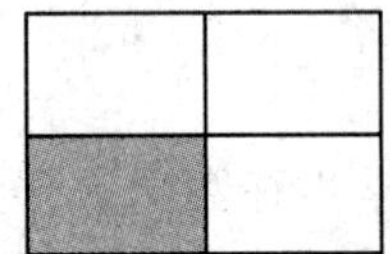  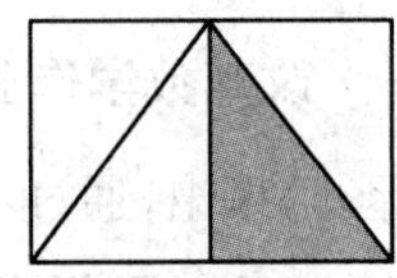

我们可将题干改为：先画一画，再想一想，下面哪些图形的涂色部分表示$\frac{1}{4}$？虽然只增添了“画一画”三个字，学生动手操作的意识却更强了。

2. **根据教学内容改编作业**

(1) 变课本上的封闭题为开放题，培养学生的创造性思维。

传统教学中给学生的作业经常是封闭的，答案是唯一的，其弊端就是束缚学生的发散性思维，使学生成为“高分低能”的“考试机器”。而开放性题目不仅答案有多种，而且解决问题的方法多样，能给予学生更广阔的思维空间，从而培养他们的创造性思维。因此，我们在课题研究过程中，经常设计一些开放性的作业。比如二年级在学习了图画解决问题后，把简单的看图列式买门票变成了开放题，改变题目要求：① 请你根据情境图列式。② 如果你和家人一起去，该怎么买票？（因为学生家人人数不统一，所以答案也是不唯一的）③ 你还能提出什么数学问题？这样的作业是以学生为主体的。通过作业为学生提供自我反思的空间，着眼于学生的终身发展。

(2) 变枯燥的作业为趣味性作业，调动学生积极性。

数学是枯燥的，数学作业如何让学生乐意做，我们把枯燥的作业通过一定的情境或数学故事呈现。

例如，在进行关于周长、面积复习时，通过“羊皮圈地”的故事激发学生探究的欲望，接着出现以下题目：

王伯伯购买了 60 米铁栅栏，想建一个养鸡场。现请你设计一下鸡棚的长和宽，再算出它的面积。

小组里比一比，有什么发现？如果鸡棚的一边靠着墙，另三边用铁栅栏，它的面积又可能是多少？

3. 根据教学内容拓展作业

在精选练习题后，学生的训练量减少，但要求不能降低，因此练习中要强化拓展性作业，根据教学内容加以拓展，特别是要让优生能有新的收获，学困生能了解相关知识，开阔视野，或者能将相关联的知识联系起来，综合、灵活地应用相关知识解决问题。

例如，学习了“比例尺”后，双休日布置如下作业：量一量你的卧室的长和宽，以及一些家具的长和宽，然后以 1∶100 的比例尺画出你的卧室的平面图。这是一个运用所学数学知识解决生活中的实际问题的典型性作业，作业需要学生系统地掌握比例尺相关知识，以及长方形、正方形、圆形等图形的作图方法等。作业首先布置学生收集房间的有关资料，可以实际测量，也可以向自己的父母请教，然后完成平面图的绘制。在完成作图后，全班同学进行作业交流。后来我们发现，学生很喜欢做这样的作业，他们制作了精美的平面图，在交流的过程中总结了自己的收获和在作业中解决困难的心得体会。同学们在这样的作业中不仅提高了数学的知识水平，也感受到了数学作业的乐趣。

（二）改革数学作业的形式

多元智能理论认为，人类的智能是多元的，因此我们的数学作业也随之变得多元，这样对于培养学生各方面的智能才能起到一定的帮助。在这一理论支撑下，课题组老师在设计数学作业时注意了多样化的原则，让作业成为现实的、有趣的、具有探索性的活动，学生在学习过程中操作实验、自主探索、大胆猜测、合作交流、积极思考，这样学生的数学作业形式由原来单一的练习与计算为主变成了形式多样的花式作业。

1. 游戏性作业

游戏是儿童的天性，因此为了激发学生的学习兴趣，课题组老师设计了富有童趣的游戏性作业，如数学游戏、与家长对话等，让学生在轻松的活动中掌握知识。

例如，在学习了乘法口诀后，课题组老师设计了动动手指头背口诀的游戏：每个同学和另外一名同学或者与家长像猜拳一样，每人可以出一只手的一个指头，也可以出一双手的九个指头，甚至十个指头，然后把两人表示的数的积背出来。学生在这样的游戏活动中兴趣盎然，很好地巩固了所学的知识。

2. 实践性作业

传统的习题基本上是"去生活化"，是纯粹的数学题，而所谓的解决实际问题也不过是通过机械地辨别、模仿或可套用公式或相关的数学模型加以解决，不是真正意义上的"应用"题，缺乏与实际生活或与其他学科的联系。学生看不到数学问题的实际背景，不会主动通过数学思考，运用数学化的手段解决问题，这对学生建立积极的、健康的数学观，掌握数学建模方法，培养思维能力是极为不利的。因此我们课题组在作业设计时强调了要联系学生生活实际，解决学生生活中的常见问题，这样才能激发学生解决问题的欲望，才能体验到成功的乐趣。

例如，"学校的一根旗杆到底有多高？你有什么办法能测量？"请学生根据课堂上学到的知识，用最简单的方法求出答案。再如学习圆的周长后，量一量、算一算自己的自行车车轮或电动车车轮的周长，前轮扎根红线，算算学校到家有多远等？学生在这样的亲历活动中，要观察、测量、比较、检查，他们所学的知识得到了运用，丰富的情感得到了体验，更重要的是促进了学生社会性的发展。

3. 探究性作业

课题组认为，有效的数学学习活动不是单纯地依赖模仿与记忆，同时还需要学生的动手实践、自主探索与合作交流，这样学生对数学知识、技能和数学思想才能真正理解和掌握，才能获得广泛的数学活动的经验。因此，在作业设计时，要根据教学的内容以及学生已具有的数学活动经验，设计一些以学生主动探索、实验、思考与合作为主的探索性作业，使学生在数学活动中成为一个问题的探索者。

例如，在复习立体图形时的探究作业：用一张长方形纸折成一个立体图形(尽可能多,但纸张不能重叠)。算一算它的侧面积和体积,想想它的底面积又该如何求得?与同学讨论,并比一比折过的图形,有什么发现?对学生而言,这是一个具有挑战性的探究活动。学生在完成相关问题后探究的欲火被点燃,“操作—思考—想象”的有机结合是学生认识图形、探索图形特征、发展空间观念的一条重要途径。在这样的实际操作过程中,操作与思考、思考与想象相结合,发展了学生的空间观念。

4. **综合性作业**

综合性练习主要安排在两个方面,一是单项练习分层作业中的三星级题目,重在培养学生综合运用所学知识解决有一定思考价值的问题,为拓展优秀学生设计;二是在进行单元复习时,单元复习的综合性作业重在对本单元的知识进行重新梳理,形成清晰的脉络,从而为学生构建完整的知识体系。在设计此类题时,要求教师对知识的横向、纵向联系和重难点知识以及对学生需要达到的目标和要求都应做到胸中有数,了如指掌。

课题组老师提出了让学生学会整理的思路,即在学完一个单元以后,让学生自己先回顾所学知识,用喜欢的方式进行搜集、整理、归纳,并通过讨论、交流、分析、比较等学习方式,感受到不同数学知识之间的内在联系以及异同,体会数学知识在不同的实际问题中的应用,使学生在实践、思考等自主学习的过程中达到巩固知识、培养能力、形成技能的效果。有时还可以针对梳理出的每一个知识点进行相应的举例,写出解题的提示、完整的解题过程和注意事项。

例如,在复习了简单统计后,我让学生根据本节的知识点和自己的实际情况,设计一道练习题。有一位学生设计了这样一道题,由自己本学期的数学成绩与本班数学平均成绩的统计表,设计了以下问题:① 想一想可以用哪些统计图来分析、比较上面这些数据? ② 你是怎样设计统计图的? ③ 从统计图反映的情况来看,你对你自己这几次的数学成绩有什么评价,你进步了吗?你有什么想法要与同学说?通过这样的自主性作业,学生不仅对所学的知识进行了巩固,而且对知识进行了系统的整理和自主建构。

（三）根据学生主体设计分层作业

1. 作业量的分层

作业量的分层是指我们可以根据学生的个体情况和对其发展要求的不同进行增减。对于学习能力强、智力发展好、知识掌握较快的学生可减少作业量，尤其减少那些重复计算、训练单一的作业；对于学习态度不够认真、知识掌握不够牢固的学生，适当增加举一反三的作业。这样，可以让学有余力的学生获取自由发展的时间，一般学生也能得到充分练习，使学生的学习能力得到提高，促进其良好的学习习惯的养成。

2. 作业难度的分层

针对学生数学能力有差异的客观事实，着重找准每类学生的最近发展区，根据学生层次差异把作业设计成难度不同的作业，让学生自主选择，从而使不同发展水平的学生都能较好地参与作业，享受到作业的快乐。对于基础好的学生，在其掌握了书本内容的基础上，有针对性地布置一些有深度或综合性强的作业，充分挖掘其学习潜力，进一步发展其思维的深刻性和灵活性，提升其数学品质，增强其对数学学习的兴趣；对于基础一般的学生，除了掌握书本知识外，也要适当穿插一些稍有难度的题目，使其也能有所提高；而对于基础差的学生，则应布置基础性的知识，让其经常体会作业成功的喜悦，建立能学数学的信心，增强学习数学的兴趣，从而提高他们的数学成绩。因此我们课题组提出了设计三星级练习题的要求。比如，学习“年、月、日”后，设计了以下三星作业，供学生自选完成：

一星(★)：填空(根据所学知识，完成一组比较基础的填空题)。

一年有(　　)个月，其中大月有(　　)个月，每月有(　　)天，小月有(　　)个月，每月有(　　)天。

二星(★★)：制作一份月历。根据所学知识，制作今年二月、三月、四月、七月、九月的月历。(教师提供每月第一天为星期几)

三星(★★★)：查找有关年、月、日的资料，了解年、月、日的来源，了解平年、闰年的来历完成一张数学知识小报。

学生可以根据自己的情况和能力选择其中的一题去做，让不同的学生有不同的发展，从而每个学生都能体验成功的快乐，激发对数学的兴趣。

3. 根据学生年级段分层

根据学生年龄特点，课题组一致认为低年级以游戏性作业为主，中年级以实践性作业为主，高年级则以综合性作业为主，这也是大家的共识。

七、课题研究的成果

经过三年多时间的研究和实验，除了取得上面的收获外，我们认为还有以下收获：

（一）教师方面

通过本课题的研究，更新了教师教学观念，巩固并加深了教师对新课程改革的理解，拓宽了教师对教学方式改变的思路，促进了教师综合素质的提高。

通过研究，从各个环节摸索了练习设计的有效方法，在精心设计练习方面基本上实现了研究的预期目标，取得了较好的成效。主要表现在：

作业内容的设计要明确教学的目标和要求，注意读懂教材编写意图，在尊重教材的基础上根据学生实际和生活经验增减或改编部分练习作业，在尊重学生的基础上注重分层设计，提出不同的要求。

作业形式上注重激发学生兴趣，关注学生生活实际，寓趣味、思维、探究、合作、实践于作业中，让学生体会到解决问题的乐趣。

培养了教师的教育科研意识。在本次研究过程中，我们牢固树立校本研究的思想，从教学工作的实际问题出发，以解决实际问题为宗旨，让教师们从行动研究中尝到了甜头，利于今后真正做到教与研的有机结合。

提炼并撰写出了相当数量的案例、心得和论文等。参与课题研究的教师在整个过程中，本着认真、扎实、有效的原则，积极开展研究与实验，摸索了一些好的做法，也提炼出了一些好的经验和体会，为今后进一步的实验和研究积累了较为丰富的资料和素材。

积累了基本完整的全年级段的数学作业设计范例，虽然教材进行了修订，但仍能为今年的数学教学提供一定的帮助。

实验班成绩有了明显的提升，教师对实验效果充满信心。

四(4)班(实验班)与四(2)班(对照班)比较

	实验班			对照班		
	合格率	优秀率	平均分	合格率	优秀率	平均分
四年级 2012.12	73.8%	36.4%	67.88	78.05%	46.34%	73.6
五年级 2013.12	84.4%	53.3%	76.49	81.39%	48.84%	76.8
六年级 2014.12	91.5%	65.96%	87.6	86.36%	52.27%	81.39

(二) 学生方面

切实减轻了学生的学业负担。练习的有效性既体现在量上，也体现在质上，而且是两方面的有机结合，但最终应反映在学生身上。通过实验，我们发现除了学生在成绩上有所提升外，学生的学业负担也真正得到了减轻，从而实现身体与心理的健康发展。

促使学生形成积极、主动的作业观。作业逐渐成为学生学习生活的富有趣味的一部分，提高了学生对数学作业重要性的认识，每个人的思维力、创造力、想象力都在原有基础上有了一定的进步。在“数学问题生活化”和“生活问题数学化”方面变得更加自觉。

促进了学生数学素养的提高。学生的作业过程成为一个自主发现、自主创新的过程，学生真正有了一双“数学的眼睛”，他们乐于观察、体验、实践与探索。在数学学习方法和数学思考上及由此引发的对知识的回顾整理、反思提高的能力、解决问题的能力上更加灵活多样，学生的学习过程更具生命活力。

苏州市湘城小学数学作业布置现状的调查研究

数学作业是课堂教学的一个重要环节，是课堂教学评价反馈的一个有效渠道，也是对学生学习效果进行检验，了解学生学习知识、掌握知识、运用知识情况的一种手段，是对学生立足课堂，学习课外知识的一种拓展和延伸，也是让学生获得体验和发展的重要渠道。所以一份有效的、科学的、创造性的数学作业对提高教学质量、促进学生的学业成绩起着关键的作用。

新课程实施以来，教师们的理念日益更新，新的教学方法层出不穷，数学课堂上更多地出现了动手实践、自主探究、合作交流等良好的学习方式，学生对数学学习的兴趣也有所提高。可是一到做作业的时候，学生往往消极对待，要么表面应付，不去认真对待，要么偷懒少做或不做，作业成了“作孽”，成了学生的负担。究其原因，除了学生本身的因素外，老师布置的作业设计方面存在的问题是主要原因。课题组试图通过本课题前的调查与研究，了解数学作业的布置情况及批改方法，找出作业布置中存在的问题，通过分析研究，制定合理的数学作业布置的方法，提丌数学作业的有效性，从而提高农村小学数学的教学质量。

一、调研内容设计

（一）调查对象与工具

本次调查对象为本校的数学教师及学生，并分别有针对性地编制了教师问卷和学生问卷。

(二) 调查方式

课题组于2012年9月至10月分别对学校全体数学教师和三年级以上(考虑到一二年级学生年龄小,可能答题有困难)每个年级的3个随机班发放问卷调查。本次调查共发放数学教师问卷20张,回收20张,回收率100%。学生问卷以班为单位,共发放225张,回收225张,回收率为100%。以上的回收率,可以说明调查结果是值得依赖的。

二、调查的结果与分析

上完一节数学课,学生就要完成相应的数学作业,而作业的来源就是学生统一订购的数学作业本和补充习题,这些都是每一个数学教师和学生习以为常的一件事。正因为平常,绝大多数数学教师不会经常地、特别地去关注这一工作。对于作业的内容、形式是否适合所有的学生,优等生是否"吃得饱"、学困生是否"吃不消"、作业的布置是否有效这些问题可能考虑得不多。我们对教师、学生进行调查后,发现教师的数学作业布置、批改存在着诸多的问题。

(一) 小学数学作业的布置情况

1. 作业布置"一刀切"现象普遍

笔者对教师的作业布置的统一性进行了调查。

表1　教师作业布置情况统计表

	全班统一作业	学困生选择做	设计分层作业
教师	80%	20%	0
学生	92.9%	4%	3.1%

从表1中,我们看到,绝大多数的数学作业全班都是统一的,好、中、差学生都要完成相同的作业,这样使学困生"吃不消"、优等生"吃不饱",只有少数几个数学教师会考虑学困生的学习状态,但也只是规定作业本中的最后几道拓展性的题目可以选择不做。从调查中我们还发现,在调查的20位数学教师中没有一位教师经常设计分层作业。这使作业的效率不高,也使学生处于十分被动的处境。

2. 作业形式单一、重复机械、效率不高

表 2　数学作业来源选择统计

	作业本、练习册	实践操作	自编题目	口头作业
教师	75%	10%	5%	10%
学生	95.6%	2.7%	1.3%	0.4%

从表 2 中，我们看到，学生的数学作业基本上形式封闭、单一，绝大多数的作业都是书面作业，而且基本上都是计算或列式解答，书上的题目做完了就再做作业本或补充卷上的题目，给学生的印象：做数学作业就是解题。学生成了机械解题的“工具”。在大量、机械、重复的作业练习中，学生的好奇心、求知欲、创造性被大大压抑甚至扼杀。这与新课程所倡导的“一切为了学生的发展”显然是相悖的。学生对这些作业没兴趣，有的甚至不完成，或者为应付检查而勉强完成，甚至出现了大量抄作业的现象。

3. 作业布置随意性大

表 3　对学生完成作业需要的时间是否做过估计

	经常估计	偶尔估计	不作估计
教师	8%	40%	52%

从表 3 中，我们看到，对于学生的作业完成情况，绝大多数的数学教师不做或偶尔做估计，教师不了解每次作业的时间要多长，也不了解每次作业的难度有多少。特别是双休日的作业，教师随意从课外作业资料中拿来复印给学生。教师不做统计，就不知道做这些习题需要多少时间，适不适合学生。还有的教师喜欢搞类似“题海术”，追求面面俱到，多多益善，认为都做过了，学生就都会了，多做做没坏处。没去思考随意、超量的作业，会不会给学生加重负担，增加疲劳度，会不会导致学生厌恶乃至放弃完成作业。

4. 课堂内作业时间少

表 4　学生在课堂内完成作业的时间统计

	5 分钟以内	5～10 分钟	10～15 分钟	15 分钟以上
教师(估计)	35%	55%	5%	5%
学生	20.4%	45.3%	19.2%	15.1%

从表4中，我们看到，大多数教师布置作业的时间都放在下课或下课前几分钟，可以说是为布置而布置，看看我们的教案，每一课时的最后环节必有“布置作业”这一环节。但教师留给学生作业的时间少之又少，这样学生的课堂作业只能留到课外完成，既挤用了学生休息时间，又使部分学生的作业失去了真实性。同时对照学生的反馈，明显感到教师的估计与学生实际做作业的时间有差异。教师估计有90%的学生能在10分钟内完成，而实际却有三分之一以上的学生需要10分钟以上的时间才能完成。

（二）结果分析

通过调查和分析，我们发现，我们的小学数学教师对教学工作非常敬业，对学生非常负责，作业的布置全班统一要求、统一难度、统一作业量，不让一个学困生错过一道难题。作业批改也是尽心尽责，面面俱到。这样的做法，造成教师忙于辅导后30%的学生而忽略了前20%的优等生，造成了后30%的学生整天埋头于作业堆而心力疲惫，对数学学习越来越没有信心，最终导致数学成绩越来越差。其实我们的老师也不希望如此境地，也希望自已能从作业中脱身而出，让作业发挥出更大的作用，但却并不如愿。我们在调查中发现了存在的弊端，同时也发现了产生这些问题的一些主要原因：

1. 来自学校及上级教育部门的原因——分数仍然是标准

新课程改革几年来，我们把目光更多关注在如何提高课堂教学的有效性上，对作业的改革关注不够，即使是关注到了减轻学生的课业负担，也只是指令性的指导意见。如何改革？学校和教师无章可循。其次，学校和老师为了应付上级部门组织的抽测，不得不展开题海战术，机械重复的作业在所难免。因此作业改革势在必行，刻不容缓，我们应该在课改中同时进行作业的改革，着眼于每位学生的发展，对作业的功能适当放大，赋予作业以新的认识、新的理念。从而充分调动起学生对作业的积极性、主动性，让他们能体验到作业的乐趣与价值。

2. 来自老师的原因——任务重、改革愿望不强

首先，数学教师一般要任教两个班的数学，有时还要担任一个班的班主

任，每天忙于备课、上课、批改、补差，还要应付上级的各项工作，忙得焦头烂额，对于作业的布置也是心有余而力不足。我们也发现，我们的数学教师为了能够在最短的时间内批完作业，所以更倾向于选择布置统一的作业。其次，数学教师对课程理念把握还不够，创新精神、科研意识不强，对作业的改革愿望更是无从谈起。

3. 来自家长的原因

教师布置统一的书面作业，便于学生操作，家长监督与检查。如布置口头作业或实践操作题，家长难以督查，再加上本校地处乡镇，外来务工子女较多，因此家长文化程度相对不高，有的家长对辅导四年级的作业已力不从心，不会教、教错现象屡见不鲜。而统一的家庭作业更便于教师批改，甚至可以让数学小组长代阅。

三、建议与对策

（一）改革数学作业的布置现状，变“一刀切”为“分层作业+实践作业”

1. 课内分层作业

从教育心理学角度看，学生的身心发展存在着差异，要让不同层次的学生都获得成功的体验，教师必须将“一刀切”作业变为分层布置作业，让不同层次的学生自由选择适合自己的一组作业，摘到属于自己的“果子”。一般分三个层次，A 组：基本题，着重基本知识和基本技能的训练，适合全体学生，也是为“学困生”专设的题型；B 组：综合扩展题，以培养学生迁移能力为目标，适合“中等生”；C 组：拓展题，鼓励学生创造性地解决问题，适合“优等生”。分层作业使不同层次的学生都能完成自定的作业不再困难，即使有困难，努力一下也能完成，而且完成了自定层次的作业，还可以向更高层次挑战。当然，这样做就需要我们的教师付出更多，还须持之以恒！

2. 课外实践作业

《标准》指出，数学教学活动必须建立在学生的认知发展水平和已有的知识经验基础之上，教师应激发学生的学习积极性，向学生提供充分的从事学习活动的机会，帮助他们在自主探究和获得技能、掌握数学思想方法的同时，获得广泛的数学活动经验。根据小学数学学科的特点，在布置的课外作业中，把作业融入生活，使作业形式多样化，最突出的是增加了实践性作业。例如，“认识厘米和米”之后，让学生测量家里的一些物品，并记录下来，写成数学日记；认识了方向之后，让学生把家里卧室或客厅的布置用平面图画出来，向全班同学介绍。高年级学习了“实际测量”之后，布置学生到操场或野外去目测、步测，并计算土地的面积；学习了“小数加减法”之后，布置学生到超市调查几种物品的价格，根据调查内容提出问题，并解决问题。

（二）建议上级教育部门关注学生的作业情况，统一设计分层的作业本，供教师们参考

学生的作业经过教师的分层设计、布置，自然能收到很好的效果，但是每堂课的作业都进行精心设计，那也是不现实的，教师每天忙于备课、上课、批改、补差，还要应付上级的各项工作，忙得焦头烂额，谈何进行分层作业设计，教师们对于作业的布置也是心有余而力不足。因此，我们建议上级教育部门组织优秀的一线数学教师，精心设计一份分层作业集，装订成本，为教师提供一本现成的、有效的分层作业。

（三）建议一线的数学教师多开展行动研究，在作业的布置上还存在许多共性的问题有待去解决

例如，怎样发挥教材习题的作用？怎样精选教材习题？分层作业怎样设计？布置怎样分层？实践性作业可以怎样设计？通过集中学习、专题研讨、分组合作等，在一定时间内解决部分问题，提高数学教学的实效、减轻教师的工作压力和负担，切实提高小学数学作业的有效性。

后　记

2002年第一次读到美国教育家梅里尔·哈明的《教学的革命》一书时，曾萌发如何经营课堂的想法，并尝试把自己的教学成果积累起来，因此每次上公开课，甚至教研活动的交流稿都保存下来，但可惜当时都是纸质的，搬家后，许多资料都不慎遗落。直到2007年暑假，教育局安排骨干教师到宿迁泗洪县对口支教，要求我去上一节课，作一个关于课堂教学的报告。接到任务后，再次萌生课堂经营的理念。然而却一直未果，一晃又十多年过去了。现在，《经营一个鼓舞人心的数学课堂》终于整理完毕，该书终于能出版了，心中的愉悦不言而喻。尽管不够完美，但却浸透了我从教30多年来的心血和热情；尽管水平有限，但却充满了我的用心和期待；尽管还需要不断完善，但却蕴含了我不懈的努力和改变。

在整理这本书稿的过程中，再次拜读、查阅了相关的参考资料和参考文献，援引了研究者们的诸多成果，得到了南京师范大学小学教育研究所所长、博士生导师李星云教授，南京师范大学教育科学院副院长、博士生导师冯建军教授，南京理工大学陈东林教授，苏州市教育科学研究院刘晓萍老师，相城区教育局教研室董齐珍老师，相城区小学数学中心组的同仁，以及众多学生、家长、亲人和朋友们的鼎力支持和诚挚帮助。谨于此一并致谢。

我获得过很多的荣誉，但可以说没有一项是完全属于我个人的。它属于给予我机会的领导，属于给予我指导和共研的团队，属于给予我帮助的朋友，也属于给予我支持的亲人，更属于给予我智慧的学生。借此，我要向他们表示最真诚的谢意！

与孩子们一起成长，与同仁们共同探讨，在课堂上追寻快乐，在教学中成就自己。终身学习，不断耕耘，仍是我认真践行、不断思考的永恒话题。

回顾这一行行，一字字，仿佛就是一抹抹真诚的微笑，但愿能激起你心底的活力；又仿佛是一缕缕穿透心灵的阳光，但愿能丰富你的学习和生活，激起你更好地谱写课堂人生的新乐章……

路虽漫漫，而前景诱人，期待我们携手并肩，共同求索。

以此为后记，与有志于教育的同仁们、各位朋友们共勉！

龚雪生

2017 年 3 月